JN024519

図解 木造住宅トラブル ワースト20+3

「雨漏り事故」「構造事故」の事例から学ぶ原因と対策

日本住宅保証検査機構(JIO) 住宅品質研究室 著

日経アーキテクチュア 編

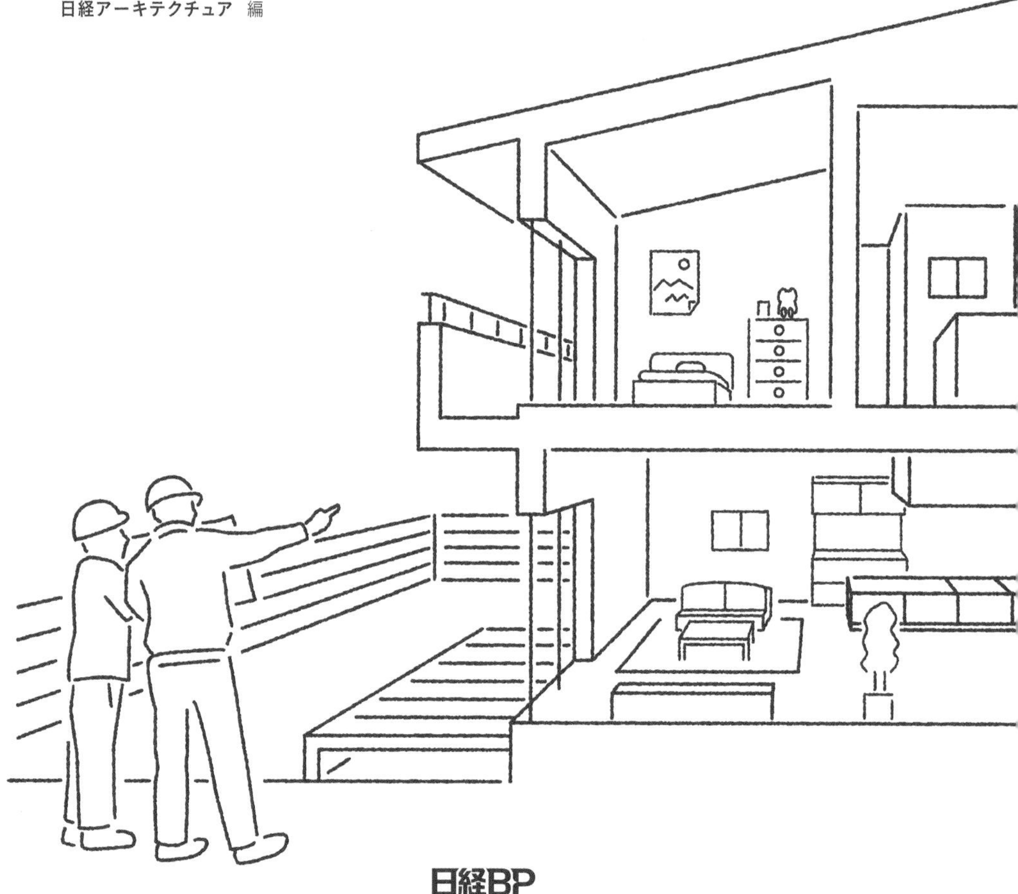

日経BP

はじめに

施工者任せでは取合い部分の正しい施工を確保できない

建築物を建てるには、様々な手続きと併せて多くの書類が必要です。とりわけ、建築物の寸法・仕様・構造・設備や正しく施工するための納まりなどを明示した設計図をはじめ、構造の安全性、省エネルギー性能などを確認するための各種計算書類は欠かせないものとなります。これらをまとめて「設計図書」といいます。

ところが、木造住宅の多くは、基本的な設計図書（配置図、仕上げ表、平面図、立面図、標準化された矩計図、簡易な構造計算、基礎伏図、プレカット図など）のみで施工されるケースが大半を占めています。木造住宅の売り主や請負者は、設計段階のコストを抑えようとする傾向があるためです。法改正や基準の強化に合わせて一部の標準的な仕様は検討するものの、部位ごとの詳細な仕様や納まり、施工手順などを各工事工種の施工者任せとするケースが少なくありません。そのため施工者は元請け会社からの大まかな注文に基づき資材を調達し、それぞれの施工範囲を資材メーカーのマニュアル通りに施工することとなります。

マニュアル通りに施工するのであれば問題ないと思われるかもしれませんが、その認識こそが住宅の不具合を繰り返す原因のひとつだと当社は考えています。例えば、屋根と外壁の取合い部分は防水の連続性を確保する必要があります。屋根と外壁といった各部位の施工者がマニュアル通りに施工していても、設計図書に明記されていない取合い部分については、施工範囲や責任の所在が不明確なまま工事が進んでしまいます。結果として防水の連続性が確保できず、雨漏りにつながるケースが後を絶たない状況です。

このような不具合を予防するには、設計者が設計段階でリスクの低い仕様を選定した上で、取合い部分を正しく施工するための詳細な設計図書を整備することが重要だと考えています。

本書は、当社が住宅瑕疵担保責任保険契約に基づく保険金の支払いを通じて入手した様々な不具合（トラブル）について、原因の分析や設計・施工上の問題点、不具合発生のリスクを抑えることができる標準仕様などをまとめたものです。住宅の基本性能を損なう不具合を繰り返さないために、できるだけ多くの方々に失敗の本質をお伝えすることが当社の責務であると考え、本書を出版することとしました。

住宅の設計・施工・販売に携わる方々には是非本書をご活用いただき、これから住宅を建設・購入される消費者の皆様に安心感を提供し、信頼確保につなげていただきたいと考えております。

日本住宅保証検査機構（JIO）常務取締役　技術本部長
黒澤 英雄（一級建築士）

当社では「特定住宅瑕疵担保責任の履行の確保等に関する法律」（平成19年法律第66号）第19条にのっとり、住宅の瑕疵を防ぐ情報・資料を提供しています。

目 次

はじめに　施工者任せでは取合い部分の正しい施工を確保できない　002

第1章　サクッと分かる住宅かし保険　009

〔支払い対象と金額〕雨漏りと構造の瑕疵に限定　010
〔保険事故の傾向〕保険事故の95%は雨漏り　016
〔保険事故事例〕雨漏りに弱い「軒ゼロ」　024

第2章　雨水浸入箇所ワースト20　028

グループ1　外壁・開口部　029

〔ワースト1〕サッシまわり　030
サッシフィンと防水テープのわずかな隙間が水みちに

〔ワースト17〕シャッターボックスまわり　046
巻き上げ時に入った雨水が躯体側に回り込む

〔ワースト3〕外壁の平部　048
透湿防水シートの貫通部とモルタルのひび割れが弱点

〔ワースト4〕外壁の平部目地　053
一次防水の弱点は目地

〔ワースト20〕外壁の出隅　058
風雨の当たり方が強くなる

〔ワースト14〕貫通口まわり　060
〔ワースト15〕換気口まわり
二次防水の材料選定ミスが災い

〔ワースト12〕梁などの貫通部　064
現しの梁に通気層内の雨水が回り込む

グループ2 屋根 066

〔ワースト13〕 勾配屋根平部 067
ルーフィングで滞留した雨水がくぎ穴から浸入

〔ワースト9〕 軒ゼロ 棟まわり 070
〔ワースト10〕 軒ゼロ けらばまわり
〔ワースト18〕 軒ゼロ 軒先まわり
強風で吹き上げられた雨水が野地板裏面から浸入

〔ワースト7〕 壁止まり軒部 076
〔ワースト19〕 流れに平行な壁際
雨水が集まりやすい箇所から浸入

〔ワースト16〕 天窓まわり 082
マニュアル無視の施工で漏水

グループ3 バルコニー・陸屋根 085

〔ワースト8〕 防水層平部 086
下地材がたわんでFRP防水に割れが生じる

〔ワースト5〕 防水層とサッシの取合い 088
「サッシ先付け、防水あと施工」で事故多発

〔ワースト11〕 防水層と外壁の取合い 092
異なる工種間に落とし穴

〔ワースト2〕 笠木と外壁の取合い 094
上端部の防水仕様を誤ればほぼ漏水

〔ワースト6〕 笠木の壁当たり 100
3面交点にできるピンホールから漏水

第3章 構造事故ワースト3 103

〔ワースト1〕 基礎梁のひび割れ 104
コンクリートの締固めと養生不足が原因

〔ワースト2〕基礎の不同沈下 108
知識不足と調査不足による設計ミスが元凶

〔ワースト3〕横架材のたわみ 112
2階がセットバックした住宅で多発

第4章 保険事故16事例に学ぶ 117

外壁・開口部からの雨漏り

〔事例1〕 修補費用607万円 築8年で構造材が腐朽、交換に発展 118
〔事例2〕 修補費用622万円 施工ミスでサイディングがたわむ 122
〔事例3〕 修補費用420万円 サッシまわりから大量に浸入 126
〔事例4〕 修補費用179万円 サイディングの目地が浸入経路に 130
〔事例5〕 修補費用140万円 透湿防水シートのしわが水みちに 134
〔事例6〕 修補費用84万円 屋外の化粧梁から室内に浸入 138

屋根からの雨漏り

〔事例7〕 修補費用643万円 複雑な屋根形状は危ない 142
〔事例8〕 修補費用494万円 鋭角につないだシャープな外壁が災い 146
〔事例9〕 修補費用272万円 太陽光パネル架台「ねじ穴」から浸入 150
〔事例10〕 修補費用97万円 雨当たりの強い塔屋から浸入 154

バルコニー・陸屋根からの雨漏り

〔事例11〕 修補費用311万円 パラペット笠木の通気口が弱点に 158
〔事例12〕 修補費用198万円 バルコニーの手すり壁から浸入 162
〔事例13〕 修補費用511万円 ルーフバルコニーでねじ穴から浸入 166
〔事例14〕 修補費用112万円 FRP防水の立上りが不足 169
〔事例15〕 修補費用315万円 片持ち梁のバルコニーは高リスク 172

基礎の不同沈下による構造事故

〔事例16〕 修補費用974万円 地盤改良したのに傾く 176

第5章　雨漏りを防ぐ標準仕様37選

第5章　雨漏りを防ぐ標準仕様37選 181

〔仕様1〕標準防水材料一覧 182
〔仕様2〕改質アスファルトルーフィング 184
〔仕様3〕透湿ルーフィング 186
〔仕様4～10〕ルーフィングのふき方 188
〔仕様11～15〕軒の出のある屋根と外壁の取合い部 196
〔仕様16～19〕軒の出のある屋根 202
〔仕様20〕軒の出のない屋根と外壁の取合い部 206
〔仕様21～27〕軒の出のない屋根 207
〔仕様28〕透湿防水シート 214
〔仕様29〕モルタル外壁 216
〔仕様30〕サッシまわり 218
〔仕様31〕パイプ類の貫通部 220
〔仕様32〕外挿タイプのベントキャップ 221
〔仕様33〕胴縁の配置 222
〔仕様34〕手すり壁・パラペットの通気層 224
〔仕様35〕手すり壁・パラペット上端部の3面交点 226
〔仕様36〕FRP防水先施工、サッシあと付け 228
〔仕様37〕シーリング材 230

理解を深める小話

①住宅紛争処理の参考となるべき技術的基準とは？ 023
②軒ゼロってなに？ 084
③雨漏りはどうして起こる？ 102
④「張る」と「貼る」、どちらを使う？ 125

キーワード索引 232

1

第1章
サクッと分かる住宅かし保険

本書は、日本住宅保証検査機構（JIO）が扱った木造住宅の保険事故事例（雨漏り事故2276件、構造事故169件）に基づき、事故の原因と対策を解説するもので、本章はその導入部。保険事故を扱う「住宅かし保険」の基礎知識を簡潔に説明した上で、保険事故が住宅のどの部位で多発しているかをJIOの独自分析に基づいて明らかにする。さらに、どういう保険事故事例を扱っているのか、その一例を紹介する。

サクッと分かる
住宅かし保険

支払い対象と金額

雨漏りと構造の瑕疵に限定

支払限度額は2000万円

- ■住宅かし保険は、欠陥住宅問題をきっかけに、住宅取得者の利益保護の観点から法制化された「住宅瑕疵担保履行法」に基づく。10年間の瑕疵担保責任を負う住宅事業者が、その履行に必要な資力を確保する方法の1つだ。
- ■保険金の支払い対象は、「構造耐力上主要な部分」と「雨水の浸入を防止する部分」に起因する事故の修補費用と、それに要した調査費用や仮住居・転居費用など。
- ■保険法人は保険の引き受けに必要な「設計施工基準」を定めている。

新築住宅に雨漏りなどのトラブルが起こった場合の窮地を救うのが「住宅かし保険」と呼ばれる住宅瑕疵担保責任保険制度だ。欠陥住宅の社会問題化、阪神・淡路大震災を契機とした住宅の性能への関心の高まりなどを受け、住宅づくりや売買などにおいて様々な問題が浮き彫りになったことが誕生のきっかけだ〔図1〕。

住宅取得者にとって問題とされたのは大きく3つ。1つ目は、契約上の瑕疵担保責任期間が1～2年と短いので、その後に不具合が起こっても無償修

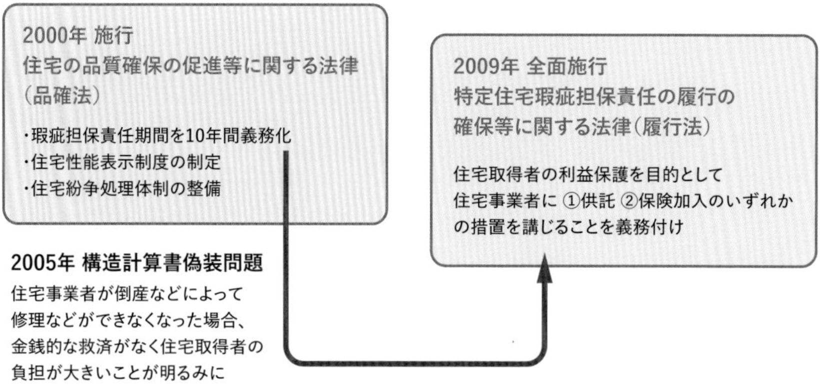

2000年 施行
住宅の品質確保の促進等に関する法律
（品確法）

・瑕疵担保責任期間を10年間義務化
・住宅性能表示制度の制定
・住宅紛争処理体制の整備

2005年 構造計算書偽装問題
住宅事業者が倒産などによって
修理などができなくなった場合、
金銭的な救済がなく住宅取得者の
負担が大きいことが明るみに

2009年 全面施行
特定住宅瑕疵担保責任の履行の
確保等に関する法律（履行法）

住宅取得者の利益保護を目的として
住宅事業者に ①供託 ②保険加入のいずれか
の措置を講じることを義務付け

〔図1〕新築住宅の保険制度が誕生した経緯と2つの根拠法

繕などを要求できないこと。2つ目は、住宅性能を表示する共通ルールがないために相互比較が難しく、住宅会社の示す住宅性能を信頼できるか不安なこと。3つ目は、住宅性能を巡る紛争を処理する専門的な体制がないため、解決に多くの労力を要することだ。

一方、新築住宅を請け負う建設会社と販売する宅地建物取引業者も、住宅事業者の立場から3つの問題を感じていた。1つ目は、長期の保証契約が経営リスクになること。2つ目は、住宅取得者に高い住宅性能を促すインセンティブが不十分で、正しく理解してもらうのに苦慮すること。3つ目は、性能に関するクレーム対応に多くの労力がかかることだ。

これらの問題を解決するため、住宅の生産からアフターサービスまで一貫した新たな枠組みとして、「住宅の品質確保の促進等に関する法律」（品確法）が2000年4月に施行された。

瑕疵とは種類や品質が契約内容に適合しない状態

品確法は、上記の課題に対応する3本柱で構成される。

1つ目は、新築住宅の基本構造部分の瑕疵担保責任期間を10年間義務付けたこと。基本構造部分とは「構造耐力上主要な部分」と「雨水の浸入を防止する部分」を指し、ここに瑕疵があった場合、引き渡し日から10年間は住宅事業者が費用を負担して修補するなどの責任を負うとした〔図2〕。これは、住宅かし保険に大きく関係する規定となっている。ちなみに品確法は「瑕疵」について、種類または品質に関して契約内容に適合しない状態と定義している。

2つ目は、住宅性能を分かりやすく表示する「住宅性能表示制度」の制定。評価と表示方法には共通の基準が定められており、第三者機関である「住宅性能評価機関」が審査を行う。住宅性能表示制度を利用するかは任意だ。

3つ目は、トラブルを迅速に解決するための「住宅に係る紛争処理体制」の整備。住宅性能表示制度と住宅かし保険を利用した住宅に関するトラブルについて、専門家による迅速かつ適正な解決を図ることを目的としている。わずかな費用で裁判外の紛争処理手続き（あっせん、調停、仲裁）を利用できる。住宅取得者、住宅事業者のどちらも利用可能だ。

瑕疵担保責任を履行するための資力確保を義務付け

品確法の施行から間もない05年に大事件が起こった。構造計算書偽装事件だ。構造計算書が偽装されたマンションの取得者は、売り主の倒産で瑕疵担保責任を果たしてもらえなくなり、極めて不安定な状態に置かれることになった。そのため国土交通省は、住宅取得者の利益保護を目的として、「特定住宅瑕疵担保責任の履行の確保等に関する法律」(住宅瑕疵担保履行法)を09年10月に全面施行した。

住宅瑕疵担保履行法は、住宅事業者が瑕疵担保責任の履行に必要な資力を確保するために「保証金の供託」と「保険の加入」のいずれかの措置を講じることを義務付けた。資力確保措置の実施方法は住宅の戸数ではほぼ二分されているが、事業者数では保険の加入がほとんどだ〔図3〕。

保証金の供託を採用しているのは、大手住宅会社など大企業が多い。供託

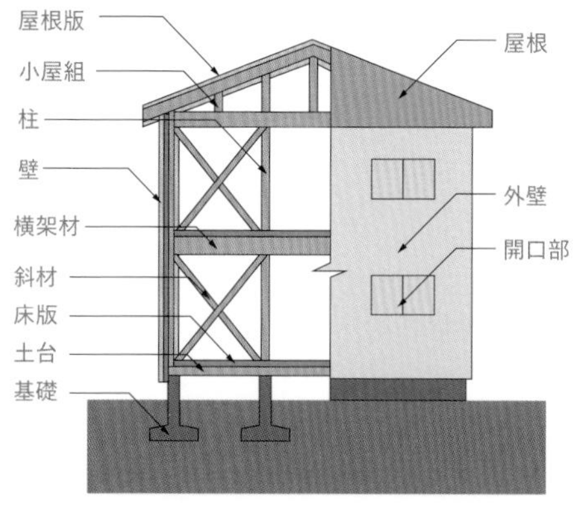

■ 構造耐力上主要な部分

住宅の基礎、基礎ぐい、壁、柱、小屋組、土台、斜材(筋かい、方づえ、火打材、その他これらに類するものをいう)、床版、屋根版または横架材(はり、けた、その他これらに類するものをいう)で、当該住宅の自重もしくは積載荷重、積雪、風圧、土圧もしくは水圧または地震その他の震動もしくは衝撃を支えるもの

■ 雨水の浸入を防止する部分

住宅の屋根もしくは外壁またはこれらの開口部に設ける戸、わく、その他の建具。雨水を排除するため住宅に設ける排水管のうち、当該住宅の屋根もしくは外壁の内部または屋内にある部分

〔図2〕品確法で定める木造軸組住宅における瑕疵担保責任範囲。「構造耐力上主要な部分」と「雨水の浸入を防止する部分」が対象になる

では、過去10年間に遡って引き渡した新築住宅の戸数に応じて保証金の額を算定し、法務局などに供託金を預ける。供託金は1戸当たり最低2000万円で、引き渡した戸数が多いほど1戸当たりの金額は少なくなる。

住宅事業者は、引き渡した新築住宅の資力確保状況（保険の契約や供託の実施状況）を、国土交通大臣または都道府県知事に年1回届け出る義務がある。この届け出がなされない場合や、届け出内容に虚偽があった場合は、罰則や監督処分が科される。

保険の引き受けに必要な技術基準を定める

住宅事業者の大半が活用している保険制度とは、新築住宅で保険対象となる事故が生じた場合に、修補や損害賠償を実施した住宅事業者に保険金が支払われる仕組みだ。住宅事業者が、国土交通大臣の指定を受けた住宅瑕疵担保責任保険法人（以下、保険法人）と保険契約を結ぶ。被保険者が住宅取得者ではない点がポイントだ。保険法人は住宅事業者に保険金を支払うが、住

［資力確保措置の実施方法について（戸数）］

	保証金の供託	保険への加入	合計
建設業者が引き渡した新築住宅	23万811戸 （47.7%）	25万3014戸 （52.3%）	48万3825 戸
宅地建物取引業者が引き渡した新築住宅	12万457戸 （49.4%）	12万3280戸 （50.6%）	24万3737 戸

［資力確保措置の実施方法について（事業者）］

	保証金の供託のみ	保険の加入のみ	供託と保険を併用	合計
建設業者	134事業者 （0.6%）	2万3367事業者 （99.3%）	33事業者 （0.1%）	2万3534事業者
宅地建物取引業者	64事業者 （1.0%）	6584事業者 （98.1%）	64事業者 （1.0%）	6712事業者

〔図3〕住宅瑕疵担保履行法に基づく資力確保措置の実施状況。2022年4月～23年3月の集計（資料：国土交通省）

宅事業者が倒産した場合などは住宅取得者に直接支払うこともできる。住宅事業者からの保険引き受けを行っている保険法人は24年2月時点で5社ある。

住宅事業者は住宅取得者から事故や不具合の連絡を受けたら、自ら事故原因を特定して調査報告書などを作成し、保険法人に伝える。保険法人は調査報告書などを精査し、事故内容によっては現地を確認する。住宅事業者は予定する修補の内容・費用についての見積書を保険法人に提出し、査定を受けた上で修補工事を始める。工事完了後に保険法人が保険金を支払うという流れだ〔図4〕。

保険期間は、品確法の瑕疵担保責任期間と同じ原則10年。保険料や検査料、オプションは保険法人ごとに異なり、保険料は掛け捨てとなる。保険を申し込むタイミングは、現場検査を実施する関係で住宅の着工前となる。

支払い対象は、品確法が規定する「構造耐力上主要な部分」および「雨水の浸入を防止する部分」に起因する事故の補修費用と、それに要した調査費用や仮住居・転居費用など。住宅かし保険では、補修などに要する費用を「修補費用」と呼ぶ〔図5〕。

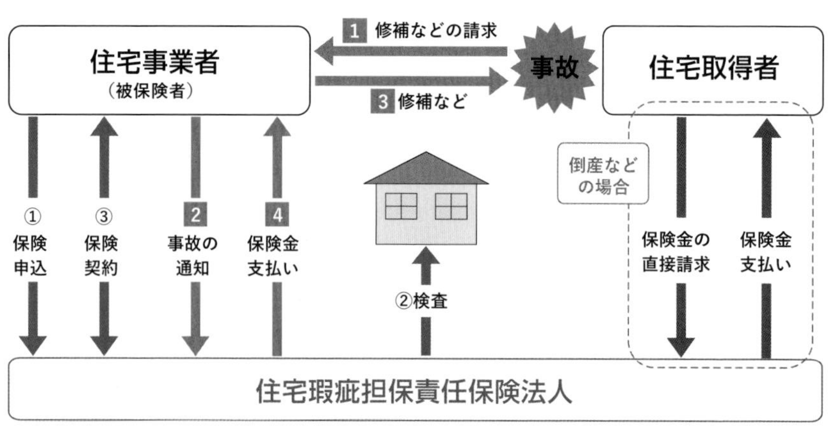

〔図4〕住宅かし保険の申し込みから保険金支払いまでの流れ

1戸当たりの支払限度額は2000万円が基本となる。保険金支払いにおける免責金額は10万円。住宅事業者に支払う場合の填補率は80%。

国土交通省が18年3月までの累積で公表した事故率は0.194%。平均支払額は1件当たり約113万円だ〔図6〕。

保険法人は保険の引き受けに必要な技術基準として、構造耐力上主要な部分と雨水の浸入を防止する部分の「設計施工基準」を定めている。設計施工基準は09年7月から統一され、全保険法人共通となった。全ての住宅事業者が容易に保険に加入できるよう、構造耐力上主要な部分の基準は建築基準法と同等、雨水の浸入を防止する部分は一般的な防水仕様とされている。

保険金の支払い対象:①修補費用(注)、②調査費用、③仮住居・転居費用など

(注)品確法に基づき10年間の瑕疵担保責任を負担することが義務付けられている「構造耐力上主要な部分」および「雨水の浸入を防止する部分」に係る瑕疵が発見された場合の修補費用

保険期間:10年

免責金額:10万円

填補率:事業者(請負人・売り主)へは80%、住宅取得者(発注者・買い主)へは100%(事業者倒産時など)

保険料など:個々の保険法人が設定(戸建て住宅で7万~8万円程度)

保険金額:2000万円(オプションで2000万円超あり)

〔図5〕住宅かし保険の支払い対象や保険金額などの概要(資料:国土交通省)

種類	① 証券発行件数	② 保険事故 確定件数	③ 事故率 (②÷①)	④ 保険金支払 完了件数	⑤ 保険金支払総額	⑥ 平均支払額 (⑤÷④)
1号保険+ 新築2号保険	262万8133件	5095件	0.194%	4496件	50億6952万6265円	112万7564円

〔図6〕住宅かし保険の事故率と保険金支払額の実績を示す。2018年3月までの累積(資料:国土交通省)

サクッと分かる
住宅かし保険

保険事故の95%は雨漏り

設計の不備による施工者任せが元凶

保険事故の傾向

- 保険事故の95%を雨漏り事故が占める。新築木造住宅の雨漏り事故2276件、構造事故169件の事例に基づき、JIOが保険事故の傾向を独自に分析した。
- 保険事故の雨水浸入箇所を細かく分類し、事故が多い順に並べるワーストランキング20を作成。1位はサッシまわりだった。
- 雨漏りを防ぐために重要なのは、4つのポイントを押さえた標準仕様書と防水納まり図を設計者が用意することだ。

日本住宅保証検査機構（JIO）は2008年に住宅瑕疵担保責任保険法人の指定を受けて、住宅かし保険業務を開始した。JIOが保険を引き受けた新築住宅で、22年3月までに保険金支払い済みの事故の傾向を下図に示す〔図1〕。住宅かし保険の対象となるのは「構造耐力上主要な部分」と「雨水の浸入を防止する部分」だが、保険事故は後者がほとんど。95.4％に達する。雨水の

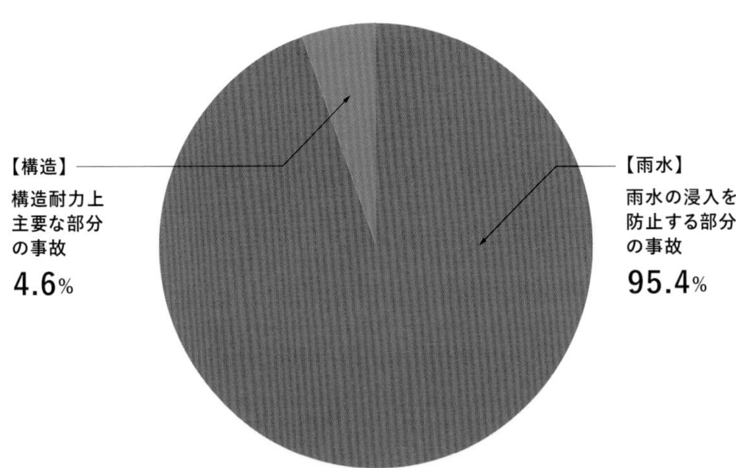

〔図1〕新築住宅の保険事故を「構造耐力上主要な部分」と「雨水の浸入を防止する部分」に分類したもの（2008年12月～22年3月の累計）

浸入を防止する部分の事故とは、雨漏りのことだ。住宅の防水対策が、現時点でも依然として不十分であることが分かる。

雨漏り事故の3分の1は屋根と外壁の取合い部

新築木造住宅での雨漏り事故について、保険金の支払いが完了した2276件の事例に基づき、どの部位で生じているかを細かく集計した。「屋根」「外

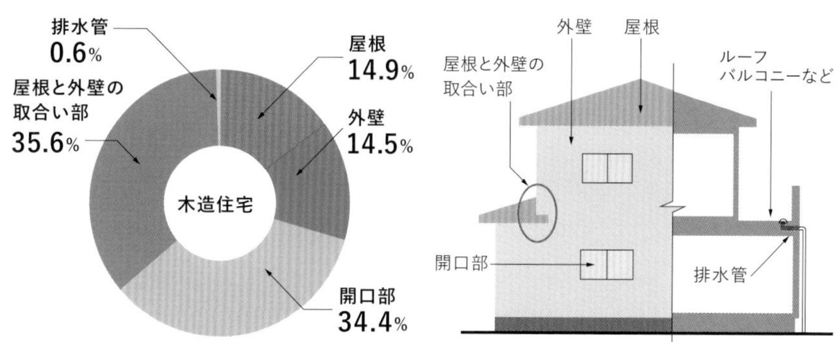

〔図2〕新築木造住宅の「雨水の浸入を防止する部分」で発生した保険事故の部位別の内訳（2008年12月～20年6月の累計）

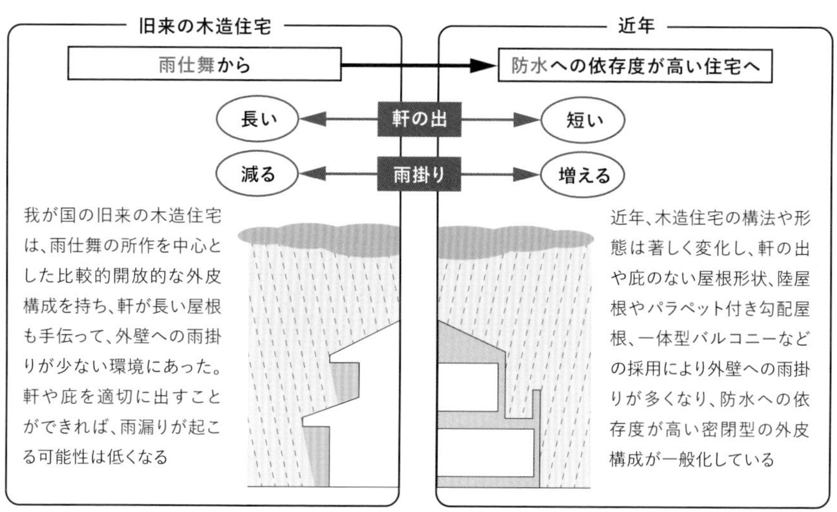

〔図3〕旧来と近年の木造住宅の違い。近年は外壁への雨掛りが多くなっている

壁」「開口部」「屋根と外壁の取合い部」「排水管」という5つの大分類では、「屋根と外壁の取合い部」が35.6％で最も多かった〔図2〕。取合い部は複数の職種が関わるので、設計の不備や施工者の連携不足などによって納まりに不具合が生じやすい。

開口部を含む外壁まわりの雨漏り事故が屋根よりも多い点も、心しておきたい。最近の住宅は、軒の出や庇のない屋根形状、陸屋根、ルーフバルコニーなどの採用が増えて、外壁への雨掛りが多くなりがちなことが影響している〔図3〕。

さらに、雨水浸入箇所を127項目に細かく分類し、事故が多い順番に並べ

順位	部位区分	雨水浸入箇所	割合
1	開口部	サッシまわり	25.8%
2	取合い	笠木と外壁の取合い(バルコニー・陸屋根)	4.9%
3	外壁	外壁の平部	4.6%
4	外壁	外壁の平部目地	4.4%
5	取合い	防水層とサッシの取合い(バルコニー・陸屋根)	4.0%
6	取合い	笠木の壁当たり(バルコニー・陸屋根)	3.2%
7	取合い	壁止まり軒部	2.8%
8	屋根	防水層平部(バルコニー・陸屋根)	2.4%
9	取合い	軒ゼロ棟まわり	2.3%
10	取合い	軒ゼロけらばまわり	2.2%
11	取合い	防水層と外壁の取合い(バルコニー・陸屋根)	2.0%
12	開口部	梁などの貫通部	1.9%
13	屋根	勾配屋根平部(無落雪M形屋根を除く)	1.8%
14	開口部	貫通口まわり(設備配管・配線など)	1.7%
15	開口部	換気口まわり	1.5%
16	開口部	天窓まわり(勾配屋根)	1.5%
17	開口部	シャッターボックスまわり	1.4%
18	取合い	軒ゼロ軒先まわり	1.3%
19	取合い	流れに平行な壁際	1.2%
20	外壁	外壁の出隅	1.2%

〔図4〕新築木造住宅を対象とした雨水浸入箇所のワーストランキング20。保険金の支払いが完了した2276件を対象に計5727の雨水浸入箇所を特定し、127項目に分類した(2008年12月～20年6月の累計)

るワーストランキングを作成した〔図4、5〕。ワースト20位までで雨水浸入箇所総数の72%を占める。

ワースト1位は「サッシまわり」。全体の25.8%を占めて、2位「笠木と外壁の取合い」(4.9%) 以下を大きく引き離している。サッシまわりは、JIO

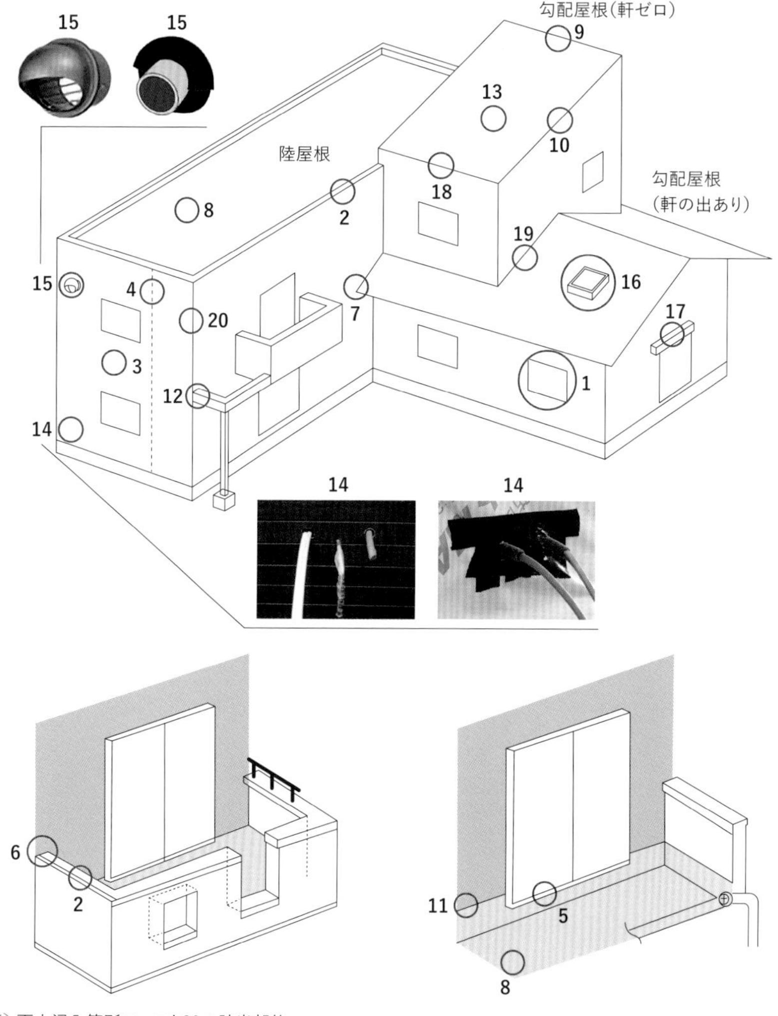

〔図5〕雨水浸入箇所ワースト20の該当部位

が00年に瑕疵保証業務を開始してから現在に至るまでの20年以上にわたって、不動のワースト1位である。

構造事故の6割は基礎

構造耐力上主要な部分についても、保険金の支払いが完了した169件を分析した。保険事故の発生部位は、基礎（62%）と木構造（38%）に二分され

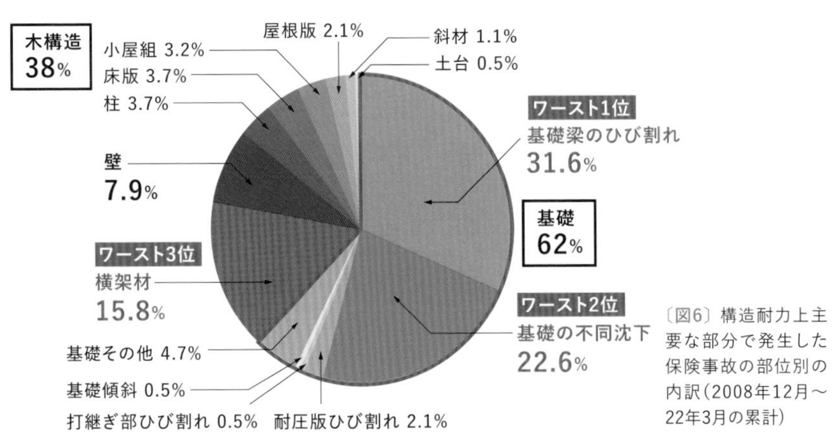

〔図6〕構造耐力上主要な部分で発生した保険事故の部位別の内訳（2008年12月～22年3月の累計）

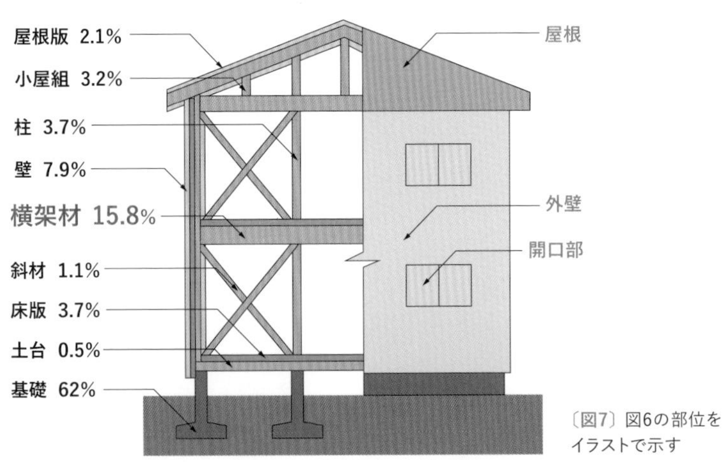

〔図7〕図6の部位をイラストで示す

る〔図6〕。事故の多い部位をさらに細かく見ると、ワースト1位が基礎梁のひび割れ（31.6％）、ワースト2位は基礎の不同沈下（22.6％）。基礎に関する事故が、他の構造事故と比較して突出している。

ワースト3位は横架材（15.8％）〔図7〕。木構造に限ると4割以上を占める。具体的には床梁のたわみが大きくなり床が傾斜する不具合だ。

仕様書も納まり図もない住宅が危うい

保険事故の大半を占める雨漏り事故は、設計者が外皮の標準仕様書と防水納まり図を用意していない場合に発生することが多い。使用材料の選定と防水の納まりが施工者任せになるからだ。標準仕様書とは、設計図に表すことができない材料の品質や工事の方法の詳細を指示する図書のことだ。

雨漏りを防ぐ有効な対策は、基本計画の段階で取合い部のような雨漏りが生じやすい部位をできるだけ少なくすることだ。特に、複数の職種が関わる「屋根と外壁の取合い部」は納まりの不具合が生じやすいので、この部位を少なくできると後の施工品質の確保にもつながる。

その上で設計者は標準仕様書と納まり図を明示し、施工段階で専門工事を手掛ける協力会社と現場監督、設計者の3者が使用材料と納まりについてトリプルチェックすることを徹底する仕組みが必要だ〔図8〕。

標準仕様書があっても、文字の羅列だけになっていたり、「防水紙」や「サ

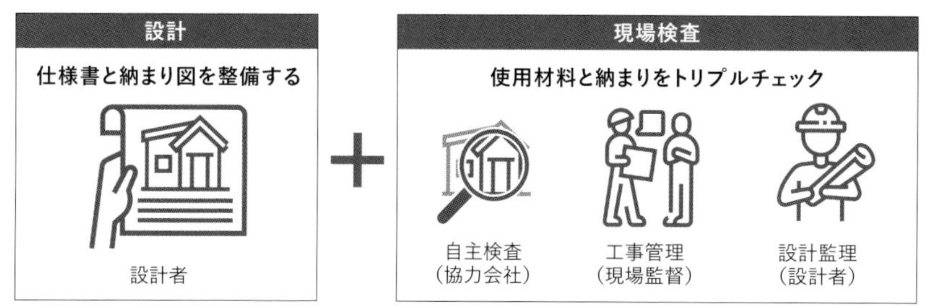

〔図8〕雨漏りを防ぐには標準仕様書と防水の納まり図を整備し、専門工事を手掛ける協力会社、現場監督、設計者が使用材料と納まりをトリプルチェックする

イディング」など一般的な材料名の記載にとどまっていたりするものが少なくない〔図9〕。雨漏りの防止に効果的な標準仕様書とするには、次の4つのポイントを押さえたい。1つ目は、具体的にどの部位についての標準仕様書かを明示すること。2つ目は、文字だけでなく防水納まり図を充実させ、施工上の注意点を記載すること。3つ目は施工の良しあしを比較参照できる防水納まり図があること。4つ目は、使用材料名や寸法について具体的に記載すること。

その他、各種工事の協力会社の仕事を理解し、しっかりと管理できる現場監督の存在も重要だ。

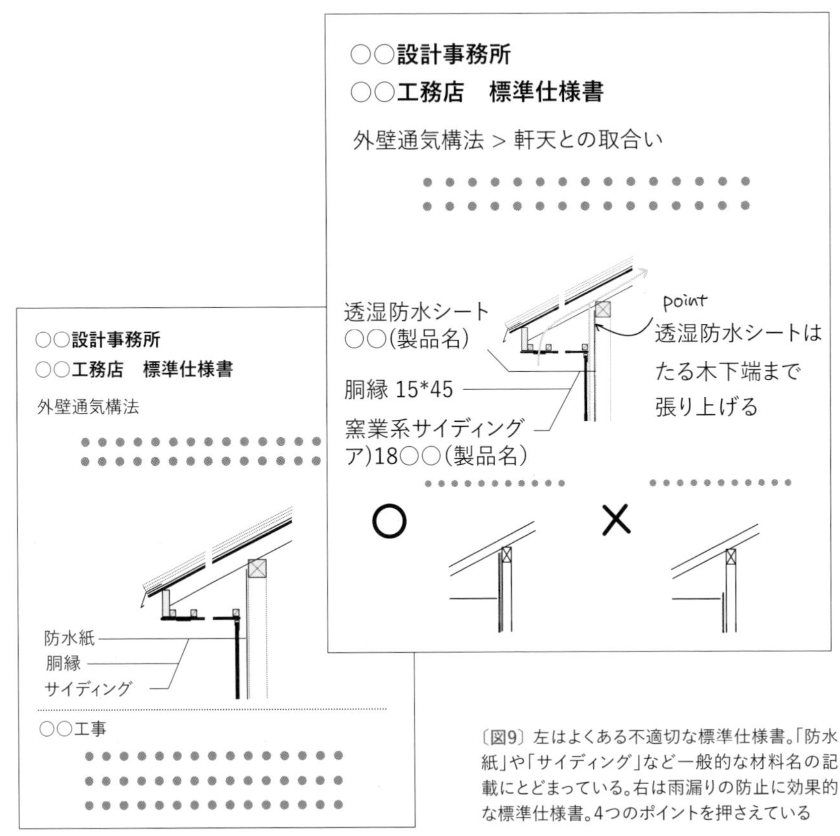

〔図9〕左はよくある不適切な標準仕様書。「防水紙」や「サイディング」など一般的な材料名の記載にとどまっている。右は雨漏りの防止に効果的な標準仕様書。4つのポイントを押さえている

理解を深める小話①

住宅紛争処理の参考となるべき技術的基準とは?

「住宅紛争処理の参考となるべき技術的基準」は、住宅の品質確保の促進等に関する法律の制定時に、住宅の紛争（トラブル）処理に当たる弁護士や建築士などの紛争処理委員が、あっせん、調停または仲裁を行う際に活用する参考資料として、旧建設省告示1653号（現国土交通省告示308号）で定められました。この基準をどのような形で活用するかは、紛争処理委員の裁量に委ねられます。紛争処理委員の判断を拘束する性格のものではありません。

本基準では、構造耐力上主要な部分に瑕疵が存在する可能性と不具合事象との相関関係を示しています。取り上げている不具合事象は、住宅の表面に現れた傾斜、ひび割れ、欠損、破断、変形などです。例えば、設計図書と異なる施工が行われ、壁が傾斜したとします。傾斜は不具合事象であって、瑕疵ではありません。傾斜の不具合を引き起こしたそもそもの原因である柱や横架材の施工不良が瑕疵として取り扱われます。「不具合事象」と「瑕疵」は全く別の概念です。

目に見えない構造耐力上主要な部分における瑕疵の存在の有無を、住宅の表面に現れた不具合事象だけで判断することは不可能です。仕上げ材を剥がして瑕疵が発見されないこともあり得ますし、不具合事象が全く発生していない住宅で、仕上げ材を剥がしてみると瑕疵が発見される可能性も否定できません。こうした点を踏まえ、構造耐力上主要な部分に瑕疵が存在する可能性が、「低い」「一定程度存する」「高い」といった3つのレベルで表現されています。

サクッと分かる住宅かし保険

保険事故事例

雨漏りに弱い「軒ゼロ」
修補費用が1250万円に膨らむ

- 2章以降のワーストランキングに基づく解説に先立って、雨漏り事故の具体例を取り上げて原因と対策を解き明かす。
- 雨漏りの保険事故は、軒の出のない、いわゆる軒ゼロ住宅で多発しているが、この住宅はその一例だ。外壁から雨水が浸入した。
- 腐朽した構造材と下地材の交換、断熱材と外装材の張り替えの費用として、1250万円という高額な修補費用が住宅かし保険で支払われた。

［建物概要］
築7年4カ月の木造軸組工法2階建て

［浸入箇所］
モルタル外壁のひび割れ

［被害箇所］
外壁4面の下地材と構造材の腐朽、内外装材と天井材の汚損

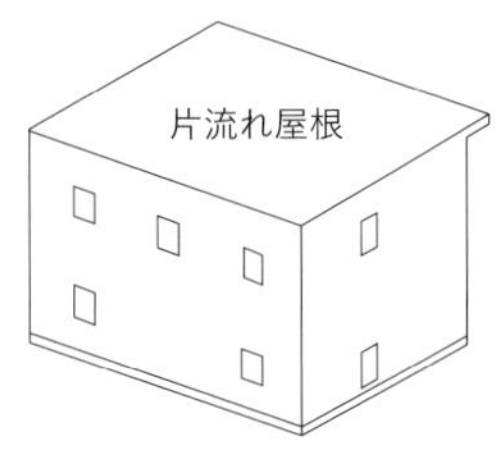

〔図1〕外観パース。片流れ棟側は軒を出していたが、軒先側とけらば側は軒の出がほとんどなかった

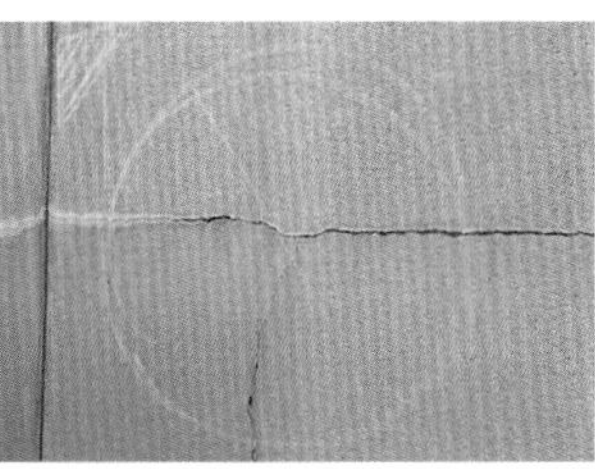

〔写真1〕左は、軒を出していない外壁。雨水の流れた跡が多数残っている。右は、モルタル外壁のひび割れ。下地材の継ぎ目に沿って発生していた

白色に仕上げたモルタルの外壁に雨漏りが発生すると悲惨だ。この木造2階建て住宅は、築7年4カ月とは思えないほど外壁に著しい雨染みとひび割れが生じた。

住宅の屋根は、塩化ビニル樹脂系シート防水を施した50分の1緩勾配の片流れで、軒先側とけらば側はいわゆる軒ゼロだった〔図1〕。軒側に雨水の

〔写真2〕内外装材を剥がした状態。雨水は外壁の通気層を通過し（写真の左上）、断熱材（右上）や土台（左下）まで湿潤させていた。構造金物や基礎のアンカーボルトも著しく腐食していた（右下）

流下した跡が目立つ〔写真1〕。外壁は、ラス網を不要とする下地板に、モルタルを塗る通気構法を採用していた。

モルタルのひび割れは下地板の継ぎ目に沿って生じていた。そのため、外壁を伝う雨水はモルタルのひび割れから下地板の継ぎ目に浸入し、通気層内に到達していた。

雨水の染みは室内の壁と天井でも見つかった。内外装材を剥がすと、断熱材が黒ずんでいた。構造金物や基礎のアンカーボルトの腐食も進み、躯体に大きなダメージを与えていた〔写真2〕。腐朽した構造材と下地材、断熱材を入れ替え、内外装材の全面張り替えを実施したので、修補費用が1250万に膨らんだ。

水切れの悪いアングル

軒樋

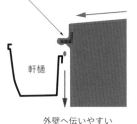

軒樋

外壁へ伝いやすい

〔図2〕左は、軒先側に設置していた水切れの悪いアングル。右は、雨水が軒先から外壁を伝う仕組み。雨水はアングルの端部で裏面に回り込み、樋ではなく外壁側に伝いやすくなっていた

1 シーリングが未施工

2 シーリングの充填量が少ない
シーリングを目地底へ
押し込んでいない

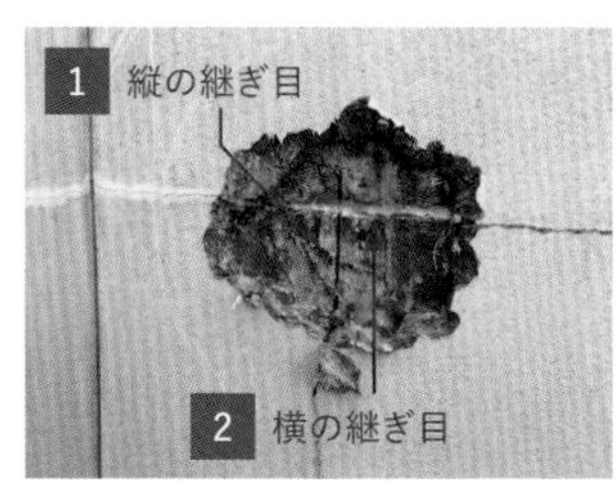

〔写真3〕モルタルのひび割れ部分を解体した状態。下地板の継ぎ目のシーリング施工が不適切だった

原因●モルタルの下地材でシーリングが未施工

外壁を著しく損傷させた原因は、屋根と外壁の両方にある。屋根については、シート防水を軒先側とけらば側の壁に張り下げ、シート防水の端末部を水切れの悪い、軒先水切りを兼ねたアングルで押さえていたことだ。屋根を流れる雨水はアングルに沿って回り込み、外壁を伝いやすくなっていた。その影響で、軒樋へ雨水を誘導できなくなっていた〔図2〕。

外壁については、下地板の継ぎ目に沿って、モルタルにひび割れが発生した。モルタルの下地板の継ぎ目でシーリングが未施工だった上、シーリングの充填量が少なく、ひび割れ防止用ネットも留めていなかったからだ〔写真3〕。下地板の表面と小口は特殊な防水被膜で覆われているが、継ぎ目の止水処理が不完全だと雨水の浸入を招く。外壁ではさらに、通気を閉塞するミスも犯していた。そのせいで、通気層内にたまった雨水が室内側に流れ込んだ。

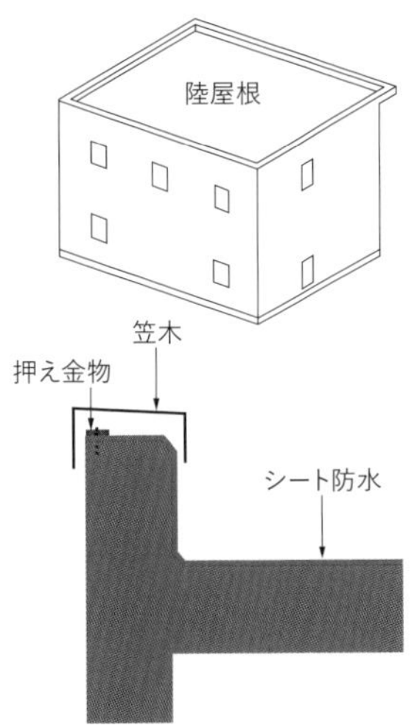

〔図3〕上は、シート防水端末部からの雨水浸入を防ぐために、四周にパラペットを回す屋根に見直した外観。下はパラペットの納まり。シート防水の端末部を押え金物で固定し、雨が掛からないように笠木を設置する

1 目地幅いっぱいにシーリングを盛り上げ多めに充填し、ヘラで目地底へ押し込み2〜3日以上養生

2 ひび割れ防止用ネットをステープルで留める

モルタル下地板の目地幅

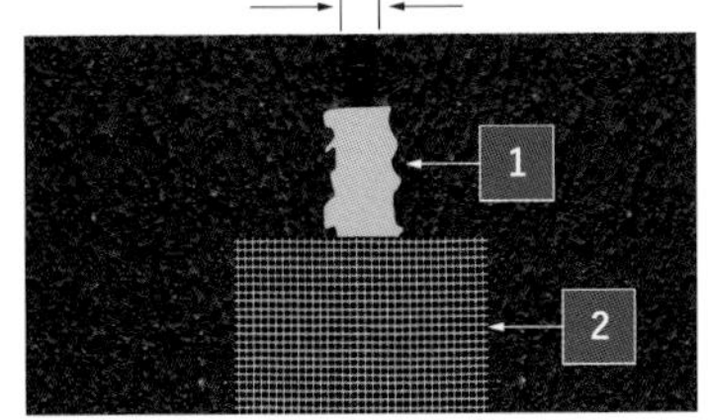

〔図4〕ラス網を不要とする下地板の継ぎ目の止水処理方法

予防策●シート防水の端末部はパラペットに

シート防水はシート自体が柔らかく、下地の挙動に追従しやすいので、シート端末部を金物で押さえて固定する必要がある。この押え金物に常時雨が掛かる状態になると、シートと金物の取合いに水がたまって劣化が進み、雨水の浸入リスクが高まる。

シート防水製造者は、シートの端末部を金物で押さえ、雨掛りをしない納まりを原則として求めている。例えば、屋根に四方パラペットを回し、シート防水の端末部に雨が当たらない納まりだ〔図3〕。

ラス網が不要なモルタルの下地板は、下地板製造者がマニュアルに示す方法を順守して、下地板の継ぎ目にシーリングとひび割れ防止用ネットを適切に施すことが重要だ〔図4〕。

2

第2章
雨水浸入箇所ワースト20

雨漏り事故の72%を占める雨水浸入箇所ワースト20の部位を、「外壁・開口部」「屋根」「バルコニー・陸屋根」という3つのグループに分類。JIOが長年取り組んできた研究成果を踏まえ、部位ごとに事故の傾向と予防策を伝える。「外壁・開口部」のグループに該当する部位から見ていこう。

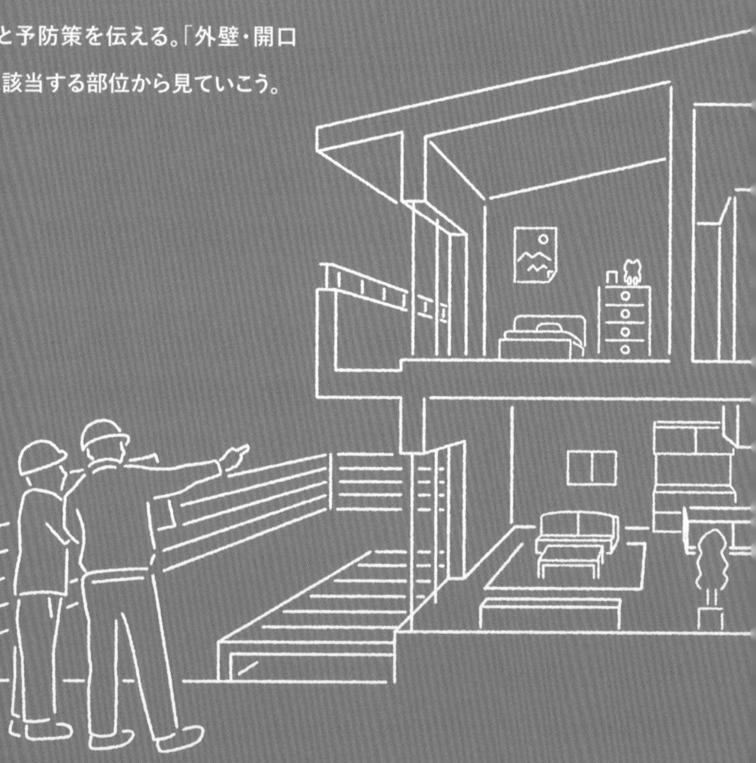

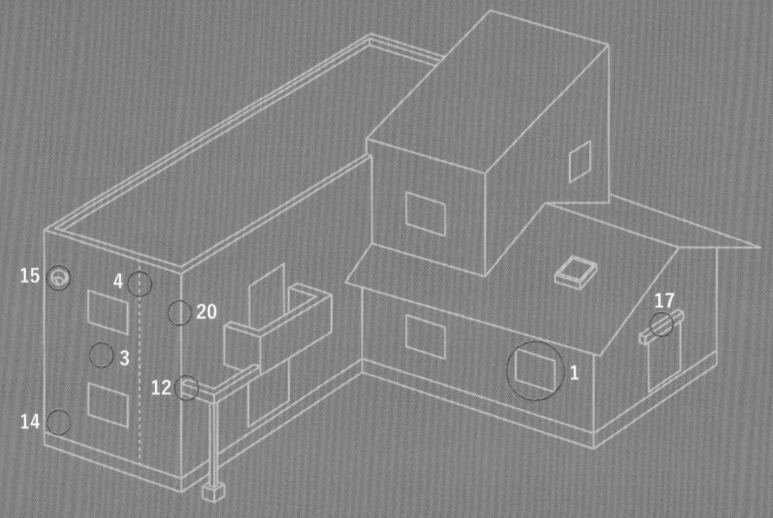

〔グループ1〕
外壁・開口部

ワースト1　サッシまわり

ワースト17　シャッターボックスまわり

ワースト3　外壁の平部

ワースト4　外壁の平部目地

ワースト20　外壁の出隅

ワースト14　貫通口まわり

ワースト15　換気口まわり

ワースト12　梁などの貫通部

ワースト
1
雨水浸入箇所

サッシまわり

通気層　胴縁　サッシフィン

防水テープ　透湿防水シート　圧着

サッシフィンと防水テープのわずかな隙間が水みちに

雨漏りは屋根から発生すると思いがちだが、実は外壁のサッシまわりからのほうが多い。2008年12月～20年6月の保険金支払い済みの雨漏り事故で、サッシまわりを浸入箇所とする割合は25.8％に達する。2位以下を圧倒的に引き離してワースト1位だ。

サッシまわりから雨水が浸入する経路は2つに大別される。1つは、サッシよりも上の位置にある欠損部から雨水が通気層内に浸入し、サッシに流下して躯体側に漏れる経路。もう1つは、サッシまわりにある欠損部から雨水が浸入して躯体側に漏れる経路。前者が45％、後者が55％と後者が若干多い〔図1〕。

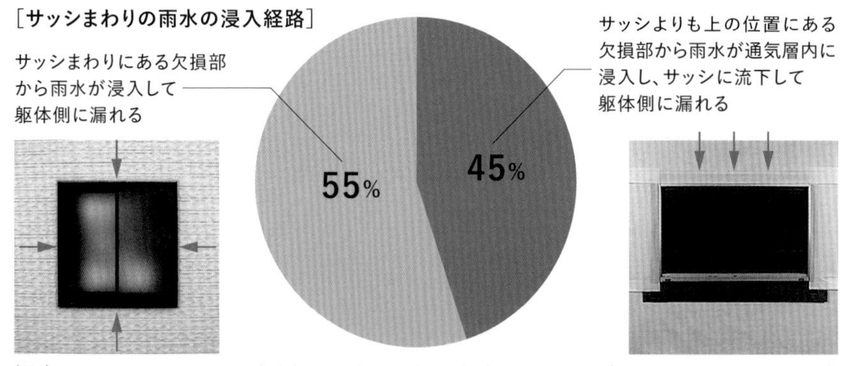

〔図1〕サッシまわりから雨漏りした事故事例を対象に、雨水浸入経路を分類した結果（2008年12月～20年6月の累計）

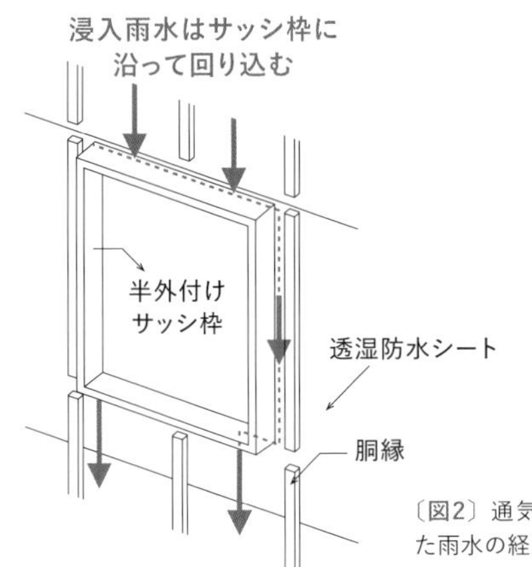

〔図2〕通気層内に浸入した雨水の経路。上枠、縦枠、下枠の順で回り込む

〔写真1〕サッシフィンに両面粘着防水テープと透湿防水シートを張ったときに、しわが発生した施工例

通気層は、サイディングなどの外装材と下地材の間に連続して設けられる。通気層を備えるつくりは通気構法と呼ばれ、結露対策として北海道など寒冷地で生まれた。その後、通気層が雨水の排出経路として機能することで雨漏りの軽減にも役立つことが分かり、全国で普及した。

木造住宅用のサッシは、枠の一部が通気層側を横断する「半外付けタイプ」が主流なので、上記に示した2つの経路から浸入した雨水は、いずれもサッシ枠にどうしても回り込む〔図2〕。このとき、サッシ枠のフィン（つば）に張られている防水テープや透湿防水シートにしわなどのわずかな隙間が生じていると、サッシ枠に回り込んだ雨水が隙間から躯体側に浸入しやすくなる〔写真1〕。これが、2つの経路から浸入した雨水がサッシまわりから躯体側に回り込むメカニズムだ。

サッシの水密性は、「JIS A4706 サッシ」が指定する試験で確認する。これは主に開閉部の性能であり、通気層内の水密性能を示すものではない。

サッシまわりのリスク対策1●通気の閉塞を無くす

やってはいけない胴縁の配置は、通気の閉塞だ。サッシまわりは浸入雨水

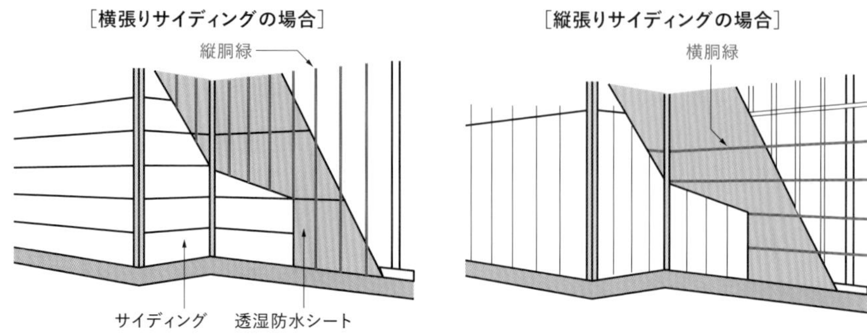

〔図3〕通気胴縁は、縦胴縁と横胴縁の2種類ある。サイディングなどの外装材を縦張りする場合は横胴縁（右の図）、横張りする場合は縦胴縁（左の図）を用いる

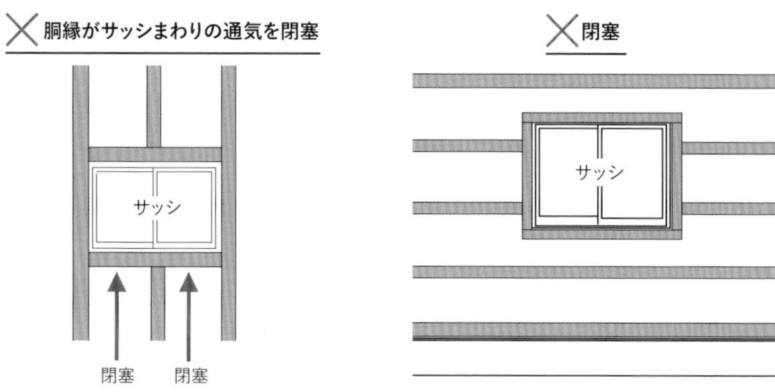

〔図4〕縦胴縁を用いる外壁で、サッシまわりの通気層が閉塞した例。サッシの両サイドに縦胴縁をサッシ枠と隙間なく施工し、サッシ上下の横胴縁で通気層を塞いでいる

〔図5〕横胴縁を用いる外壁で、サッシまわりの通気層が閉塞した例。サッシの四周に胴縁をサッシ枠と隙間なく施工し、胴縁同士の隙間もなくすことで通気層を閉塞している

や湿気が滞留しないよう、サッシと胴縁に十分な隙間を空けて乾燥しやすい状態にする必要がある。

通気層は、サイディングなどの外装材を縦張りする場合は横胴縁、横張りする場合は縦胴縁を用いる〔図3〕。この横胴縁や縦胴縁とサッシに十分な隙間を設けずに施工すると、通気が閉塞する〔図4、5〕。すると、浸入雨水が胴縁にせき止められ、通気層内を空気が流れにくくなるので、通気層内の湿度が上がり、下地材と胴縁の劣化が進むトラブルも発生する〔写真2〕。

〔写真2〕木造軸組工法を採用した築9年の2階建て住宅で、サッシまわりから雨漏りした事例。サッシよりも上の位置にある欠損部から雨水が通気層内に浸入し、サッシまわりを隙間なく囲う胴縁で滞留して、雨漏りと胴縁の劣化を招いた

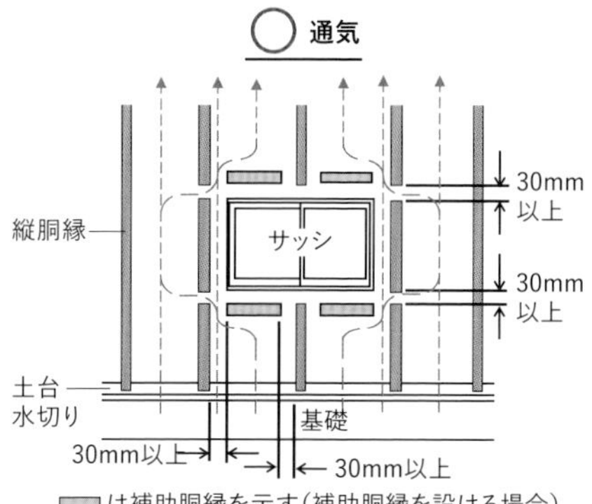

〔図6〕縦胴縁を用いる外壁で、通気を確保する胴縁の施工方法。縦胴縁はサッシフィンを避けて留める。補助胴縁もサッシフィンを避けて留め、胴縁同士の間に30mm以上の隙間を設ける

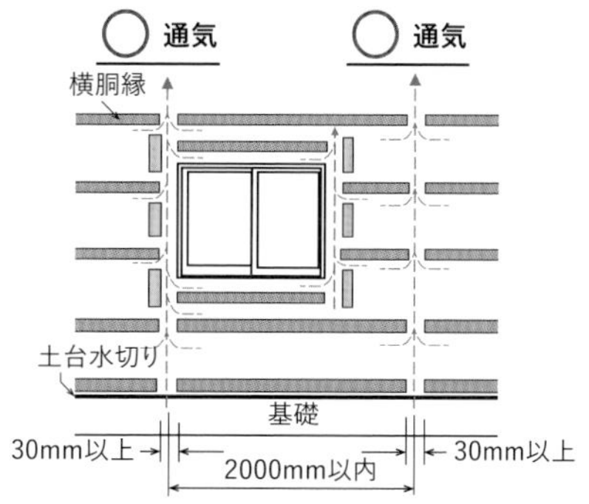

〔図7〕横胴縁を用いる外壁で、通気を確保する胴縁の施工方法。横胴縁と補助胴縁はサッシフィンを避けて留める。開口部以外の横胴縁は、30mm以上の隙間を2000mm以内のピッチで設ける

サッシまわりの通気の閉塞を防ぐ対策は、四周のサッシフィンに重ならない位置に胴縁を留めて、サッシの周囲に空気が流れる空間をつくることだ〔図6〕。さらに胴縁同士の間にも30mm以上の隙間を設けることがポイントだ。開口部以外の横胴縁は特に浸入した雨水が胴縁の上面にたまりやすいので、30mm以上の隙間を2000mm以内のピッチで設けて、空気が縦方向に流れやすくする必要がある〔図7〕。

雨漏りを防ぐ標準仕様37選 ▶ 仕様33

（例）刻印表示　防水テープはここまで

5mm程度のクリアランス

〔写真3〕5mm程度のクリアランスが確保できるように刻印表示されたアルミサッシ。刻印表示があるものと、ないものがある

上枠（フィン幅25mmの例）

胴縁はサッシフィンを外して留める

透湿防水シート

両面粘着防水テープ
幅75mm

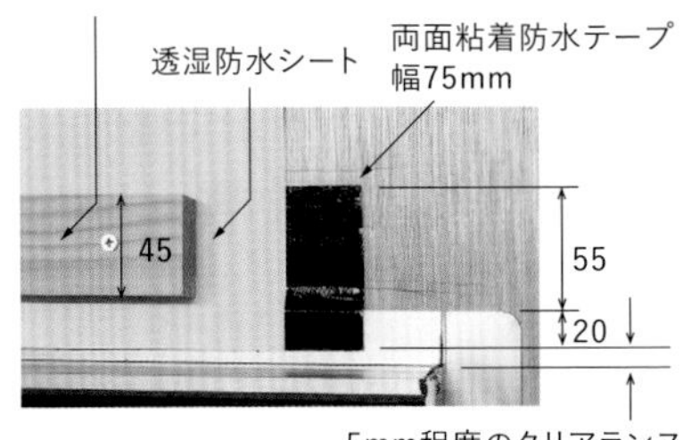

5mm程度のクリアランス

〔写真4〕幅25mm、厚さ2mmのアルミサッシの上枠フィンに、5mm程度のクリアランスを設けて幅75mmの防水テープを張った適切な施工例

縦枠（フィン幅35mmの例）

5mm程度のクリアランス

30　70

両面粘着
防水テープ
幅100mm

透湿防水シート

胴縁は
サッシフィンを
外して留める

45

〔写真5〕幅35mm、厚さ2mmのアルミサッシの縦枠フィンに、5mm程度のクリアランスを設けて幅100mmの防水テープを張った適切な施工例

サッシまわりのリスク対策2●防水テープをサッシ枠から5mm離す

サッシ枠に回り込んだ雨水が浸入する原因は、防水テープや透湿防水シートに生じたしわなどの隙間だ。

特にサッシの上枠は、通気層内に浸入した雨水が滞留しやすい箇所だ。対策は防水テープをサッシの上枠から離して張ること。防水テープとサッシの上枠との間に5mm程度のクリアランスがあれば、防水テープや透湿防水シートはぬれにくい。〔写真3、4〕。

縦枠のフィンに張る防水テープも、「通水路」として5mm程度のクリアラ

アルミサッシ フィン幅 35mm 厚み 2mm

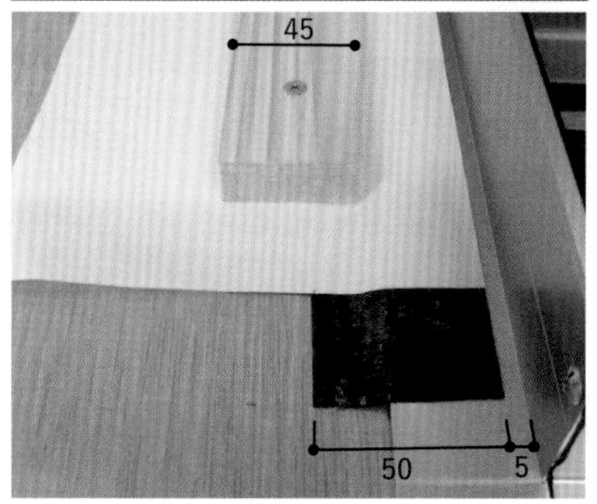

〔写真6〕幅50mmの防水テープ上のアルミサッシのフィンを避けた位置に、幅45mmの胴縁を施工した例。胴縁の半分と胴縁に留めたくぎ穴が防水テープの外側にあるので、くぎ穴止水性能は得られない

アルミサッシ フィン幅 25mm 厚み 2mm

〔写真7〕幅75mmの防水テープ上のアルミサッシのフィンを避けた位置に、幅45mmの胴縁を施工した例。胴縁全体が防水テープの上に載っているので、くぎ穴止水性能が得られる

樹脂サッシ フィン幅 28mm 厚み 3mm

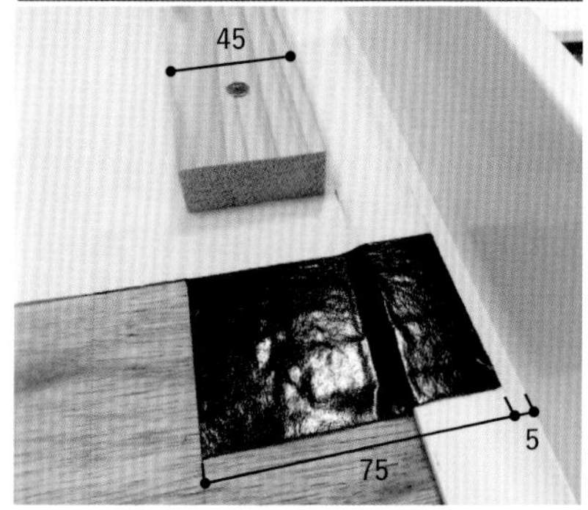

〔写真8〕幅75mmの防水テープ上の樹脂サッシのフィンを避けた位置に、幅45mmの胴縁を施工した例。樹脂サッシのフィンは厚みが3mmあるので、防水テープ上に胴縁がぎりぎりで載る

アルミサッシ フィン幅 35mm 厚み 2mm

〔写真9〕幅100mmの防水テープ上のアルミサッシのフィンを避けた位置に、幅45mmの胴縁を施工した例。幅100mmの防水テープだと胴縁全体が余裕で載る

ンスを設けて張るのがよい。雨水が縦枠側を流下するとき、防水テープと透湿防水シートを極力ぬらさないようにするためだ〔写真5〕。

サッシのまわりに胴縁を施工する場合は、フィンに張る防水テープを幅75mmか100mmのタイプにすることを推奨する。それよりも幅が狭いと、胴縁に留めたくぎ穴が、防水テープの外側にはみ出してしまい、防水テープ

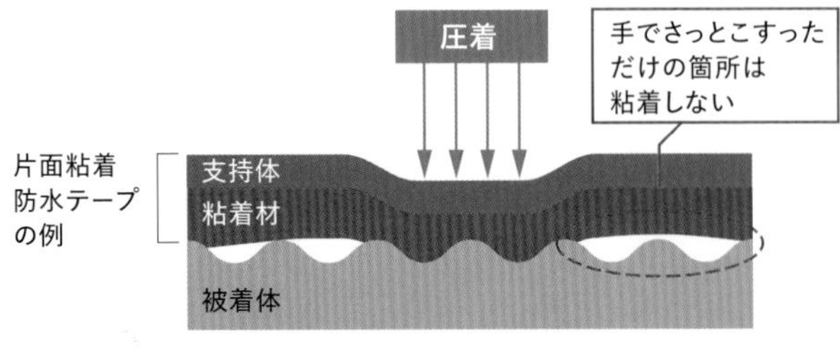

〔図8〕被着体であるフィンと防水テープの接着断面を拡大した図。フィンの表面には目に見えない凹凸があるため、手でさっとこすっただけの箇所は粘着しないで隙間が残る。凹凸に粘着材を食い込ませることを圧着という

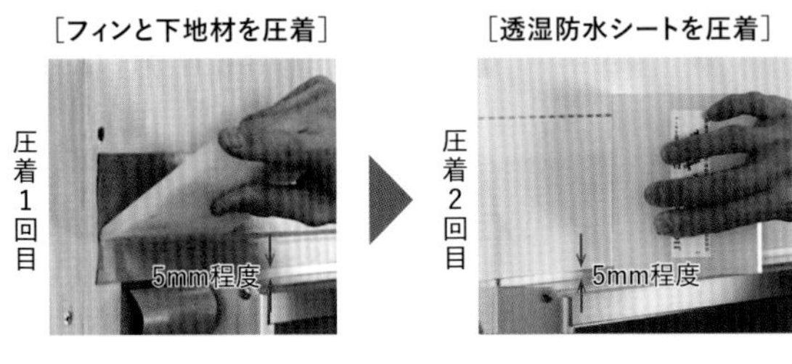

〔写真10〕両面粘着防水テープの圧着方法を示す。1回目の圧着はフィンと下地材だけの状態、2回目の圧着は透湿防水シートを張った状態でそれぞれ実施する

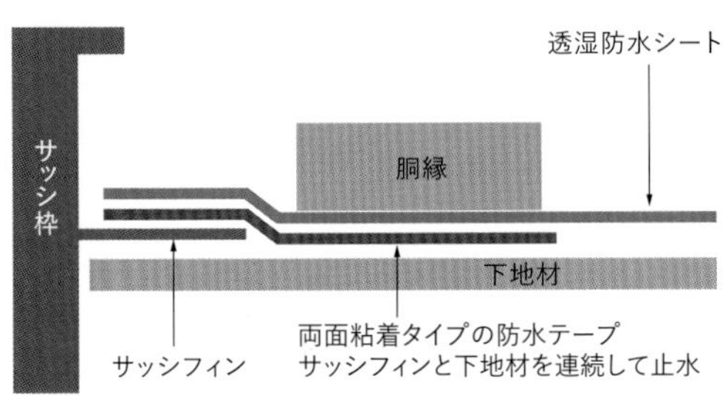

〔図9〕サッシフィンに両面粘着タイプの防水テープを張った状態の断面図。フィンと下地材を連続して止水できる

のくぎ穴止水性能を得られなくなるからだ〔写真6〕。

住宅金融支援機構の「フラット35対応木造住宅工事仕様書」は、防水テープの幅に関する解説として、「くぎ打ちフィンを避けて下地胴縁を留め付け、防水テープが下地胴縁の幅全体の下敷きとなる寸法（サッシ枠から下地胴縁の反対側まで）の幅を確保する」と記載している。幅25mmのフィンと幅45mmの胴縁に組み合わせる防水テープ幅は、75mmを例示している。

75mmと100mmのどちらの幅の防水テープにするかは、フィンの幅と厚さ、胴縁の幅を考慮して選定する。幅25～28mm、厚さ2～3mmのフィンと幅45mmの胴縁には幅75mmの防水テープ、幅30mm以上で厚さ2～3mm

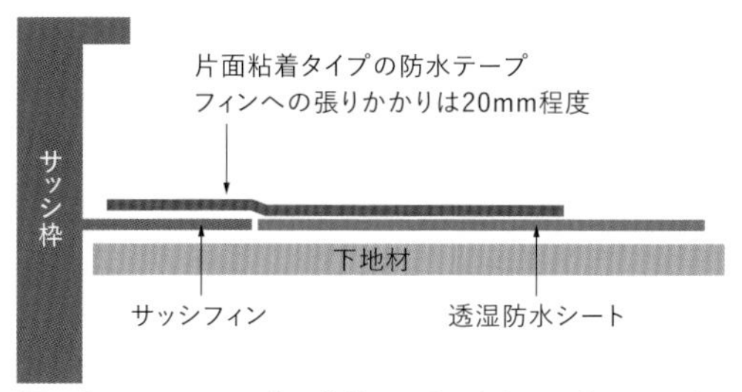

〔図10〕サッシフィンに片面粘着タイプの防水テープを張った状態の断面図。フィン側に20mm程度しか張りかからない防水テープだけで止水する

〔写真11〕片面粘着防水テープの圧着不良が原因で、防水テープがフィンから剥がれ、下地材がむき出しになって雨水が浸入した事例

のフィンと幅45mmの胴縁には幅100mmの防水テープを組み合わせれば、サッシ枠との5mm程度のクリアランスと胴縁のくぎ穴止水性能を確保できる〔写真7、8、9〕。

サッシまわりのリスク対策3●両面粘着防水テープを2回圧着

サッシのフィンに防水テープを張るときの圧着が足りない場合も、漏水を招くわずかな隙間が生じやすい。

被着体であるフィンの表面には、目に見えない凹凸がある。防水テープを手でさっとこするだけでは、この凹凸に防水テープのネバネバした粘着材が食い込まないので隙間が生じてしまう〔図8〕。防水テープの粘着材をフィンの凹凸に隙間なく食い込ませる方法は、スキージーと呼ばれる専用ヘラを用い、しっかり上から圧着することだ。

両面粘着防水テープを使う場合は粘着層が両面にあるので、それぞれの粘着材が被着体に食い込むように、2回圧着する必要がある。フィンと下地材をまたいで張るときに1回目の圧着、透湿防水シートを張ってから2回目の圧着といった具合だ〔写真10〕。

防水テープは両面粘着タイプと片面粘着タイプがあるが、サッシまわりにおいては両面粘着タイプを勧める。両面粘着防水テープは、両面で接着でき

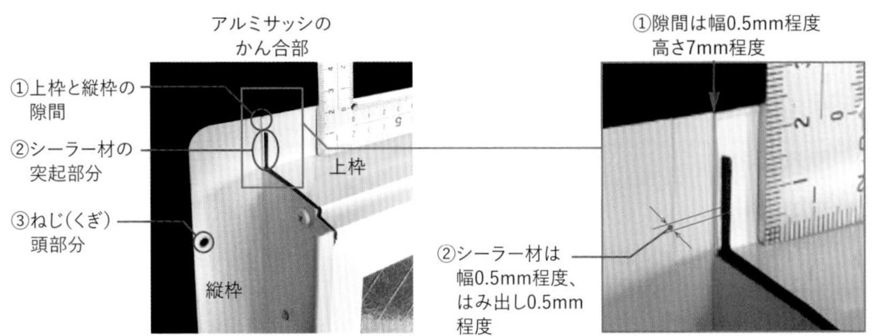

〔写真12〕アルミサッシの縦枠と上枠の接合部を見る

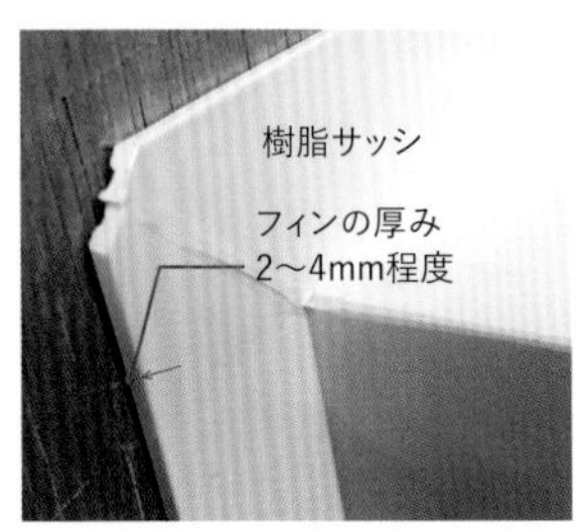

〔写真13〕樹脂サッシのフィンはアルミサッシよりも厚く、2～4mm程度あるので、下地材との段差が大きくなる。縦枠と上下枠は工場で溶着しているので枠同士の隙間はない

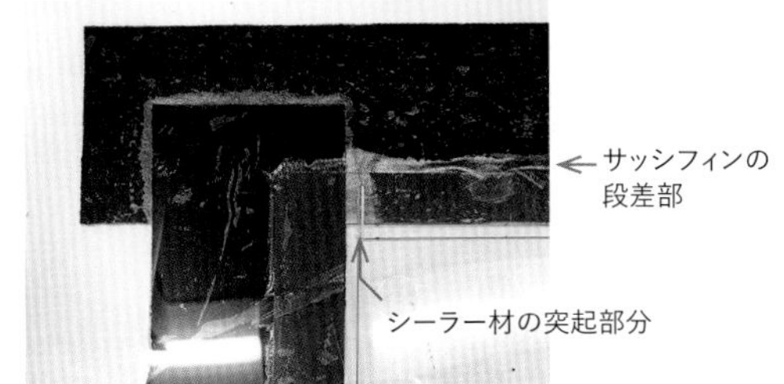

〔写真14〕サッシフィンとシーラー材を模した試験体に、防水テープを張った状態。フィンの段差やシーラー材に、圧着不良による隙間が生じている

るのでフィンと下地材、透湿防水シートを連続して止水できる。さらに、圧着作業をフィンだけの状態と透湿防水シートを張った状態の計2回実施することで、防水テープの剥がれるリスクを小さくできる〔図9〕。

これに対して片面粘着タイプは、フィン側に20mm程度しか張りかからない防水テープだけで止水するという弱点がある〔図10〕。圧着作業も1回だ。そのため、防水テープに圧着不良があると、防水テープの剝がれた部分の下地材がむき出しになり、雨水が浸入した事例がある〔写真11〕。

アルミサッシのフィン

樹脂サッシのフィン

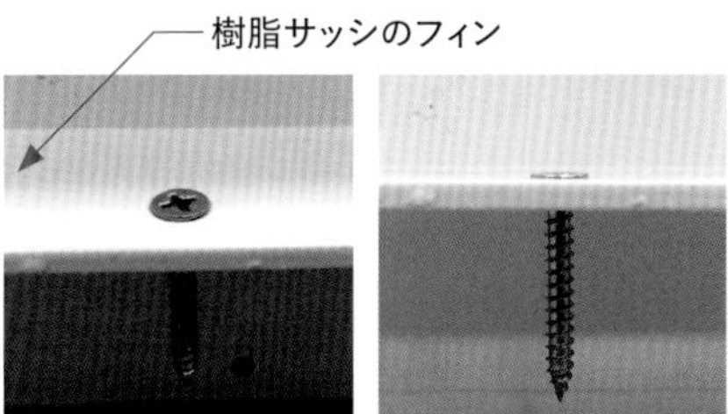

〔写真15〕サッシフィンに付属品の専用ねじを留め付けた状態。フィンには専用ねじの形状でねじ穴が加工されているので、ねじ頭のまわりに段差は生じていない

→は「水みち」を示す

〔写真16〕サッシフィンと指定外の大きいねじ頭を模した試験体に、防水テープを張った状態。段差部分に「水みち」となるしわが発生している

サッシまわりのリスク対策4●サッシ自体の隙間も入念に圧着

サッシまわりの雨漏りリスクは、サッシ自体も抱えている。

木造住宅用のアルミサッシは、上下の縦枠と横枠の間に水密材としてシーラー材が挟み込まれている。シーラー材は途中までで、その外側は縦枠と横枠に幅0.5mm程度、高さ7mm程度の隙間が生じている。この他、シーラー材が0.5mm程度はみ出している箇所や、フィンに留めるねじ頭、フィンの厚みも段差になる〔写真12、13、14〕。

フィンに専用品ではないねじを留めると、フィンとねじ頭の段差が大きくなり、隙間による水みちができやすくなる。そのため、フィンは専用ねじで留める必要がある〔写真15、16〕。

アルミサッシ自体が抱えるこうした隙間や段差からの雨水浸入を抑える対策は、防水テープの圧着を入念に行うことだ〔写真17〕。

両面粘着防水テープの場合は、スキージーと呼ばれる専用ヘラで圧着する

〔写真17〕アルミサッシの縦枠フィンと下地材の段差を入念に圧着した状態

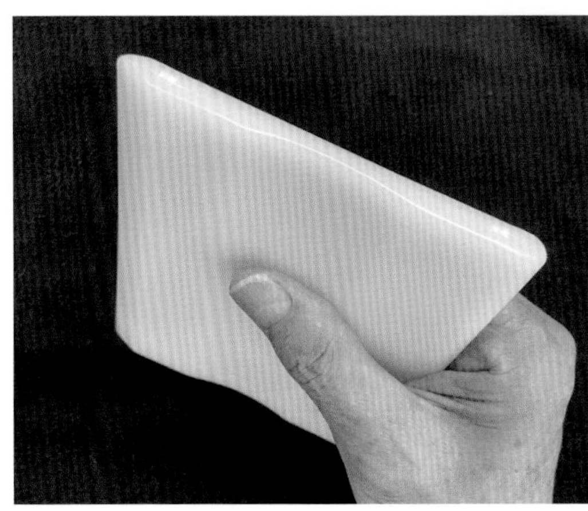

〔写真18〕防水テープの圧着に使うスキージーと呼ばれる専用ヘラ。とがらせた縁と丸みを持たせた縁を持つ

工程を、(1) フィン部分、(2) フィンと下地材の段差部分、(3) 下地材部分、の順にそれぞれ2往復させる〔写真18、図11、12〕。ヘラ全体を指で挟むようにしっかり持ち、隅々まで圧力を行き届かせる、段差部分はヘラのエッジを使って圧着するなどもポイントだ。

保険事故16事例に学ぶ ▶ 事例3
雨漏りを防ぐ標準仕様37選 ▶ 仕様1、30

［縦枠の防水テープ］

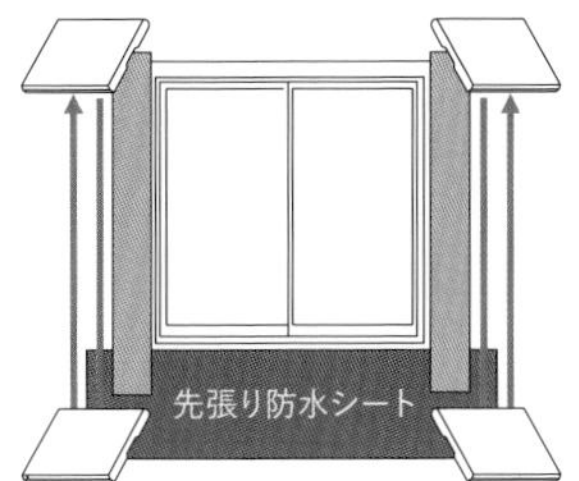

〔図11〕サッシの縦枠フィンに張る両面粘着防水テープを圧着する手順を示す

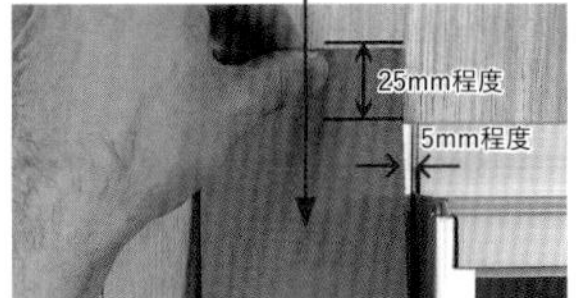

フィン上端より25mm上の位置から張り始める。際から5mm隙間を空ける

サッシフィン部分を2往復

下地材とフィンの段差部分をヘラのエッジを使って2往復

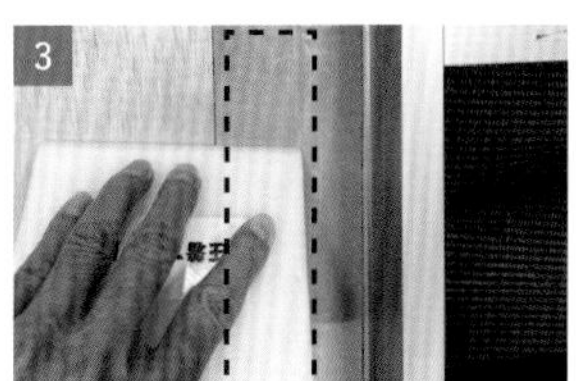

下地材部分を2往復

［上枠の防水テープ］

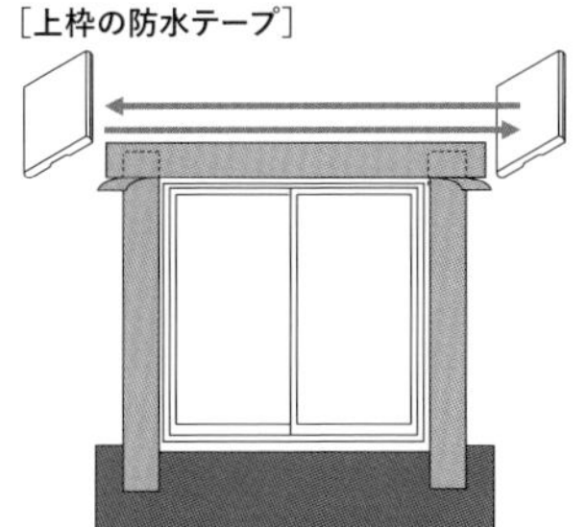

〔図12〕サッシの上枠フィンに張る両面粘着防水テープを圧着する手順を示す

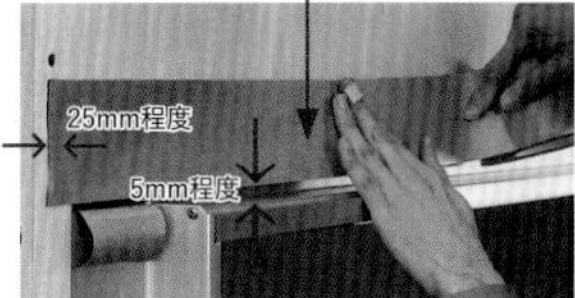

縦枠の防水テープ左端より25mm左の位置から張り始める。際から5mm隙間を空ける

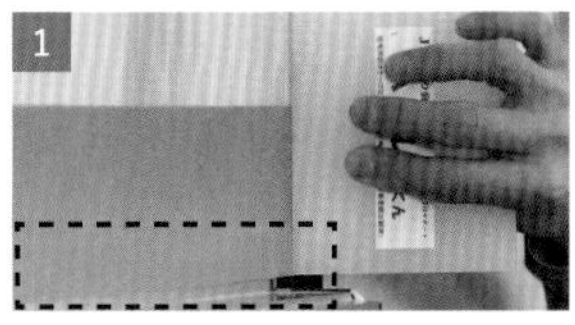

サッシフィン部分を2往復

下地材とフィンの段差部分をヘラのエッジを使って2往復

下地材部分を2往復

［試験方法］

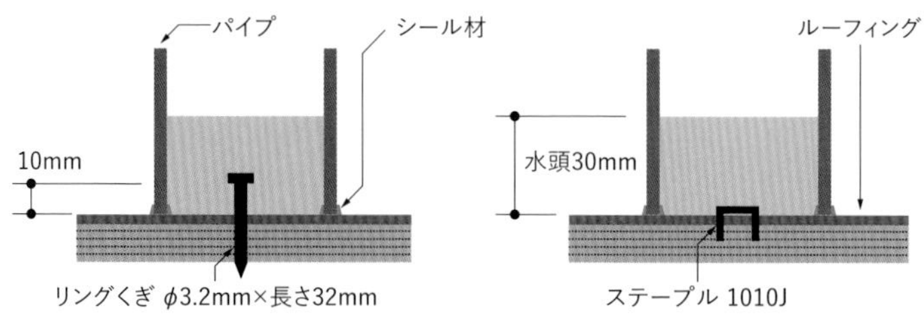

〔図13〕「改質アスファルトルーフィング下葺材 ARK04ˢ-04」が規定する試験方法。下地材に張ったルーフィングをリングくぎやステープルで留め、そのまわりにシール材でパイプを立てて、30mmの高さまで水（インク入り）を注ぐ。24時間静置して、漏水した試験体の個数を確認する

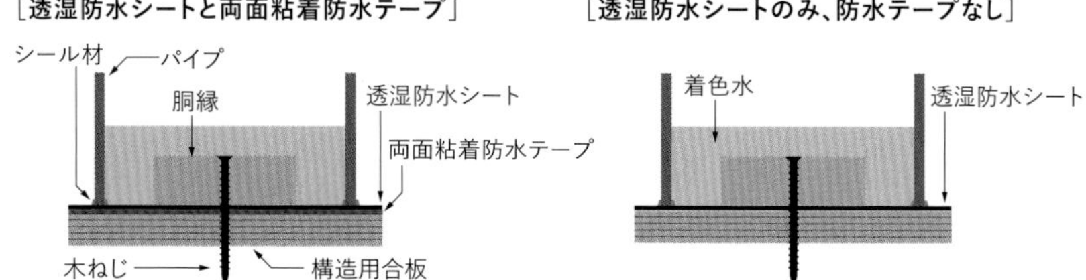

〔図14〕実験用の試験体。左は、構造用合板の下地材に両面粘着防水テープと透湿防水シートを張った試験体。胴縁全体が防水テープに載る状態を想定した。右は、構造用合板に透湿防水シートだけを張った試験体。胴縁が防水テープに載っていない状態を想定した

サッシまわりのリスク対策5●防水テープのねじ穴止水効果を実験で確認

住宅金融支援機構の「フラット35対応木造住宅工事仕様書」は、防水テープの幅に関する解説として、「くぎ打ちフィンを避けて下地胴縁を留め付け、防水テープが下地胴縁の幅全体の下敷きとなる寸法（サッシ枠から下地胴縁の反対側まで）の幅を確保する」と記載している。幅25mmのフィンと幅45mmの胴縁に組み合わせる防水テープ幅は、75mmを例示している。

そこで、JIOは共同研究で、防水テープに胴縁全体が載っている方が、載っていない箇所がある場合よりも、雨水の浸入リスクが小さくなるかを実験で検証した。

試験方法は、日本防水材料協会規格の「改質アスファルトルーフィング下葺材 ARK04ˢ-04」に記載されている、くぎ穴の止水性能に関する方法に準

〔写真19〕試験体の中に30mmの高さまで着色水を注いでいる様子。注水後、水の蒸発を防ぐためにパイプの上端を密閉し、144時間静置した

試験体（使用材料）	透湿防水シート	JIS規格品4種類、海外規格品3種類
	両面粘着防水テープ	アクリル系、ブチル系の2種類
	胴縁	幅45×40×厚さ18 KD材（防腐防蟻処理なし）、加圧式防腐防蟻処理胴縁（ほう素・第4級アンモニウム化合物系BAAC）の2種類
	木ねじ	呼び径3.8×長さ51
	構造用合板	100×100×厚さ12、接着耐久性区分：特類
	パイプ	VU管呼び径75（薄肉塩化ビニル管、内径83）

〔図15〕試験体で使用した材料を示す。胴縁はパイプに入る寸法とした。寸法の単位はmm

じた〔図13〕。サッシまわりに施工する防水テープと透湿防水シートの実験を、屋根の下ぶき材の試験方法に準じたのは、外壁に用いる二次防水材のくぎ穴止水性能に関する試験方法がないからだ。

合否の判定も上記の規格に倣った。試験体の10個中8個以上は下地材がぬれていない、貫通くぎを通して下地材の裏面に漏水していない、という2項目を満足した場合が合格だ。

防水テープの有無による違いを比較するため、下地材に両面粘着防水テープと透湿防水シートを張った仕様と、透湿防水シートだけを張った仕様を用意。その上に木ねじで胴縁を固定し、シール材でパイプを立てた〔図14、写真19〕。防水テープを有する仕様では、専用ヘラによる圧着作業を、最初に防水テープを張ったときと透湿防水シートを張った後の計2回実施した。

			透湿防水シートとブチル系両面粘着防水テープ						透湿防水シートとアクリル系両面粘着防水テープ						透湿防水シートのみ防水テープなし					
			KD胴縁			防腐防蟻胴縁			KD胴縁			防腐防蟻胴縁			KD胴縁			防腐防蟻胴縁		
			表面	裏面	判定	表面	裏面	判定	表面	裏面	判定	表面	裏面	判定	表面	裏面	判定	表面	裏面	判定
透湿防水シート	A	JIS規格	0	0	合格	0	0	合格	0	0	合格	0	0	合格	9	0	不合格	4	0	不合格
	B	海外規格	0	0	合格	1	0	合格	0	0	合格	0	0	合格	5	2	不合格	4	2	不合格
	C	JIS規格	0	0	合格	0	0	合格	0	0	合格	0	0	合格	9	3	不合格	8	6	不合格
	D	海外規格	0	0	合格	0	0	合格	0	0	合格	1	0	合格	8	0	不合格	8	1	不合格
	E	JIS規格	0	0	合格	0	0	合格	0	0	合格	0	0	合格	10	0	不合格	10	6	不合格
	F	海外規格	0	0	合格	0	0	合格	1	0	合格	1	0	合格	4	0	不合格	5	4	不合格
	G	JIS規格	0	0	合格	0	0	合格	0	0	合格	0	0	合格	10	1	不合格	10	3	不合格

〔図16〕実験結果を示す。表中の数字は、試験体10個のうち下地材表面と裏面に漏水した個数をそれぞれ示す。赤く囲った下地材表面と裏面の状況を写真20に示す

製品固有の影響をなくすため、防水テープはブチル系とアクリル系、透湿防水シートは市場流通品から選んだ7種類、胴縁はKD材（人工乾燥材）と防腐防蟻処理材を用意し、それぞれを組み合わせた計42種類の試験体を10個ずつ用意した〔図15〕。

試験では、パイプ内に着色水を30mmの高さまで注ぎ、室温で144時間静置。その後、構造用合板の表面と裏面への漏水の有無を確認した。静置時間は上記の規格の6倍だ。雨水が胴縁で滞留する想定で条件を厳しくした。

下地材に防水テープと透湿防水シートを張った試験体は全て、試験に合格した〔図16〕。防水テープと透湿防水シートを張った計280個の試験体のうち、4個だけは下地材表面に漏水したが、裏面への漏水はゼロだった。下地材表面への漏水も、ねじ穴がわずかにぬれた程度だ。防水テープをよく圧着させたので、ねじ穴の周囲に水が回りにくくなったと考えられる。防水テープに胴縁全体が載っていると、雨水浸入リスクが小さくなることが確認できた。

［透湿防水シートG（JIS規格品）の下地材の状況］

透湿防水シートとブチル系両面粘着防水テープ

表面漏水
0/10

裏面漏水
0/10

透湿防水シートのみ、防水テープなし

表面漏水
10/10

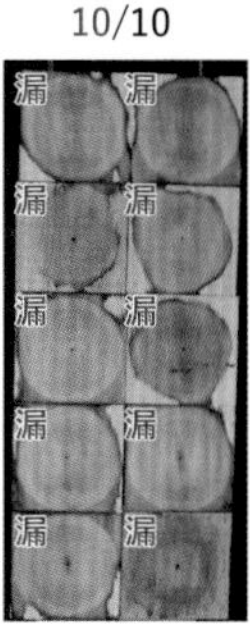

裏面漏水
3/10

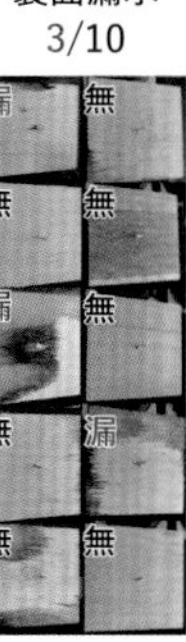

〔写真20〕左は、透湿防水シートとブチル系両面粘着防水テープ、防腐防蟻胴縁を組み合わせた試験体の実験後の様子。全ての試験体で下地材表面と裏面への漏水は確認されなかった。右は、透湿防水シートと防腐防蟻胴縁を組み合わせた試験体の実験後の様子。全ての試験体で下地材表面への漏水が確認された。下地材裏面に付着した着色水は、下地表面に漏れた水が回り込んだもの。裏面への漏水はねじ穴の着色水の有無だけで判定し、3個漏水とした

これに対して透湿防水シートだけを張った試験体は全て、不合格だった。下地材と透湿防水シートに密着性がない上、透湿防水シートのねじ穴止水性もよくないため、漏水が多くなったと考えられる〔写真20〕。

通気構法の外装材は日本産業規格（JIS）やサイディング製造者が指定する耐風圧・水密性能を超える強風雨の環境では、サイディング裏面の通気層に雨水が回り込むことも想定される。それに備えて、サッシまわりの防水テープは胴縁全体が載る幅75mm以上の両面粘着タイプを選定するのがよい。

保険事故16事例に学ぶ ▶ 事例3
雨漏りを防ぐ標準仕様37選 ▶ 仕様1、28、30

ワースト
17
雨水浸入箇所

シャッターボックスまわり

窓シャッター　防水テープ　背板

巻き上げ時に入った雨水が躯体側に回り込む

窓シャッターは身近な住宅建材だ。戸建て住宅における窓シャッターの設置率は戸数ベースで6～7割程度に上る。一方で、雨漏りリスクを抱える住宅建材でもある。窓シャッターのスラットを収納するシャッターボックスまわりは、雨漏り事故を招いた雨水浸入箇所で17番目に多い。

シャッターボックスまわりから雨水が浸入する経路は、ワースト1位のサッシまわりと似ている。大きく3つある。1つ目は、ボックス枠まわりから雨水が浸入して躯体側に漏れる経路で、74%と最も多い〔図1〕。2つ目は、

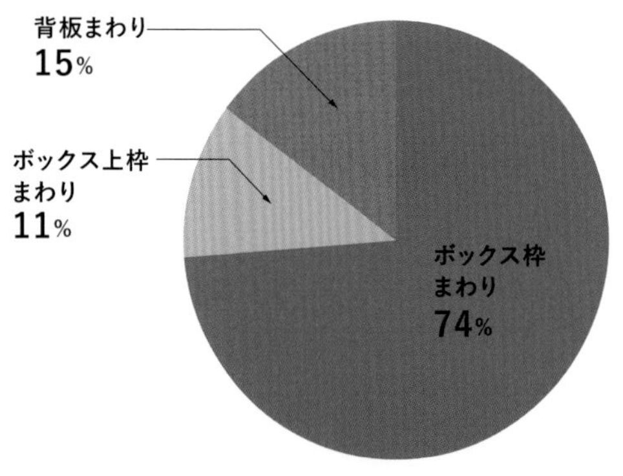

〔図1〕シャッターボックスまわりから雨漏りした住宅を対象に、雨水浸入経路を詳細に分類した結果（2008年12月～20年6月の累計）

〔写真1〕シャッターボックスの背板を取り付けた状態。防水テープはまだ施工していない

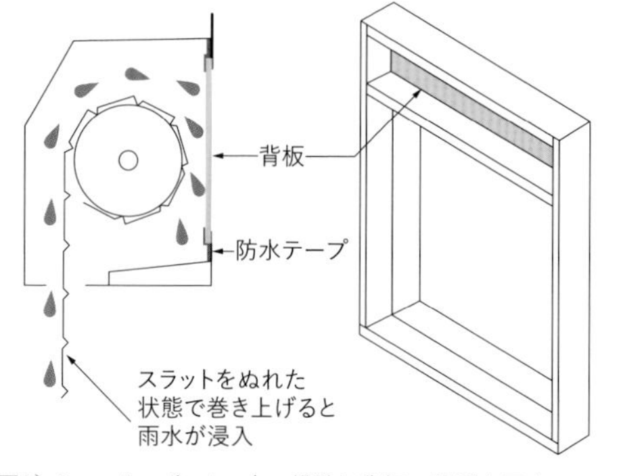

〔図2〕シャッターボックス内の構造と背板の位置を示す。スラットをぬれた状態で巻き上げると、シャッターボックス内で雨水が飛散する

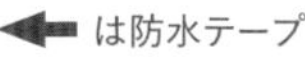

〔写真2〕窓シャッター製造者の指定する施工方法で、背板と枠の取合い部に防水テープを張った状況

ボックスよりも上の位置にある欠損部などから雨水が浸入して通気層内を流下し、上枠まわりから漏れる経路で、11%を占める。

この2つの経路で雨水が浸入する原因は、シャッター枠まわりに施す防水テープの圧着不足が多い。

シャッターボックスのリスク対策●背板まわりの防水施工不良

3つ目は、シャッターボックス内へ入った雨水が、背板の周囲から躯体側へ漏れる経路だ〔写真1〕。この雨漏りが発生する原因は、背板まわりの防水措置の施工不良にある。

窓シャッターのスラットをぬれた状態で巻き上げる場合、シャッターボックス内に雨水が飛散することは避けられない〔図2〕。そのため、シャッターボックス内に雨水が入っても外へ排出できる構造でつくられている。窓シャッターの製造者は施工方法を指定し、雨水を適切に排出できるよう、背板の四周とボックス枠をまたぐように防水テープを張って入念に圧着することを求めている〔写真2〕。この措置を施せば背板まわりからの雨水浸入を防げる。

ワースト
3
雨水浸入箇所

外壁の平部

透湿防水シート　ステープル　ラスモルタル

ひび割れ　補強用ラス　仕上塗材

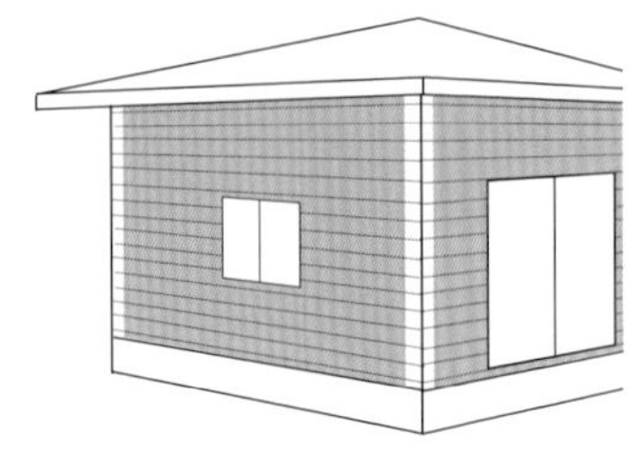

透湿防水シートの貫通部とモルタルのひび割れが弱点

通気構法を採用した住宅の「外壁の平部」は、雨水浸入リスクが高くなっている。通気層内の透湿防水シートの貫通部が弱点になるからだ。

外壁の平部は、雨漏り事故を招いた雨水浸入箇所で3番目に多い。2008年12月～20年6月の保険金支払い済みの雨漏り事故に占める割合は4.6%だ。

通気構法の住宅で発生した外壁平部における二次防水からの雨水浸入箇所を見ると、透湿防水シートが51.3%と過半を占める。胴縁は31.1%。いずれもステープルやねじ、くぎなどの貫通部が雨水の浸入箇所になることが多い〔図1〕。

外壁のラスモルタルに生じたひび割れも、外壁の平部で多い雨水浸入箇所

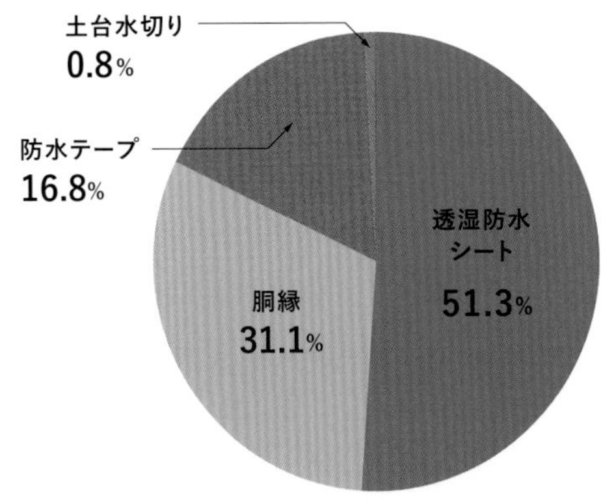

〔図1〕外壁通気構法の住宅で外壁平部の二次防水から雨水が浸入した箇所の割合（2008年12月～20年6月の累計）

〔図2〕ラスモルタル仕上げの住宅で外壁平部から雨水が浸入した箇所の割合（2008年12月〜20年6月の累計）

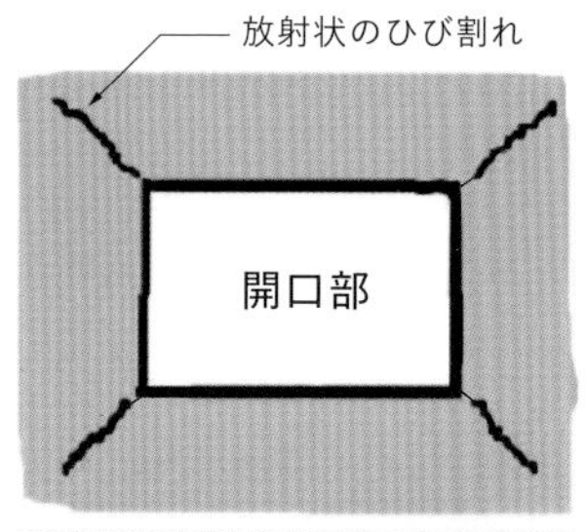

〔図3〕ラスモルタル仕上げの外壁は、開口部に放射状のひび割れが生じやすい。このひび割れが雨水浸入箇所になる。下の写真は、ラスモルタル仕上げの外壁の開口部の隅角部に生じた幅0.1〜0.4mmのひび割れ（写真：国土技術政策総合研究所資料第975号第IX章-70）

だ。ラスモルタル仕上げの住宅で発生した外壁の平部からの雨水浸入箇所を調べると、ひび割れが100%を占める〔図2〕。

ひび割れは開口部の隅角部に発生しやすい。開口部のモルタルは乾燥して縮もうとするため、開口部の隅角部に応力が集中し、ひび割れが放射状に入りやすくなる〔図3〕。

透湿防水シートのリスク対策●ステープル穴とくぎ穴を最小限に

透湿防水シートはステープルで下地材に仮留めしてから、胴縁で押さえてくぎやねじで留めるので、透湿防水シートに貫通穴が生じる。ところが、透湿防水シートの貫通穴の止水性能は一般的に低いため、通気層内に浸入した雨水が透湿防水シートの貫通穴から躯体内へ浸入するリスクが高まる。透湿防水シートが雨水浸入箇所になる理由はこれだ。

下地合板に透湿防水シートをステープルで留めて、胴縁で押さえた試験体に向けて、風速5m/sで散水する試験を実施した。すると、散水開始直後に

[風速5m/sで送風散水した4分後の状態]

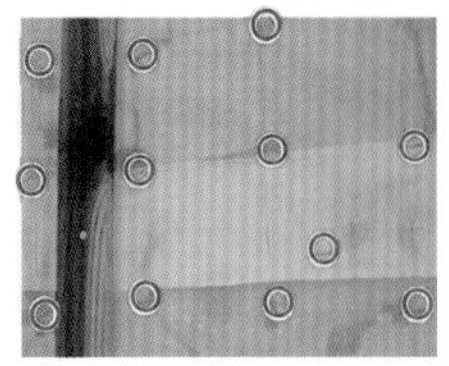

○はステープル
留め付け箇所
(間隔100mm程度)

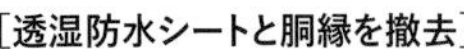

[透湿防水シートと胴縁を撤去]

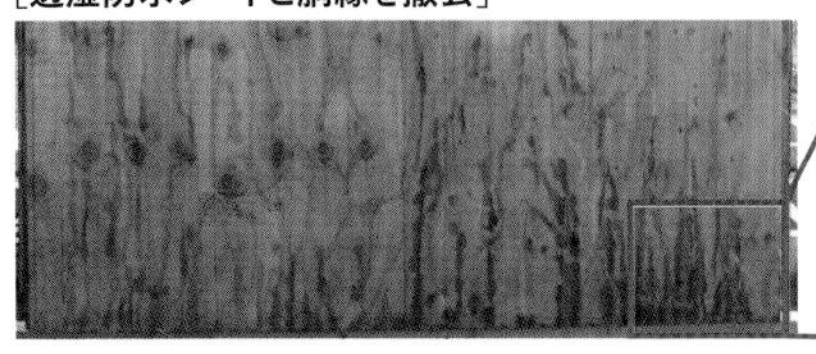

ステープル留め付け
穴より下地材へ水の
浸入を確認

〔写真1〕100mm間隔のステープルで透湿防水シートを下地合板に留めた試験体による送風散水試験の様子。上の2点は散水開始から4分後の状況。雨水の浸入により下地材が透けて茶色く見える。下の2点は、散水終了後に透湿防水シートと胴縁を取り外した試験体。水は下に流れるので、下地材の低い位置ほどぬれた面積が大きくなっている。透湿防水シートは、基材に多孔質フィルムを張り合わせた複層構造タイプを使用した

ステープル穴から下地合板への浸入が目視で確認された。散水4分後に透湿防水シートを剥がすと、ステープル穴から水が下へ流れ、下地合板への浸入が大量に確認された〔写真1〕。

建設中の現場でもこのような状況になることは想定される。透湿防水シートと胴縁を施工した後は速やかに外装材を施工し、適宜シート養生を行うなど注意が必要だ。

通気構法の外装材は、日本産業規格（JIS）やサイディング製造者の指定する耐風圧・水密性能を超えた状況下で、サイディング裏面の通気層に雨水が浸入することが想定される。ステープルは胴縁を打つまでの仮留めなので、むやみに多数のステープルを打ち込むことは貫通穴が増えるだけで防水機能面では好ましくない。ステープルの打ち込みは必要最小限にとどめることが重要だ。ステープルの打ち損じで透湿防水シートが損傷した箇所は、防水テープによる補修が欠かせない。

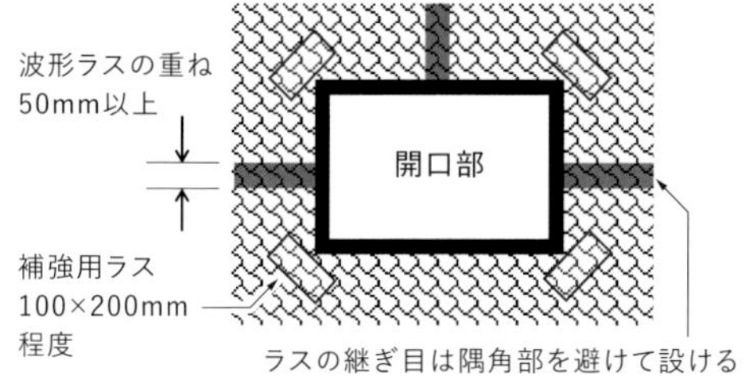

〔図4〕開口部まわりのラスモルタルのひび割れを防止する、波形ラスの施工方法

〔写真2〕ひび割れ防止対策として、モルタル上塗り時にガラス繊維ネットをモルタル表層に近い位置でふせ込み、サッシ周囲のシーリング用の目地を面ごてで押さえている様子（写真：国土技術政策総合研究所資料第779号-126）

モルタルのリスク対策●下地、モルタル、仕上塗材それぞれで予防

ラスモルタルのひび割れは、複合的な要因で発生するので、ラス下地、モルタル、仕上塗材のそれぞれで予防措置が必要になる。

ラス下地におけるひび割れ防止策は、開口部で発生しやすい放射状のひび割れに対して、直角方向に補強用ラスを増し張りすることだ。ひび割れの口が開こうとしたときに、補強用ラスが抵抗する。

ラスの継ぎ目の位置も重要だ。波形ラスの継ぎ目は、開口部の隅角部を避けた位置で、50mm以上の重ね代をとるのがよい〔図4〕。

モルタルを上塗りする際は、耐アルカリ性で不燃性を満たすガラス繊維ネットを、モルタル表層に近い位置でふせ込む施工がひび割れ防止に有効だ〔写真2〕。

木造住宅のモルタル外壁でよく使われる「現場調合普通セメントモルタル」や「既調合軽量セメントモルタル」は透水性が高い材料だ。軒の出が浅く、外壁の雨掛りが多い住宅では、防水性とひび割れ追従性が高い仕上塗材を選定することが雨漏りの予防になる。防水形複層塗材Eや同RE、防水形外装薄塗材Eなどが該当する〔図5〕。

JIS A 6909 呼び名（参考 塗り厚）	通称例	透水性（ml/24h）	透湿度（g/㎡·24h）	ひび割れ追従性
防水形複層塗材 E または RE（3～5mm程度）	ダンセイタイル 複層弾性	0～0.2	10～25	有
防水形外装薄塗材 E（3mm 程度以下）	単層ダンセイ	0～0.2	15～45	有
複層塗材 E（3～5mm程度）	吹付けタイル アクリルタイル	0.1～0.2	35～70	無
外装厚塗材 E（4～10mm程度）	樹脂スタッコ	0～70	25～160	無
可とう形外装薄塗材 E（3mm程度以下）	ダンセイリシン	0～70	60～110	やや有
外装薄塗材 E（3mm程度以下）	アクリルリシン	30～135	200～500	無

吹付けタイル仕上げ

スタッコ仕上げ

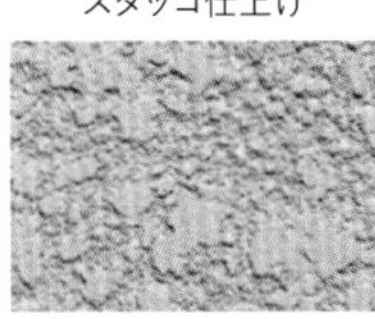

リシン仕上げ

〔図5〕上の表は、モルタル外壁に用いる主な仕上塗材の防水性とひび割れ追従性などを示す。下の写真は一部の仕上塗材の表面。外装薄塗材E（アクリルリシン）は他の塗材に比べて防水性が劣り、ひび割れ追従性はない（資料：国土技術政策総合研究所資料第975号第II章-129、130）

雨漏りを防ぐ標準仕様37選 ▶ 仕様1、28、29、30

ワースト
4
雨水浸入箇所

外壁の平部目地

サイディング　目地　界面剥離

シーリング　プライマー　あいじゃくり

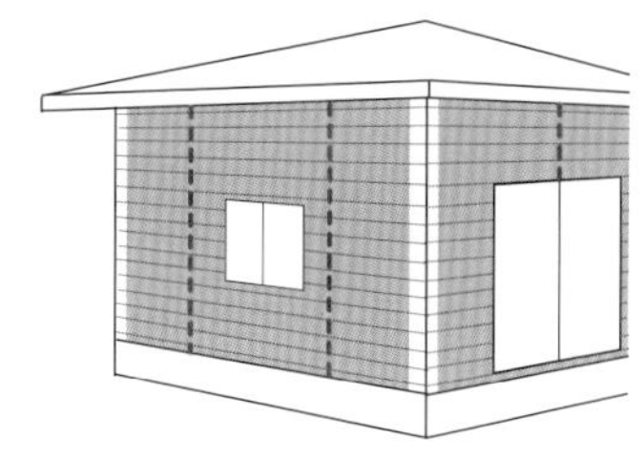

一次防水の弱点は目地

通気構法の外壁からの雨水浸入を防ぐ役割は、一次防水の外装材と二次防水の透湿防水シートが果たす。一次防水の弱点となるのが「外壁の平部目地」だ。雨漏り事故を招いた箇所で4番目に多い。

外装材で7～8割程度採用されている窯業系サイディングに絞って平部の雨水浸入箇所を詳しく見ると、サイディング同士の間にシーリングを充填する「シーリング目地」が78%と多数を占める。残る22%は、サイディング

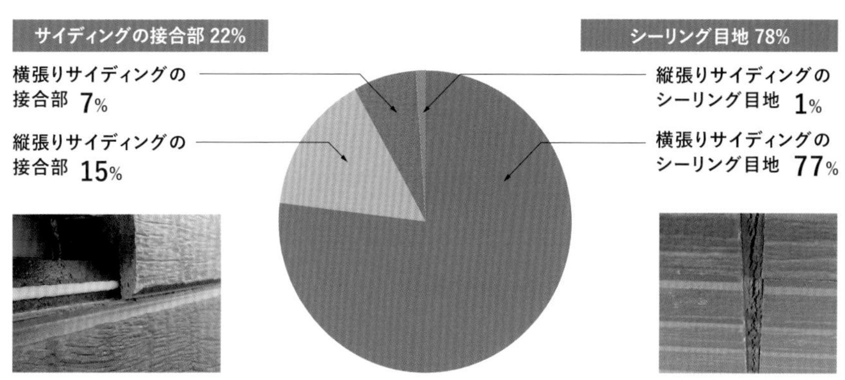

〔図1〕窯業系サイディングの平部での雨水浸入箇所の割合を示す（2008年12月～20年6月の累計）。左の写真は、雨水の浸入箇所となる横張りサイディングの接合部。右の写真は、築6年の住宅で縦張りサイディングのシーリング目地に亀裂が生じている様子。ここから雨水が浸入した

× 界面剥離

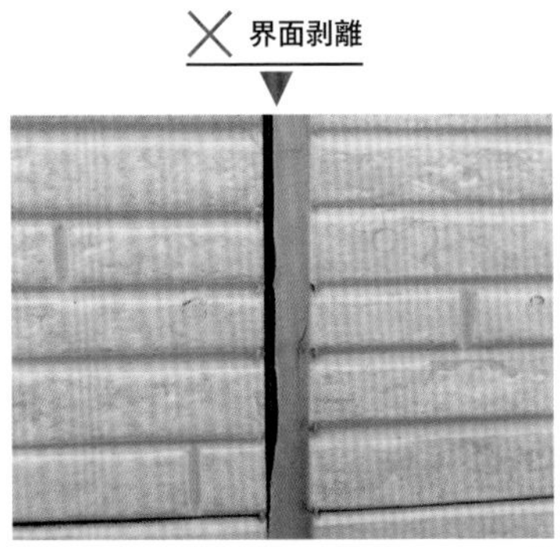

〔写真1〕サイディングの小口面からシーリング目地が界面剥離している様子。界面剥離している箇所は雨水の浸入リスクが高い

○ プライマーを入念に塗布

養生テープ

〔写真2〕シーリングの界面剥離を防ぐ方法は、目地の内部まで届くはけを使用して、サイディング小口面にプライマーを入念に施工することだ

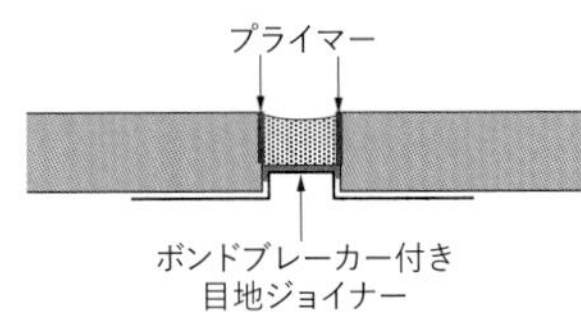

〔図2〕赤で示したサイディングの小口面がプライマーの施工箇所。プライマーはシーリングの接着力を確保する役割を担う

同士をあいじゃくりでかん合する「サイディングの接合部」だ〔図1〕。

サイディングの張り方と雨水浸入の関係では、横張りの方が不具合は多い。

目地のリスク対策1●プライマーの塗り残しを無くす

シーリング目地から雨水が浸入する原因で最も多いのは、界面剥離だ。シーリングが接着しているサイディングの小口面から剥がれる現象を指す〔写真1〕。界面剥離の原因は、シーリングを充填する前にサイディング小口面へプライマーを塗布していなかった、塗り残しや塗りむら、塗り不足があったなどだ。

プライマーはシーリングの接着力を確保するという重要な役割を担う〔図2〕。そのためプライマーの施工では、目地内部まで届く「はけ」を使用して、塗り残しのないよう、サイディング小口面に均一に塗布する〔写真2〕。

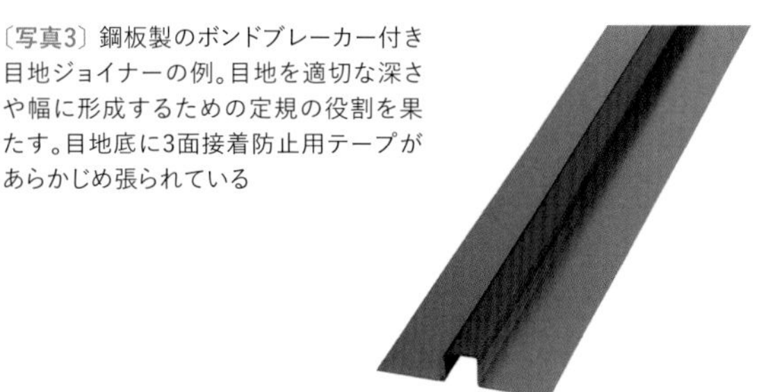

〔写真3〕鋼板製のボンドブレーカー付き目地ジョイナーの例。目地を適切な深さや幅に形成するための定規の役割を果たす。目地底に3面接着防止用テープがあらかじめ張られている

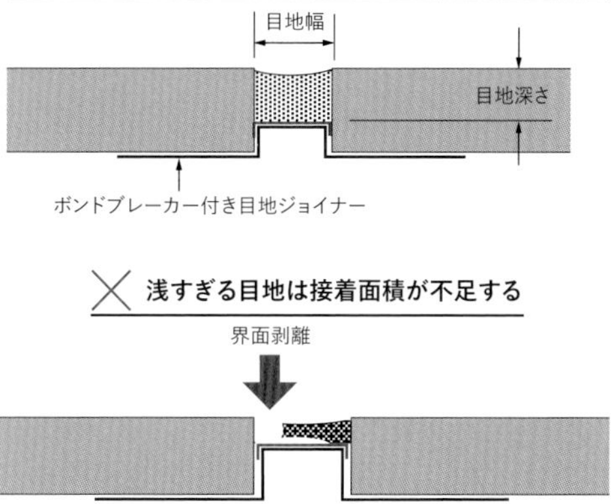

〔図3〕窯業系サイディング製造者の指定するシーリングの目地幅は10mm程度、深さは5～10mm程度。ボンドブレーカー付き目地ジョイナーを適切に使うと、この目地幅と深さを確保できる

〔図4〕目地の深さが浅すぎると接着面積が不足するので、界面剥離につながる。ボンドブレーカー付き目地ジョイナーの選定を誤ると、目地の深さが不適切になる恐れがある

シーリングは専用のプライマーとセットで使うことが前提で製品化されている。シーリングとプライマーの組み合わせが不適切だと接着強度に影響するので、プライマーはシーリング製造者の指定品を使用する必要がある。被着体である外装材によっても適するシーリングとプライマーの種類が異なるので、外装材製造者の指定品を確認することも欠かせない。

プライマーの施工マニュアルには、塗布してからシーリングを打設するまでの時間制限（オープンタイム）が定められている。事前にプライマー製造者の指定する制限時間を確認し、シーリングは時間内に打設を終わらせることが重要となる。

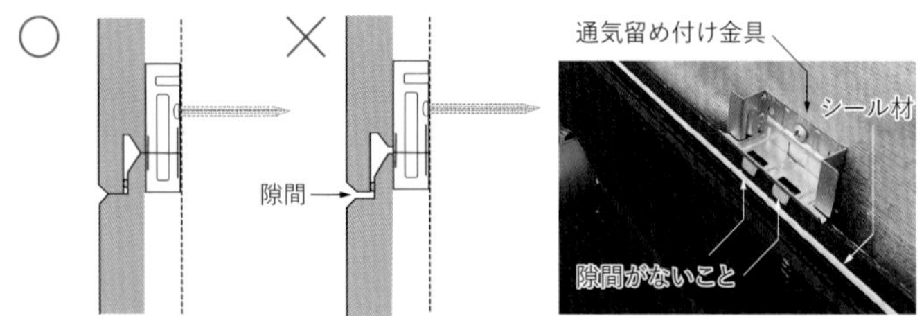

〔図5〕金具留め工法では、あいじゃくりの接合部に金具をぴったり入れないと、接合部の隙間が大きくなり、所定の防水性能を発揮できなくなる。金具は下側のサイディングに差し込み、隙間ができないように専用くぎやねじで留める

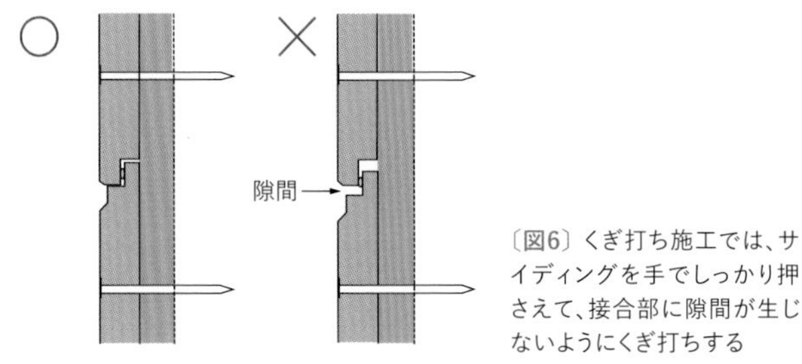

〔図6〕くぎ打ち施工では、サイディングを手でしっかり押さえて、接合部に隙間が生じないようにくぎ打ちする

目地のリスク対策2●深さと幅が適切か確認する

シーリング目地を適切な幅と深さにすることも、雨水浸入防止のためには重要だ。窯業系サイディング製造者の指定するシーリングの目地幅は10mm程度、深さは5～10mm程度。目地が浅すぎると、接着面積の不足によって界面剥離につながる。深すぎると、硬化阻害や硬化遅延による損傷が生じやすくなる。

日本窯業外装材協会の冊子「不具合はなぜ起こるのか」では、「目地幅は10mm程度、また目地深さについて5mm以上確保されていること」を確認するよう求めている。

シーリング目地を施工する際に、鋼板製のボンドブレーカー付き目地ジョイナーを使用すると、10mmの目地幅と5～10mmの深さを確保できる〔写真3、図3〕。ただし、目地ジョイナーのサイズを間違って選定すると、目地が浅すぎたり深すぎたりしてシーリングに不具合が生じるので、サイディング製造者の指定するシーリング目地の深さと目地幅を確保できる目地ジョイナーを選定する必要がある〔図4〕。

接合部のリスク対策●隙間が空かないよう留め付ける

窯業系サイディングの留め方は、金具留め施工とくぎ打ち施工がある。現在は金具留め施工が主流になりつつある。窯業系サイディングの接合部はあいじゃくりになっていて、接合部の隙間が大きい誤った施工方法では、雨水が浸入することがある。この防止策はサイディングの留め付け方にある。

金具留め施工のあいじゃくり部は中空形状になっていて、金具がぴったり入る構造になっている。サイディングと金具に隙間がないことを確認して留めることが、雨水の浸入を防ぐポイントだ〔図5〕。

くぎ打ち施工では、サイディングを手でしっかり押さえて、隙間が空かないことを確認してくぎを打つのがよい〔図6〕。

どちらの留め方でもあいじゃくり部はサイディングとサイディングの間に小さな隙間が空く構造になっていて、隙間の途中に工場で張り付けたシール材が施されている。このシール材も雨水の浸入を防ぐ重要な役割を担う。柔らかい材質なので、サイディングを張るときに手で触って傷めないよう注意が必要だ。

保険事故16事例に学ぶ ▶ 事例1、3、4、11、14、15
雨漏りを防ぐ標準仕様37選 ▶ 仕様1、37

雨水浸入箇所

外壁の出隅

出隅役物　端あき寸法　貫通部　サイディング

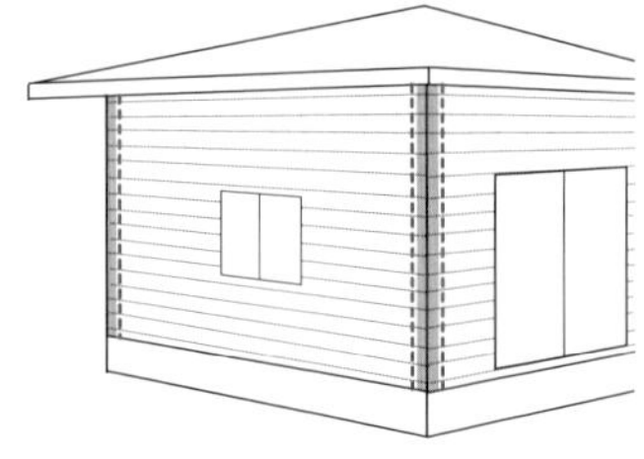

風雨の当たり方が強くなる

外壁に当たる風雨は、平部よりも外縁部の方が強くなる〔図1〕。風は外壁の手前で止まらずに外縁部を迂回して後方へ流れる。その際、風に運ばれてきた雨は曲がりきらずに外壁に衝突するからだ。そのため外壁の出隅では不具合が生じやすく、雨水の浸入箇所ではワースト20位になる。

通気構法の住宅の出隅で雨漏りを招いた施工不良内容を分析すると、「シーリング目地の施工不良」が36%と最も多く、「サイディング出隅役物の施工不良」が25%でそれに続いた〔図2〕。

出隅のリスク対策●端あき寸法不足が割れを招く

「サイディング出隅役物の施工不良」の一例は、窯業系サイディングの「く

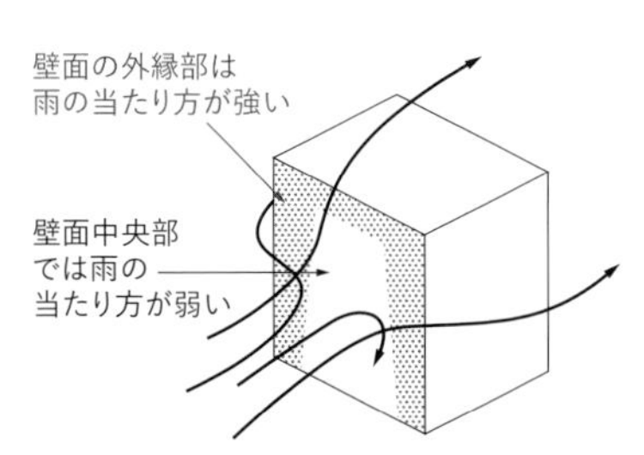

〔図1〕建物周辺の気流の動きと雨の外壁面への当たり方を示す

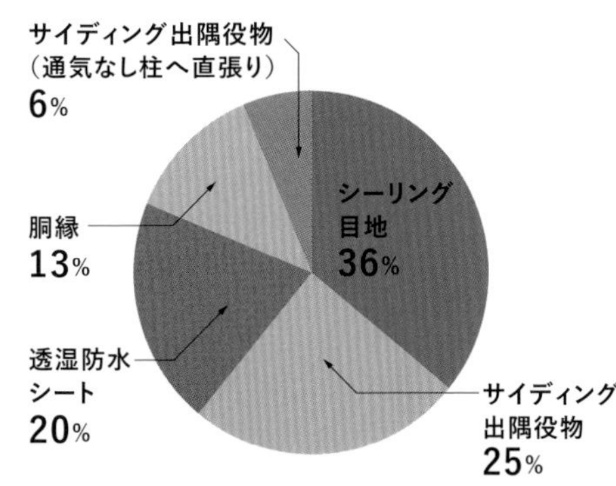

〔図2〕通気構法の住宅の出隅で雨漏りを招いた施工不良内容を材料別に示す（2008年12月～20年6月の累計）

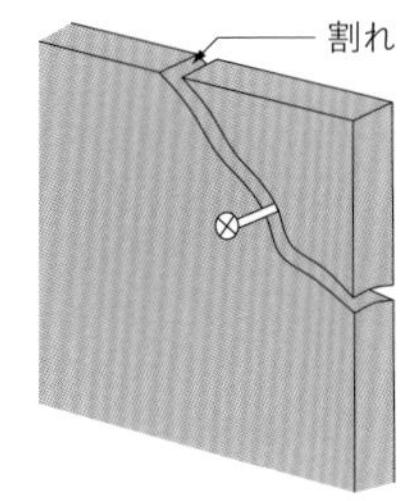

〔図3〕サイディングのくぎ打ち施工で多い端あき寸法の不足。端あき寸法が小さいとサイディングに割れや欠けが発生する

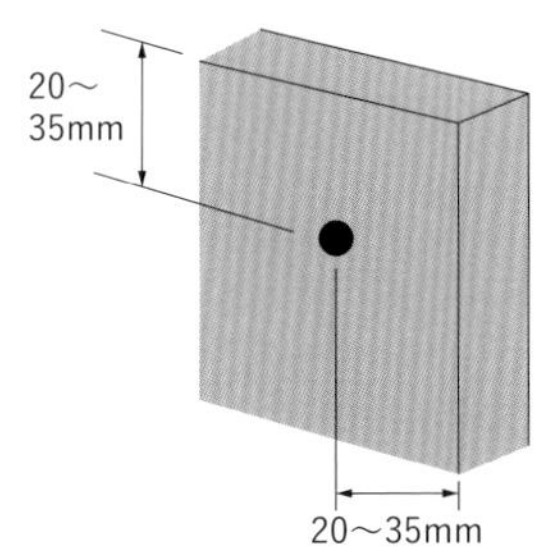

〔図4〕サイディング製造者の指定する、くぎを打つ箇所の端あき寸法の例。サイディング端部から20～35mm離す

〔写真1〕出隅役物を金具留め施工している様子。出隅役物の上下の接合部に隙間ができないように金具を留める

ぎ留め施工」で、出隅役物のくぎを端部からの端あき寸法が足りない位置に打つことだ〔図3〕。サイディングに微細なひび割れが発生して、経年で割れたり欠けたりしやすくなる。サイディング製造者は、端あき寸法を20～35mm確保し、先孔を開けてからくぎ留めするよう指定している〔図4〕。

窯業系サイディングの「金具留め施工」では、出隅役物と金具の隙間を大きく空ける誤った施工をすると雨水の浸入を招く。ワースト4の「外壁の平部目地」と同じように、サイディングと金具に隙間がないよう留めることが対策のポイントだ〔写真1〕。

出隅のサイディングは電気の引き込み線や設備配管などによる貫通が多くなる。貫通部まわりのシーリングは被着体にプライマーを入念に塗布してから充填する。

保険事故16事例に学ぶ ▶ 事例4

雨水浸入箇所

貫通口・換気口まわり

配線・配管　防水テープ　パイプ用防水部材

透湿防水シート　圧着

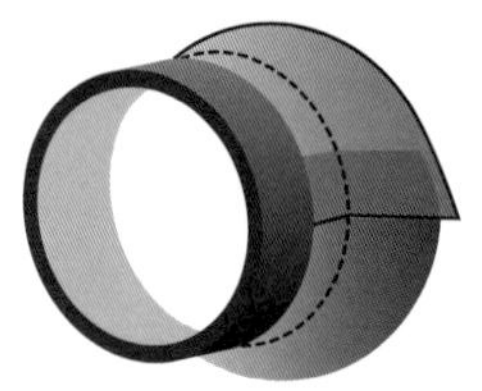

二次防水の材料選定ミスが災い

外壁を貫通する住宅設備の配線・配管のまわりや換気口のまわりは、雨漏りリスクを抱える箇所だ。配線・配管の貫通口まわりは雨水浸入箇所のワースト14位、換気口まわりは15位になる。

貫通口まわりで雨漏りを招いた施工不良を部位別に集計すると、一次防水として外装材との取合いに施すシーリングが65％だ。ワースト4「外壁の平部目地」と同じように、プライマーの未施工や塗布むらなどで、シーリングが界面剥離するパターンが多い。

二次防水として透湿防水シートとの取合い部に施す防水テープやシーリングの施工不良は16％。一次防水と二次防水の両方に施工不良が見つかった

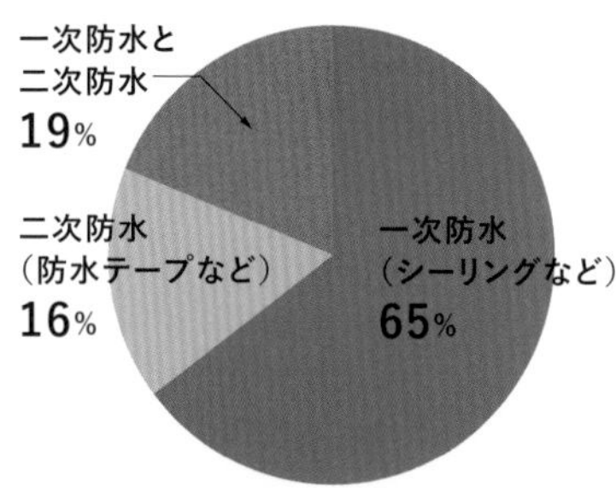

〔図1〕貫通口まわりで雨漏りを招いた施工不良を集計した結果。グラフ左側の写真は二次防水、右側は一次防水に該当する（2008年12月〜20年6月の累計）

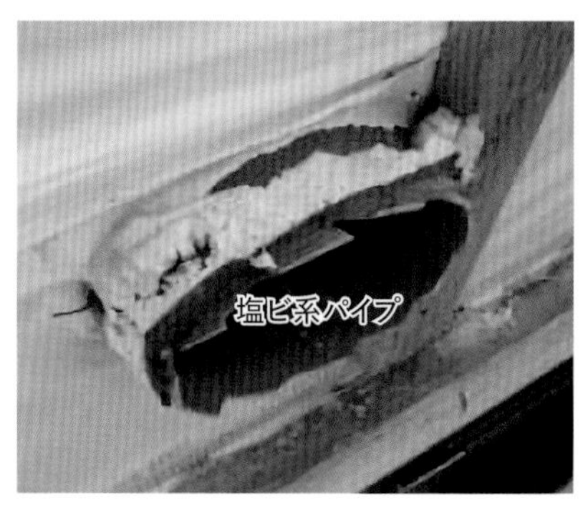

〔写真1〕透湿防水シートと塩ビ系パイプの取合いに施工したシーリングが、透湿防水シートと塩ビ系パイプのそれぞれで剥がれている様子

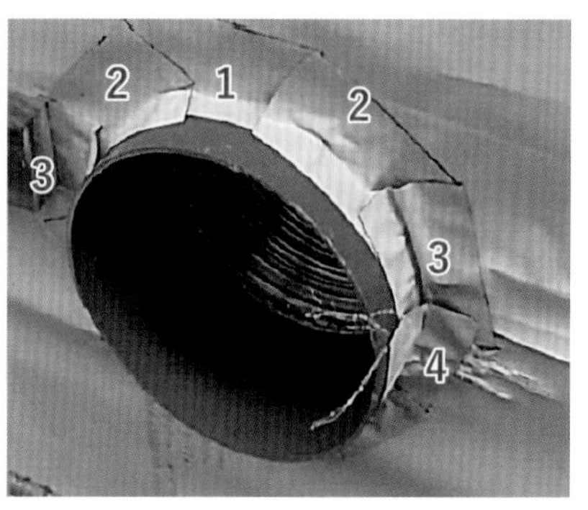

〔写真2〕標準タイプの片面粘着防水テープを、パイプの上から下へ増し張りした施工例。数字は防水テープの張り順を示す。テープの継ぎ目が付着しないので、雨水が浸入しやすくなる

のは19%だ〔図1〕。換気口まわりで雨漏りを招いた施工不良内容も、貫通口まわりと同じ傾向だ。

二次防水で施工不良が生じる原因は、材料の選定ミスが多い。一例は、シーリングを透湿防水シートと塩ビ系パイプの取合いに施工すること。透湿防水シートと塩ビ系パイプに施工できる接着性の良いシーリングは現在のところないので、剥がれやすくなる〔写真1〕。

標準タイプの片面粘着防水テープも貫通口まわりには不適切だ。伸張性がないので、透湿防水シートの平面とパイプの立体面にまたいで張ると、防水テープにしわが発生したり、しわが元に戻ろうとしたりして剥がれやすくなる。片面粘着防水テープをパイプのまわりに何枚も張り重ねていく施工もよく見られるが、標準タイプの片面粘着防水テープの背の部分は剥離紙の役目があるので、増し張りしても張り付かない。

標準タイプの片面粘着防水テープをパイプの上から下へ増し張りすると、さらに雨水の浸入リスクが高くなる。テープの継ぎ目は張り付いていないので、雨水が浸入しやすくなるためだ〔写真2〕。

〔写真3〕伸張性片面粘着防水テープを2枚使い、塩ビ系パイプ（写真左）や可とう管（同右）の貫通口まわりを止水する施工例。テープの幅は50mm、長さはパイプの外周長さの2分の1に約50mmを加えた寸法が目安になる。下側のテープを張ってから上側のテープを重ね、左右の重ね代を50mm程度確保する。テープがパイプや可とう管の凹部に密着されているかを赤矢印部分で確認する

〔写真4〕パイプ用防水部材で、塩ビ系パイプ（写真左）や可とう管（同右）の貫通口まわりを止水する施工例。本体を貫通口まわりの透湿防水シートまで差し込み、本体裏面の剥離フィルムを外壁側、塩ビ系パイプ側の順番に剥がして圧着する。粘着層がパイプや可とう管の凹部に密着されているかを赤矢印部分で確認する

貫通口まわりのリスク対策●伸張性のある防水テープを選ぶ

貫通口まわりに張るのに適する材料の１つは、伸張性のある片面粘着防水テープ〔写真3〕。テープが伸びるので、防水テープを介してパイプと透湿防水シートを一体化できる。テープの粘着面と裏面が付着するので、張り重ねた継ぎ目から雨水が浸入しにくい。注意点はテープを伸ばし過ぎないこと。テープがめくれ上がる場合がある。

もう１つは、あらかじめ円形の穴を開けた既製品のパイプ用防水部材〔写真4〕。外壁の垂直面とパイプの立体面に追従する形につくられている。防水部材の粘着層がパイプと密着するタイプと、防水部材がパイプを締め付けるタイプなどがある。伸張性片面粘着防水テープは施工にある程度の熟練を

［下地面材の例］

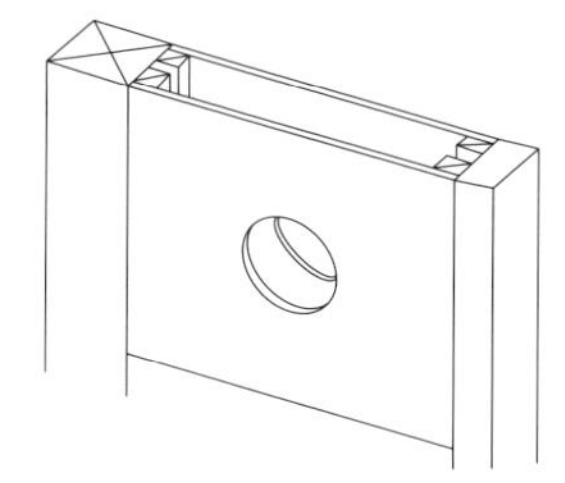

［パイプ受けの例］

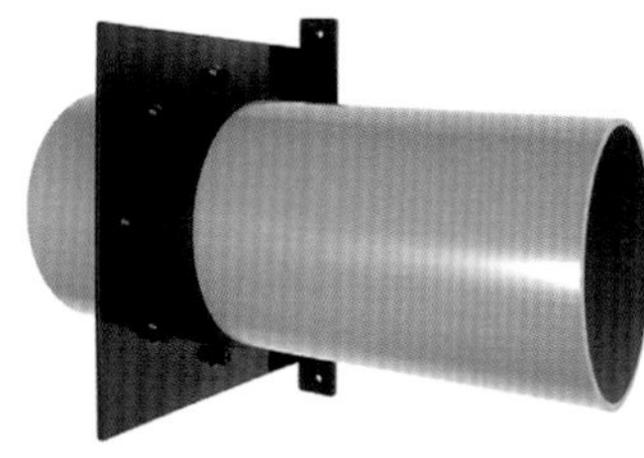

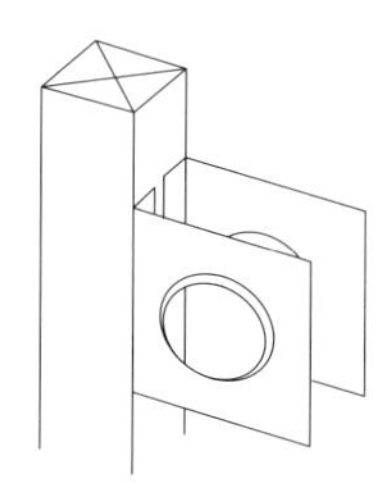

〔図2〕貫通口まわりに伸張性片面粘着防水テープやパイプ用防水部材を圧着できるよう、下地面材やパイプ受けを用意する

要するのに対して、パイプ用防水部材は施工が簡易で施工品質が安定しやすいのも利点だ。パイプ用防水部材は丸穴径のサイズが数種類あり、適用できるパイプの外径がそれぞれ決まっているので、パイプの外径を確認し、適するパイプ用防水部材を選ぶことがポイントになる。

伸張性片面粘着防水テープとパイプ用防水部材のどちらも、透湿防水シートへの圧着作業が欠かせない。耐力壁に面材ではなく筋かいを使う場合は、圧着できるように貫通口周囲の下地に面材やパイプ受けを用意する〔図2〕。

保険事故16事例に学ぶ ▶ 事例4
雨漏りを防ぐ標準仕様37選 ▶ 仕様31、32

ワースト12　雨水浸入箇所

梁などの貫通部

バルコニー　現し　通気層

片持ち梁　笠木

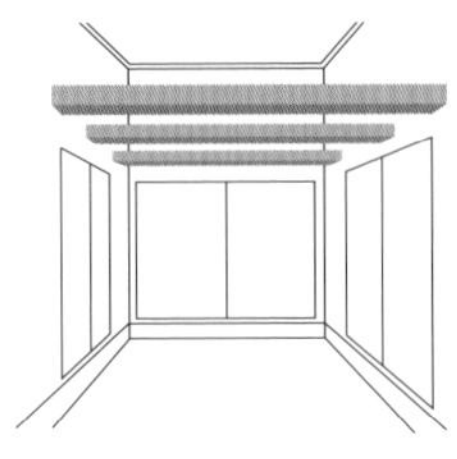

現しの梁に通気層内の雨水が回り込む

「梁などの貫通部」の雨漏りとは、躯体から屋外側に持ち出した化粧梁などの貫通部から雨水が浸入する事故だ。雨水の浸入箇所のワースト12位になる。

雨漏りが生じた貫通部材は「木造バルコニーの現し梁」が78％で圧倒的に多い〔図1〕。雨漏りに見舞われたバルコニーの梁はほとんどが、仕上げ材を施さない木の現しだ。「化粧梁」は6％。化粧梁では、外装材を張っているものの、笠木を設置していない納まりでの雨漏りが多い〔写真1〕。

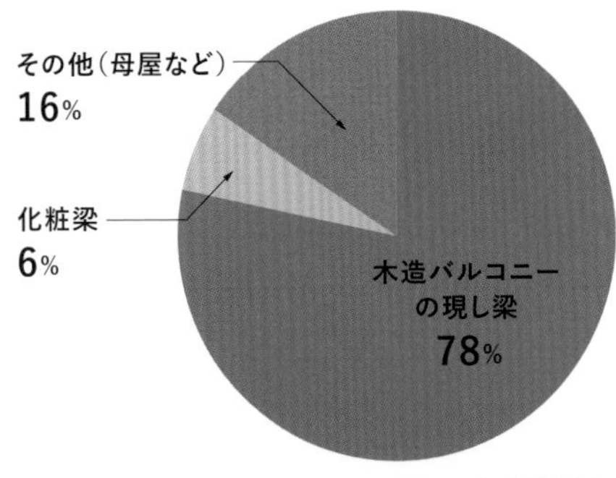

〔図1〕梁などの貫通部まわりから雨漏りした事故事例を対象に、貫通部材を分類した結果（2008年12月～20年6月の累計）

〔写真1〕化粧梁の外壁貫通部から雨漏りした事例。梁の4面をモルタル直張り工法で仕上げ、笠木を設置していなかった。雨掛りが多いので梁の腐朽が著しい

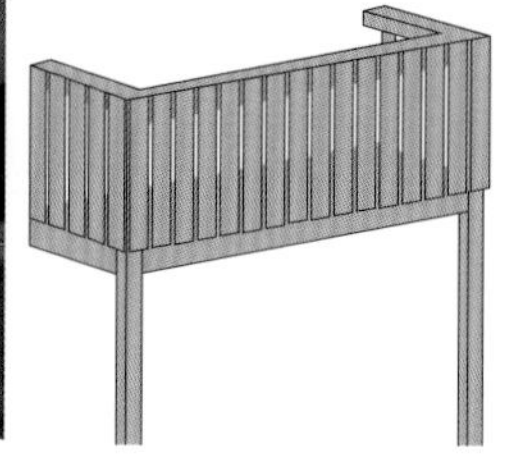

〔図2〕左は、止水板などで外壁と縁を切る外付けバルコニー、右は柱建てバルコニー

〔写真2〕金属製ブラケットを用いた既製品の片持ちバルコニー

貫通部のリスク対策●バルコニーの梁は貫通させず外付けに

梁などの貫通部の納まりは、パイプ類の貫通部と同じ仕様だ。外壁が通気構法であれば梁が通気層を横断するので、一次防水として梁と外装材の取合い部にシーリングを施し、二次防水として梁と透湿防水シートをまたいで防水テープを張るのが一般的な施工方法だ。

ただ、この納まりで一次防水からの雨水浸入を防ぐことができても、貫通部よりも上の位置にある欠損部から雨水が通気層内へ浸入して現しの梁に回り込み、漏水に至る事故が発生している。梁の含水率が高くなると、木材の腐朽が進むことで、梁の強度が著しく低下する危険もある。

現しの梁が外壁を貫通する形式のバルコニーは、雨漏りを防ぐことが難しい。木造のバルコニーにするなら、梁を外壁に貫通させず、止水板などで外壁と縁を切る外付けタイプにする〔図2〕。片持ちで張り出さず、柱を建てるタイプがより安全だ。

バルコニーの梁を片持ちで張り出す場合、木造の梁は強度を確保するのが難しい問題もあるので、金属製のブラケットで支える既製品のバルコニーの採用を推奨する〔写真2〕。バルコニー製造者の指定する施工方法を順守すれば雨漏りや劣化リスクを抑えられる。

関連情報　保険事故16事例に学ぶ ▶ 事例6、15

2

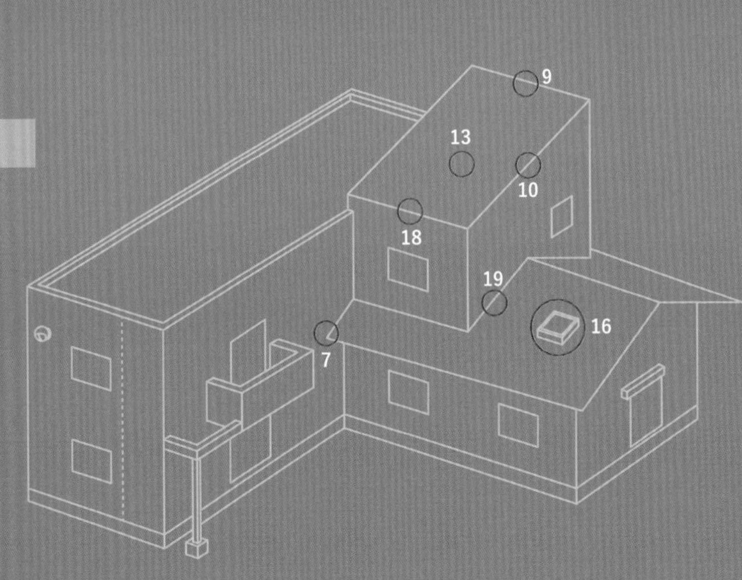

〔グループ2〕
屋根

ワースト13 勾配屋根平部

ワースト9 軒ゼロ 棟まわり

ワースト10 軒ゼロ けらばまわり

ワースト18 軒ゼロ 軒先まわり

ワースト7 壁止まり軒部

ワースト19 流れに平行な壁際

ワースト16 天窓まわり

ワースト 13 雨水浸入箇所

勾配屋根平部

立平ぶき　瓦　改質アスファルトルーフィング

毛細管現象　止水材　流し桟木

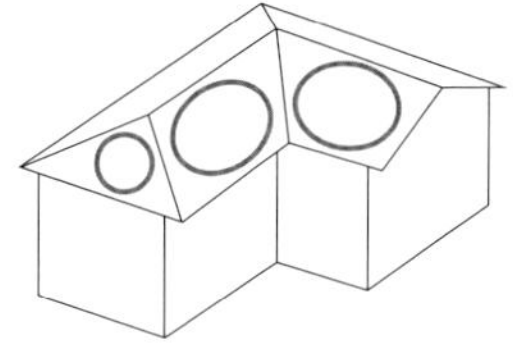

ルーフィングで滞留した雨水がくぎ穴から浸入

勾配屋根の平らな部分（平部）は漏水リスクが少ないと思われがちだが、実は雨水浸入箇所のワースト13位だ。

勾配屋根の平部から雨漏りしたふき材の種類を見ると、鋼板の立平（立はぜ）ぶきが46%を占めて最も多い〔図1〕。立平ぶきは最小勾配が10分の0.5までの緩勾配で施工できる点が特徴で、採用が増えている。立平ぶきの雨漏りは、積雪量や降雨量が多い地域で多発する傾向だ。

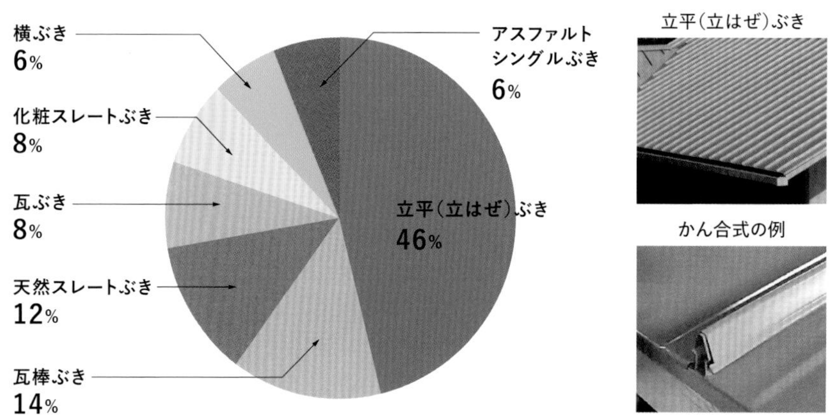

〔図1〕勾配屋根の平部から雨漏りした事故事例を対象に、採用されていたふき材の種類を分類した。立平（立はぜ）ぶきが46%で最も多い。右上の写真は立平ぶきの屋根の外観。右下は、立平ぶきのかん合式の接合部（2008年12月～20年6月の累計）

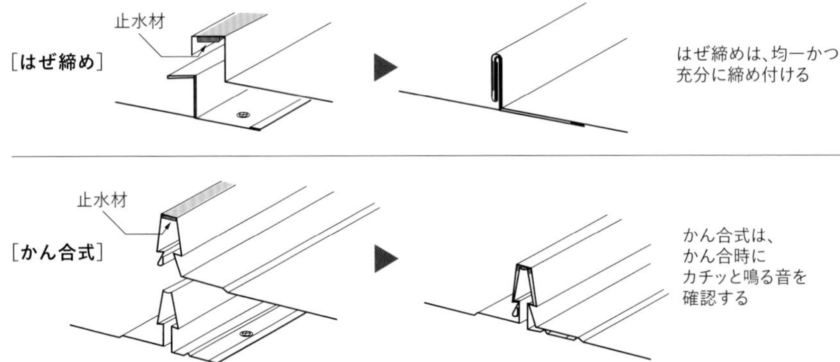
止水材
[はぜ締め]
はぜ締めは、均一かつ
充分に締め付ける
止水材
[かん合式]
かん合式は、
かん合時に
カチッと鳴る音を
確認する

〔図2〕立平ぶきの接合方式は「はぜ締め」と「かん合式」がある。どちらの方式もふき材の接合部の全長に止水材を施した上で、隙間を無くす

雨漏りしたふき材は、ルーフィングに密着するタイプが大半を占めている点も特徴だ。瓦ぶきを除く全てが該当する。

ルーフィングのリスク対策●改質アスファルトルーフィングを推奨

ルーフィングに密着するふき材で勾配屋根の平部からの雨漏りが多いのは、ふき材の間からルーフィング上面に浸入した雨水が、ルーフィングとふき材の密着部分に滞留して、水下側へ流れにくくなるからだ。滞留した雨水が、ふき材を留めるくぎなどの貫通部で躯体側に回り込む不具合が発生している。

アスファルトルーフィングのくぎ穴からの雨水浸入を防ぐ対策としては、「アスファルトルーフィング940」よりもくぎ穴の止水性が高く、耐久性も優れる改質アスファルトルーフィングまたは同等以上の防水性能を有するものを勧める。日本防水材料協会規格の「改質アスファルトルーフィング下葺材 ARK 04^{S}-04」では、試験体10個中8個以上はルーフィングを貫通するくぎ穴から漏水しない性能を求めている。

立平ぶきと瓦ぶきのリスク対策●浸入雨水の処理を入念に

立平ぶきは、鋼板の接合部の隙間に水が吸い上がる毛細管現象が原因で、

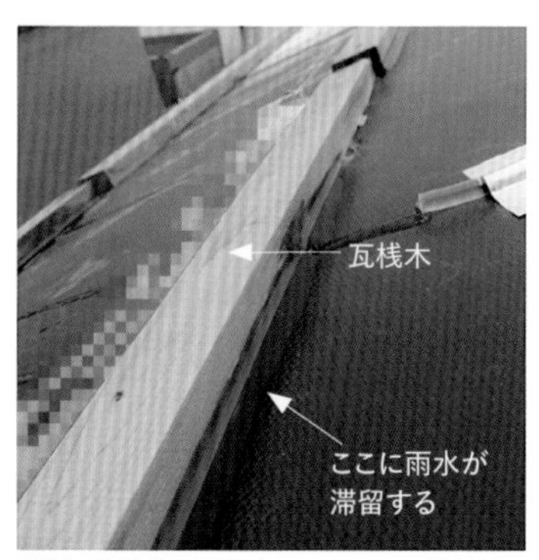

〔写真1〕通常の瓦ぶきのルーフィング上面に45秒間にわたって15mlの水をパイプから散水したときに、瓦桟木に水がたまる様子

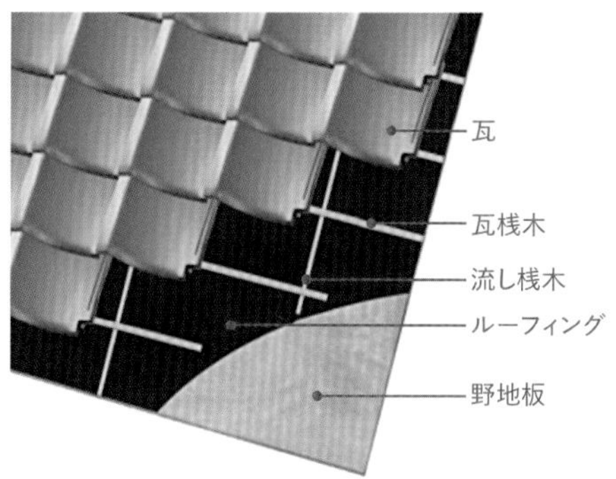

〔図3〕瓦ぶき屋根の雨漏りを防ぐ推奨仕様（資料：国土技術政策総合研究所資料 第975号 第II章-135）

雨水が浸入しやすくなる。立平ぶきの接合方式は「はぜ締め」と「かん合式」の2種類あり、どちらの方式でも接合部の全長に止水材を入れて、一次防水側の防水性を強化する措置が有効だ〔図2〕。

瓦ぶきでは瓦とルーフィングは密着しないが、瓦下の空間は瓦桟木で仕切られるので、排水や通気が十分とはいえない。瓦の間からルーフィング上面に浸入した雨水が瓦桟木に滞留して、瓦桟木を留めるくぎ穴や瓦緊結用のくぎ穴から浸入を招く不具合が見られる〔写真1〕。

これらの問題を解決する方法として、ルーフィングの流れ方向に「流し桟木」を設置する瓦ぶきの高耐久仕様がある。ルーフィングと瓦桟木の間に流し桟木で空間を確保すれば、瓦桟木での雨水の滞留を防ぎ、通気を確保することも可能になる〔図3〕。瓦緊結用のステンレスねじは瓦桟木を貫通し、かつルーフィングまで届かない長さのものを選定する。ルーフィングを傷付けないことがポイントだ。

関連情報　雨漏りを防ぐ標準仕様37選 ▶ 仕様1、2

雨水浸入箇所

軒ゼロ 棟まわり けらばまわり 軒先まわり

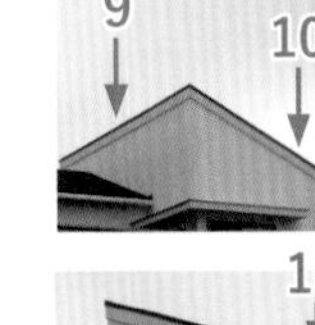

軒の出　鼻隠し　破風　ルーフィング
透湿防水シート　通気層　換気部材

強風で吹き上げられた雨水が野地板裏面から浸入

軒の出がほとんどない「軒ゼロ」の屋根が増えている。軒の出のない屋根は外壁と取合う部分の納まりが複雑になり、雨漏りのリスクが高くなる。軒ゼロの片流れ棟（片流れ屋根の棟）まわりは雨水浸入箇所のワースト9位、同じ軒ゼロでけらばまわりはワースト10位、軒先まわりはワースト18位だ。

屋根の軒先は通常、軒先水切りから鼻隠し（たる木の端部を隠すために取

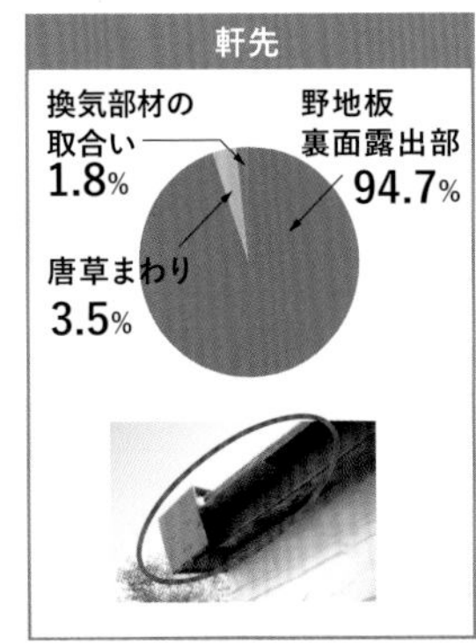

〔図1〕雨漏りした切妻、寄棟、片流れ屋根の雨水浸入箇所を、軒先、けらば、片流れ棟ごとに集計した。軒先とけらばは野地板裏面露出部（赤丸で囲った部分）からの浸入が圧倒的に多い。片流れ棟の「棟包みなし」も野地板裏面が露出する（2008年12月～20年6月の累計）

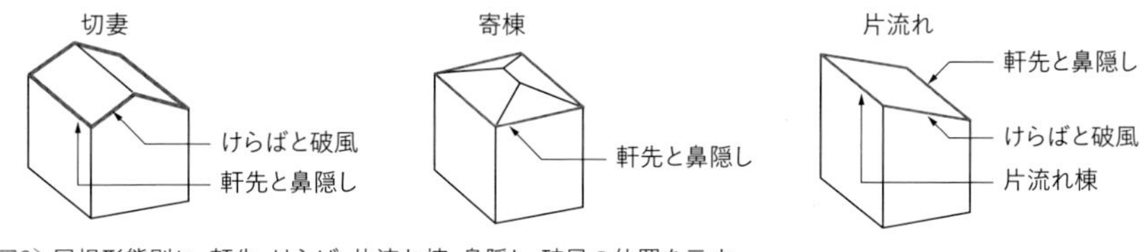

〔図2〕屋根形態別に、軒先、けらば、片流れ棟、鼻隠し、破風の位置を示す

［軒の出のある屋根］
止水ラインの不連続箇所
ルーフィング
野地板裏面の露出部
化粧鼻隠し
透湿防水シート

［軒の出のない屋根］
止水ラインの不連続箇所
ルーフィング
野地板裏面の露出部
化粧鼻隠し
透湿防水シート

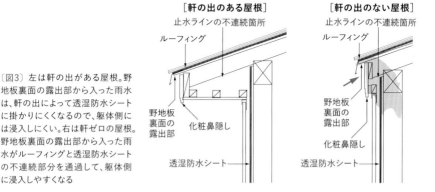

〔図3〕左は軒の出がある屋根。野地板裏面の露出部から入った雨水は、軒の出によって透湿防水シートに掛かりにくくなるので、躯体側には浸入しにくい。右は軒ゼロの屋根。野地板裏面の露出部から入った雨水がルーフィングと透湿防水シートの不連続部分を通過して、躯体側に浸入しやすくなる

り付ける板）までの奥行き約30mmの範囲は、軒の出の有無にかかわらず、野地板の裏面が外気に露出する。けらばの水切りから破風（たる木を隠すために取り付ける板）までの奥行き約15mmの範囲も同じだ。

この野地板裏面の露出部が、軒ゼロの屋根では雨水浸入の弱点になる。雨漏りした軒ゼロの屋根を対象に、雨水の浸入箇所を軒先やけらばごとに調べると、野地板裏面の露出部がほとんどを占めた。軒先では94.7%。けらばでは100%だ。軒ゼロの片流れ棟でも、野地板が露出した状態になる「棟包みなし」の納まりが、雨水の浸入箇所の76.3%に達した〔図1、2〕。

軒ゼロのリスク●止水ラインの不連続箇所から浸入しやすい

軒の出のある屋根では、野地板裏面の露出部から雨水が入っても、躯体側への浸入にはつながりにくい。軒の出があることによって、野地板裏面の露

〔写真1〕左上の写真は、風速10m/sの風を軒ゼロの壁面に吹き付けた送風散水試験の様子。建材試験センターの大型送風散水試験装置で、実際の風の作用に近い状態を再現した。上3点は風だけを吹き付けた時の吹き流しの状況。外壁面の最上部では上向きの気流が発生した。左下の写真は、軒ゼロの片流れ棟部の大型模型に送風散水した後の野地板裏面の露出部。水滴が付着している。野地板は透明板を使用した

出部と、躯体側への止水ラインとなる透湿防水シートとの間隔が離れているからだ。ルーフィングと透湿防水シートがつながっていない止水ラインの不連続箇所は存在するが、雨水はそこに掛かりにくい〔図3〕。

これに対して軒ゼロの屋根で躯体側への雨水浸入が多いのは、野地板裏面の露出部と止水ラインの不連続箇所との間隔が狭いからだ。野地板裏面の露出部が漏水の原因箇所になる。

ただ、軒ゼロの屋根でも強風が吹かなければ、雨水は軒先の野地板裏面の露出部に到達しない。浸入しやすいのは、強風を伴う雨水だ。

軒先まわりの風雨の動きを確認するため、軒ゼロの実大模型に大型送風散水装置で風雨を吹き付ける試験を実施した〔写真1〕。

まず、風だけの動きを観察した。風速10m/sの風を実大模型に吹き付けると、外壁面の最上部では吹き流しが上向きになった。実大模型の手前で上向きの風に転じたのだ。

次に、風速10m/s、10分間雨量が40mm相当の風雨を吹き付けた。すると、野地板裏面の露出部に雨水が付着し、野地板と鼻隠しや破風との隙間から雨水が躯体側へ浸入する様子が確認された。強風を伴う雨水は下から上に吹き上がるので、野地板裏面から浸入しやすくなることが分かった。

軒先

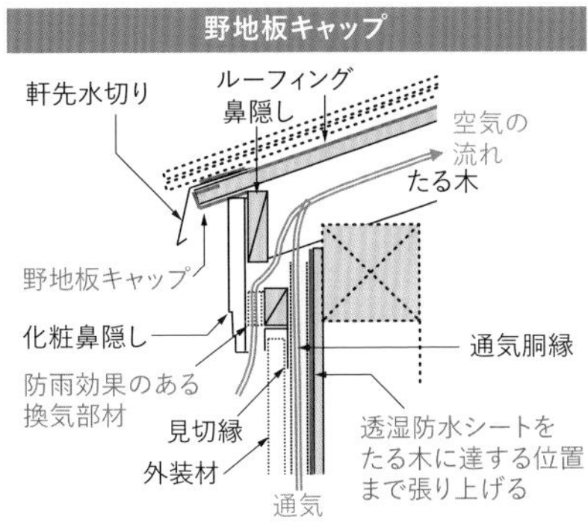

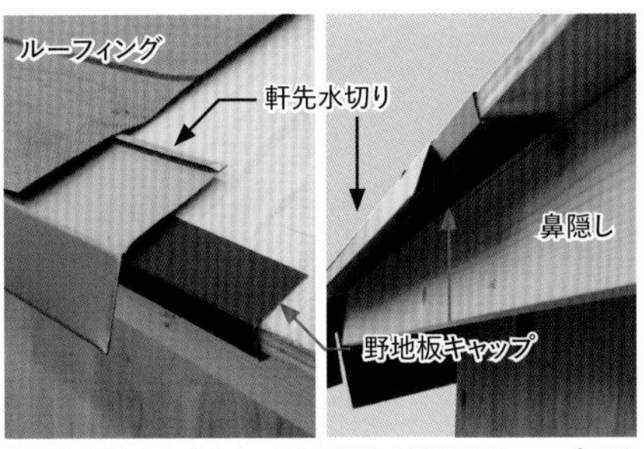

〔図4〕軒先まわりからの雨水浸入を野地板キャップで防ぐ推奨納まり

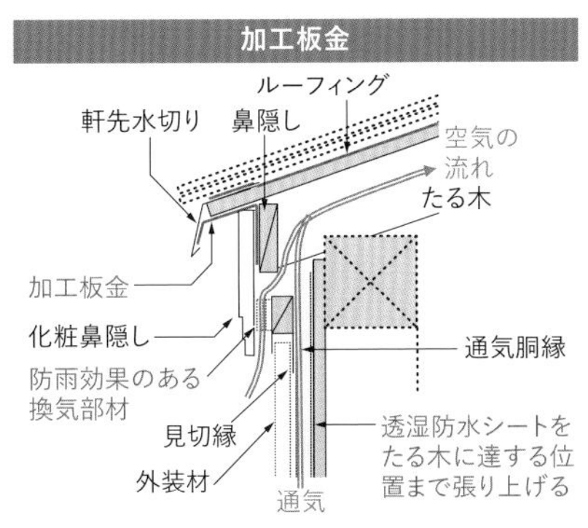

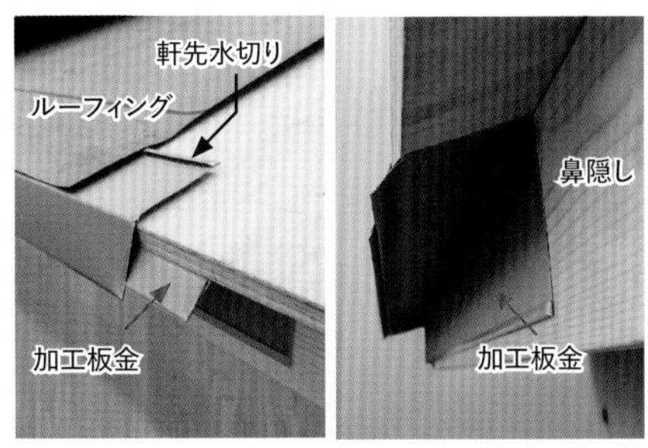

〔図5〕軒先まわりからの雨水浸入を加工板金で防ぐ推奨納まり

軒ゼロの対策●透湿防水シートを張り上げ、野地板裏面を隠す

軒ゼロ屋根の軒先、けらば、片流れ棟で、強風時に躯体側への雨水浸入を防ぐ対策の1つは、透湿防水シートを小屋裏換気に支障が生じない範囲でたる木の下端まで張り上げることだ。野地板裏面の露出部に浸入しても、躯体側への回り込みを阻止する。

もう1つの対策は、野地板裏面を覆い隠すことだ。軒先、けらば、片流れ棟でそれぞれ勧める方法は以下の通りだ。

軒先では2つある。1つは、野地板の先端に鋼板製の野地板キャップを被せて、化粧鼻隠しを設置する方法〔図4〕。もう1つは、加工板金を軒先水切

けらば

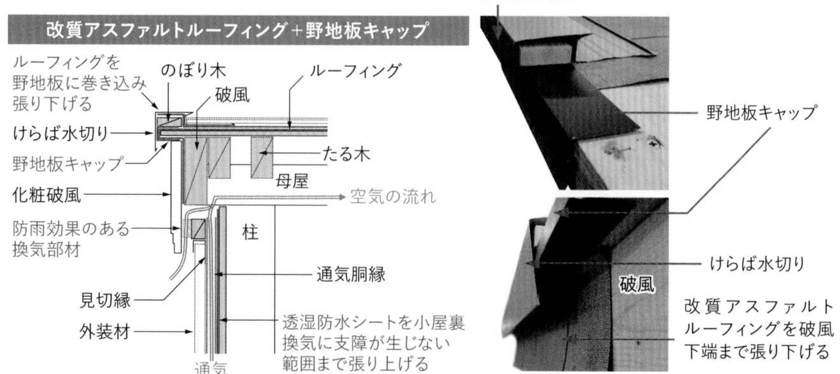

〔図6〕けらばまわりからの雨水浸入を野地板キャップで防ぐ推奨納まり

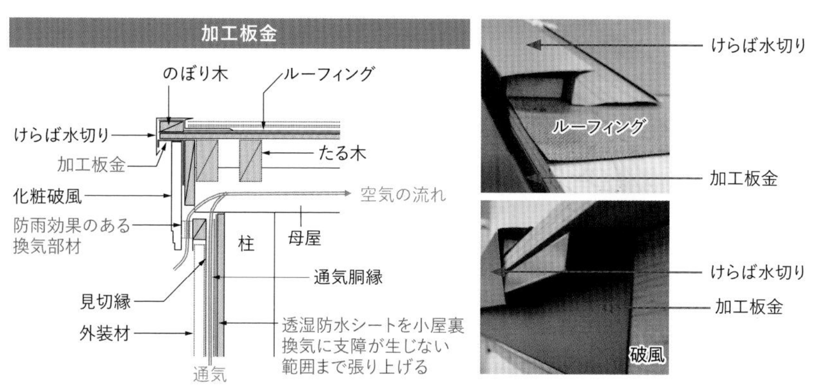

〔図7〕けらばまわりからの雨水浸入を加工板金で防ぐ推奨納まり

りと鼻隠しをまたぐように取り付けた後に、化粧鼻隠しを設置する方法〔図5〕。後者は、軒先水切りと加工板金を連続させることで、雨水の浸入を防ぐ。

けらばの野地板裏面を露出させない方法は、軒先に類似する。改質アスファルトルーフィングを野地板に巻き込んで破風下端まで張り下げてから、野地板キャップを取り付けて化粧破風を設置する方法と、加工板金をけらば水切りと破風をまたぐように取り付けた後に、化粧破風を設置する方法

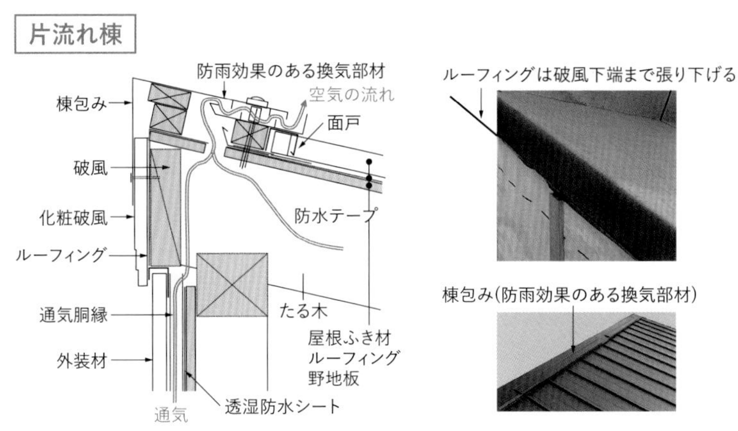

〔図8〕片流れ棟からの雨水浸入を棟包みで防ぐ推奨納まり

だ〔図6、7〕。

片流れ棟では、野地板裏面を覆い隠す棟包みが欠かせない〔図8〕。さらに、棟包みの継ぎ手やねじ穴から雨水が万一浸入してもルーフィングで止水できるよう、ルーフィングで下地材全てを覆うように破風の下端まで張り下げるとよい。

この他、軒ゼロの屋根では換気部材が止水ラインに近い位置にあるので、換気部材から雨水が吹き込むことも雨漏りにつながる恐れがある。対策としては、防雨効果があり、空気の流れを確保できる既製品の換気部材を設置する。換気部材製造者は様々な換気部材を用意しているので、適切に選定し、換気部材製造者の指定する施工方法で設置することが重要だ。

保険事故16事例に学ぶ ▶ 事例10
雨漏りを防ぐ標準仕様37選 ▶ 仕様8、20～27

雨水浸入箇所

壁止まり軒部 流れに平行な壁際

屋根　外壁　雨押え

壁止まり役物　通気層

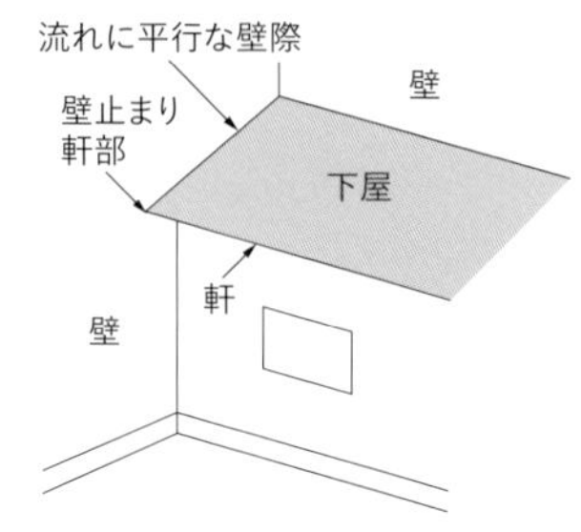

雨水が集まりやすい箇所から浸入

屋根と外壁が接する部分は、納まりが複雑になる上、雨水が特定の箇所に集まりがちで、雨漏りが発生しやすい。軒先が外壁にぶつかる「壁止まり軒部」は雨水浸入箇所のワースト7位、流れ方向の屋根と外壁が接する「流れに平行な壁際」はワースト19位になる。

壁止まり軒部からの雨漏りによる保険金支払い事故は、軒の出の有無に関係なく発生している〔図1〕。屋根と外壁の接し方では、下屋の軒先が外壁

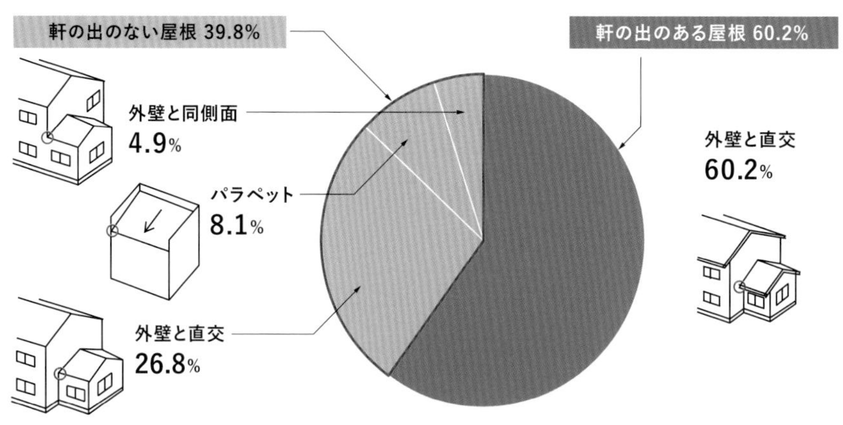

〔図1〕雨漏りが発生した壁止まり軒部を対象に、屋根と外壁の接し方を分類したもの（2008年12月～20年6月の累計）

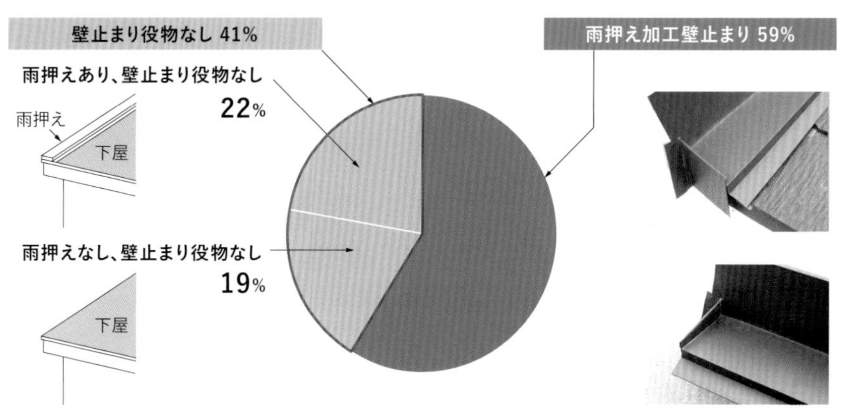

〔図2〕雨漏りが発生した壁止まり軒部に取り付けられていた役物の仕様を分類したもの（2008年12月～20年6月の累計）

の中間に直交してぶつかるパターンで比較的多く発生しており、8割を超える（軒の出のある屋根の外壁と直交の60.2%、軒の出のない屋根の外壁と直交の26.8%の合計）。

屋根と壁の接する部分には、外壁の表面や外装材の裏を流れてくる雨水を内部に浸入させずに排出する「雨押え」や、雨水を壁面と逆方向へ誘導する「壁止まり役物」、2つの機能を1つにまとめた「雨押え加工壁止まり」などの納まりがある。

壁止まり軒部から雨漏りした事故事例の納まりを調べると、壁止まり役物を付けていなかった割合は41%、雨押え加工壁止まりの納まりが59%に達した〔図2〕。屋根材製造者は雨押えなどの役物を用意しているが、雨押え加工壁止まりの板金加工は職人の腕に頼ることになる点も止水性の確保を難しくしている。

屋根と外壁が接する部分のリスク●2つのルートから雨水が集まる

壁止まり軒部のリスクは、雨水が多く集まることだ。ここには、2つのルートから雨水が集まる。1つは、風で運ばれてきた雨滴が壁面を流下し、雨押

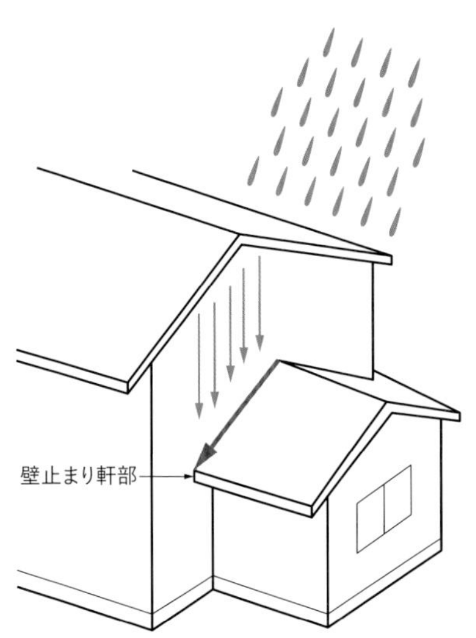

〔図3〕屋根と外壁が接する部分に、雨水が集まる1つ目のルートを示す。風によって運ばれてきた雨滴が、上階の外壁面を流下し、雨押え表面を流れて、壁止まり軒部に集まる

〔写真1〕1つ目のルートで、風によって運ばれてきた雨滴が、上階の外壁面を流下し、雨押えの表面を流れる様子。実験時のサイディングと屋根ふき材は透明板を使用

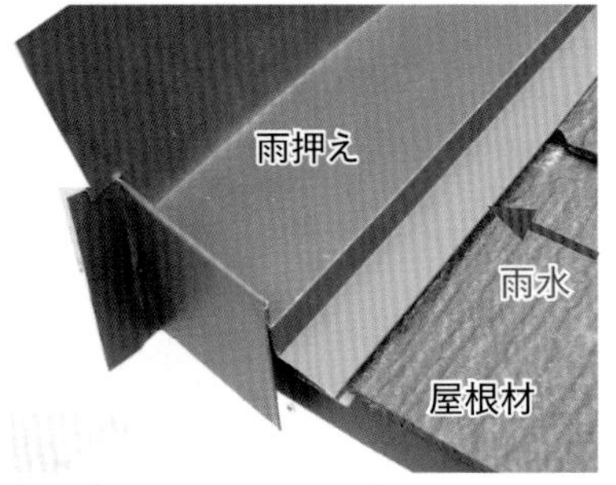

〔写真2〕屋根と外壁が接する部分に、雨水が集まる2つ目のルートを示す。屋根ふき材と雨押えの間から雨水が浸入し、捨板水切りやルーフィング上面を流れて壁止まり軒部に集まる

え表面を流れる雨水〔図3、写真1〕。もう1つは、屋根ふき材と雨押えの間から浸入して、捨板水切りの上面を流れる雨水だ〔写真2〕。

外壁通気構法の住宅では、外装材下端と雨押えの間に通気口を設ける。この部分の納め方も注意が必要だ。雨押えの通気口の軒先側をシーリングで塞いでいた住宅では、雨漏りが生じた〔写真3〕。

この事例で雨漏りが発生したメカニズムを調べるため、おおむね同じ納まりを再現した試験体で散水実験を実施した。風速15m/s、10分間雨量3.3mmを想定した水量を壁面に流下させた〔写真4〕。壁面を流下した雨水は雨押え表面に落ちた。しかし、雨押えに落ちない水もあった。それは、外装材の

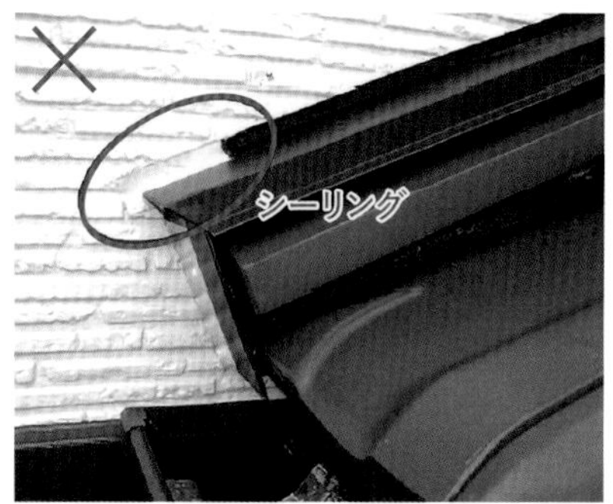

〔写真3〕雨押えを取り付けていた壁止まり軒部で雨漏りした事故事例。通気構法の住宅で、雨押えの通気口の一部をシーリングで塞いでいた

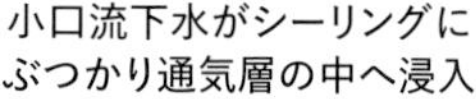

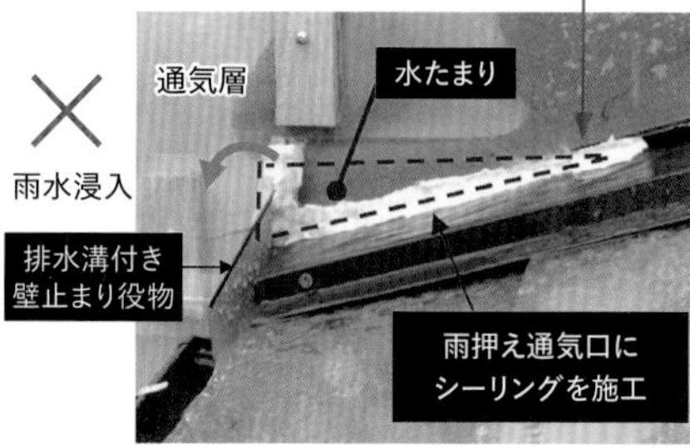

〔写真4〕シーリングを壁止まり役物と雨押え通気口に連続して充填した。小口流下水が閉じ込められて壁止まり役物の立上りを青矢印のように乗り越えて通気層内へ水が回り込んだ。実験時のサイディングと屋根ふき材は透明板を使用

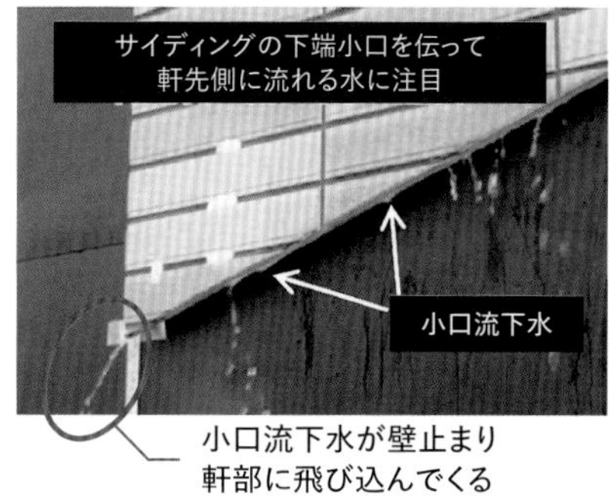

〔写真5〕試験体のサイディング下端小口を、雨水が伝い流れる様子

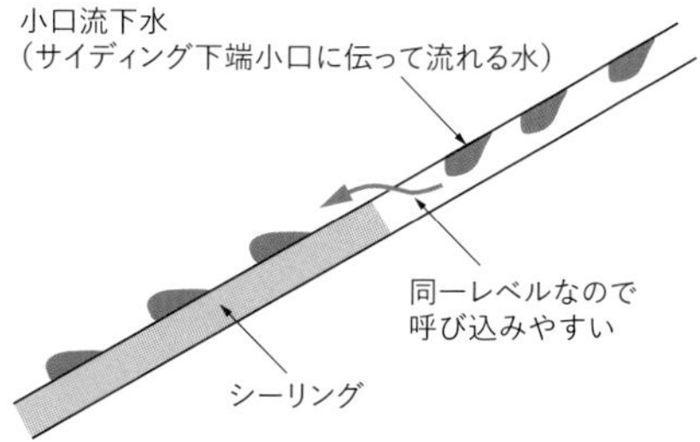

〔図4〕サイディング下端小口を流れる小口流下水は、シーリングにぶつかって通気層内へ浸入する

サイディング下端の小口を伝って、軒先側に向かう「小口流下水」と呼ばれる流れだ〔写真5〕。

さらに小口流下水は通気口に施していたシーリングにぶつかって、通気層内に浸入し、閉じ込められた。この状態で小口流下水が続くと、壁止まり役物の立上りを乗り越えて、通気層内へ回り込む様子が見られた。サイディングの下端小口とシーリングが同一レベルなので、雨水を通気層へ呼び込みやすいことが分かった〔図4〕。

✕雨押え加工壁止まり

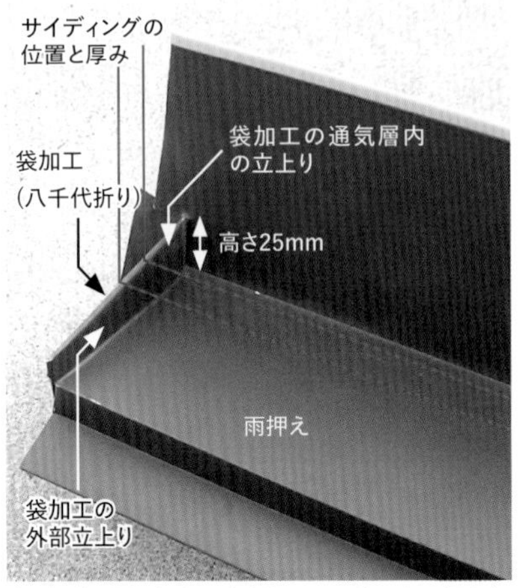

〔写真6〕散水実験の試験体に取り付けた雨押え加工壁止まり。雨押えの先端を箱状に折り曲げる板金加工独特のもの。隅角を切断せず、板を折り曲げるだけで立上りを加工する

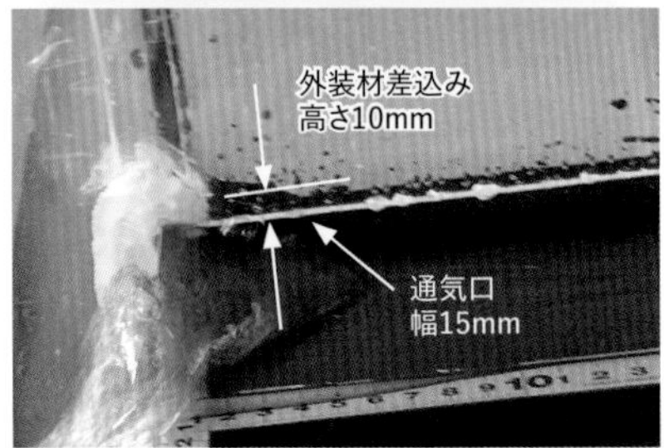

〔写真7〕雨押え加工壁止まりを取り付けた試験体の散水実験時の様子。上の写真は袋加工した雨水が立上りを乗り越える状況。水に勢いがあり、軒樋からあふれ出た。雨水を軒樋へ誘導できない。下は立上りに滞留する雨水。実験時のサイディングは透明板を使用

屋根と外壁が接する部分の対策●排水溝付き役物で軒樋へ誘導

屋根と外壁の接する部分に取り付ける役物について、止水性を確認する散水試験も実施した。まず、雨漏りが多発していた雨押え加工壁止まりを取り付けた試験体を使い、風速10m/s、10分間雨量22mmを想定した水量を壁面に流下させた。雨押えの先端を折り曲げて高さ25mmの立上りを形成した一般的なものを用いた〔写真6〕。

雨水は雨押え先端の袋加工した立上り部分で滞留して一気に水位が上昇し、袋加工した通気層内にある立上りを乗り越えて、通気層内へ回り込んだ。さらに雨水は外部にある立上りも乗り越え、軒樋からあふれ出た〔写真7〕。一般的な雨押え加工壁止まりでは雨水を壁面と逆方向へ誘導できないことが分かった。

次に、排水溝付きの壁止まり役物を取り付けた試験体を使い、風速10m/s、

◯ 排水溝付き壁止まり役物

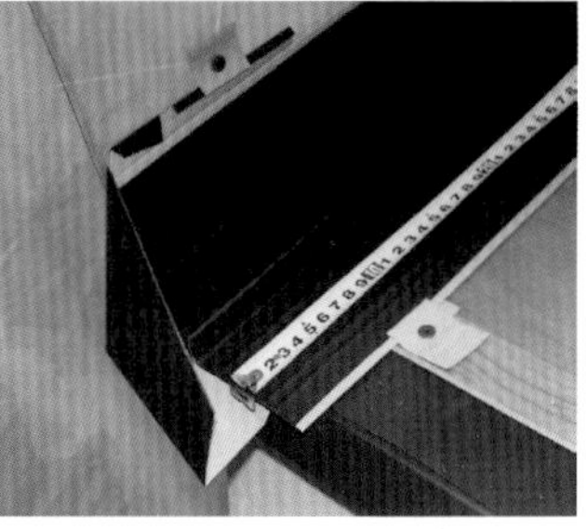

〔写真8〕左の写真は、試験体に取り付けた排水溝付き壁止まり役物。右は排水溝付き壁止まり役物に捨板水切りを設置した状態。捨板水切りを流れる2つ目のルートの雨水をしっかりと受け止める。実験時のルーフィングは透明シートを使用

雨押えの通気口にシーリングを施工しない
シーリングは外装材
下端小口で止める
排水溝付き壁止まり役物
雨水

〔写真9〕排水溝付き壁止まり役物を取り付けた試験体の散水実験時の様子。サイディングの小口流下水は、雨押え上面に滞留することなく壁止まり役物の方に流れ、勾配のついた排水溝によって軒樋に導かれた。通気層内に入った雨水は、シーリングを施さなかった通気口から排出された。実験時のサイディングと屋根ふき材は透明板を使用

10分間雨量22mmを想定した水量を壁面に流下させた。雨押えと壁止まり役物は別々で、壁止まり役物は雨押え先端から少し離れた所に位置する〔写真8〕。雨押えの通気口に入った雨水を排出できるよう、シーリングで塞がないようにした〔写真9〕。

この試験体では雨押え表面を流れる雨水とサイディングの小口流下水を壁止まり役物がしっかり受け止め、排水溝が雨水を軒樋へと誘導した。雨押えの表面に水が滞留することもなかった。排水溝付きの壁止まり役物を採用すれば、雨漏りを防止できることを確認した。

関連情報

保険事故16事例に学ぶ ▶ 事例8
雨漏りを防ぐ標準仕様37選 ▶ 仕様10、18〜21

ワースト16 雨水浸入箇所

天窓まわり

専用水切り　防水テープ　ルーフィング

マニュアル無視の施工で漏水

天窓まわりからの漏水は、天窓本体と屋根材の取合い部から雨水が浸入する事故だ。雨水の浸入箇所のワースト16位になる。

雨漏りした天窓まわりで見つかった施工不良で最も多いのは、ルーフィングを天窓本体の立上り部に「張り上げていない」または「張り上げ不足」で、45%を占める〔図1〕。このほか、張り上げたルーフィングのコーナー部への防水テープの張り忘れ、コーナー部に設置する水切りの加工不良などがある。いずれも天窓製造者が指定する施工マニュアルを守らないことが原因だ〔写真1〕。

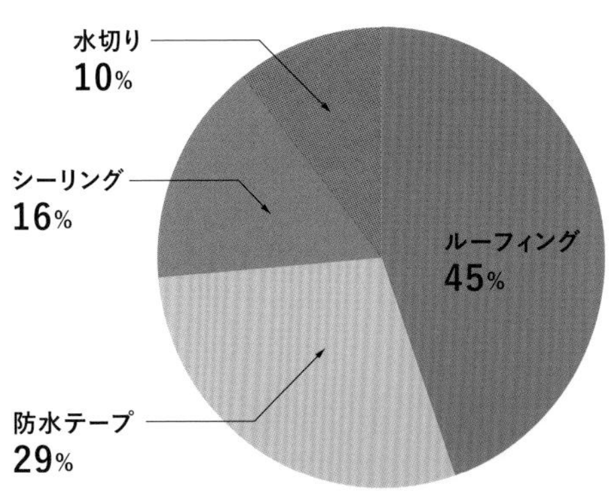

〔図1〕天窓まわりから雨漏りした事故事例を対象に、施工不良内容を分類した（2008年12月～20年6月の累計）

〔写真1〕築6年3カ月の木造住宅で既製品の天窓と屋根ふき材の取合い部から雨漏りした事故事例。天窓まわりにルーフィングの立上りがなく、鋼板屋根専用の水切りも使用していなかった

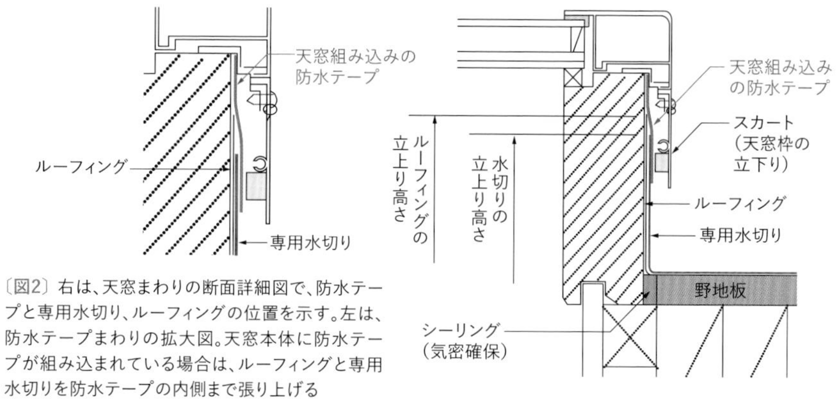

〔図2〕右は、天窓まわりの断面詳細図で、防水テープと専用水切り、ルーフィングの位置を示す。左は、防水テープまわりの拡大図。天窓本体に防水テープが組み込まれている場合は、ルーフィングと専用水切りを防水テープの内側まで張り上げる

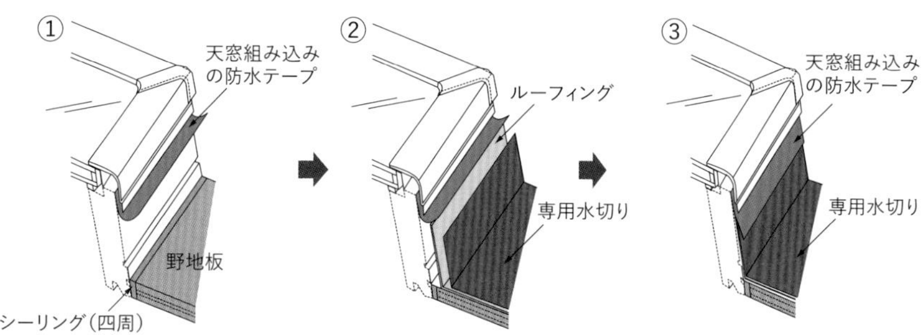

〔図3〕防水テープが天窓本体に組み込まれている既製品の施工手順を示す。ルーフィングを防水テープの内側まで張り上げてから、専用水切りを上に重ねて防水テープの内側へ差し込む。ルーフィングと専用水切りに隙間やしわができないよう防水テープを入念に圧着する。スカート（天窓枠の立下り）で防水テープの露出面を覆う

天窓まわりのリスク対策●連続した止水ラインを形成

天窓製造者は屋根ふき材との取合い部の防水性を確保するため、屋根ふき材の種類ごとに専用水切りを用意している。水切りは現場加工せず専用品を使用し、天窓製造者の施工マニュアルを順守する。

防水テープが天窓本体に組み込まれている場合は、ルーフィングと専用水切りを天窓本体の立上り部に張り上げて、防水テープで入念に圧着する。連続した止水ラインを形成することが、雨漏り防止のポイントだ〔図2、3〕。

理解を深める小話②

軒ゼロってなに？

「軒ゼロ」と呼ばれる軒の出のない屋根形状が、都市部の狭小地に立つ住宅で多く採用されています。シンプルなデザインが好まれて、狭小地以外でも増えています。

軒ゼロは、勾配屋根の先端がそのまま外壁に連続した形状と、軒天井材のないことが特徴です。屋根の施工面積が小さくなり、軒天井の工事を省けるので工費を削減できる、壁面を敷地境界線へ寄せられる、といった良い面があります。しかし、良い面だけではありません。住宅の壁や窓への雨掛りが増えるので、雨漏りのリスクが高くなります。

軒先部分は、屋根の防水下地に入り込んだ雨水が集まってくる箇所です。軒ゼロは雨掛りから保護されないことで、長期的には軒先の劣化と雨漏りのリスクが増大します。これに対して軒の出がある屋根は、軒先部分の下地材や鼻隠し、軒天井の劣化だけで済みます。

軒の出の有無は、省エネ対策として重要な夏期の日射遮蔽と冬期の日射熱取得にも影響します。軒は、屋根の端部にある外壁から外に持ち出された部分で、建物を風雨や日射から保護すると定義されます。周辺環境とも併せて入念に検討したい重要な部位です。

［軒の出あり］

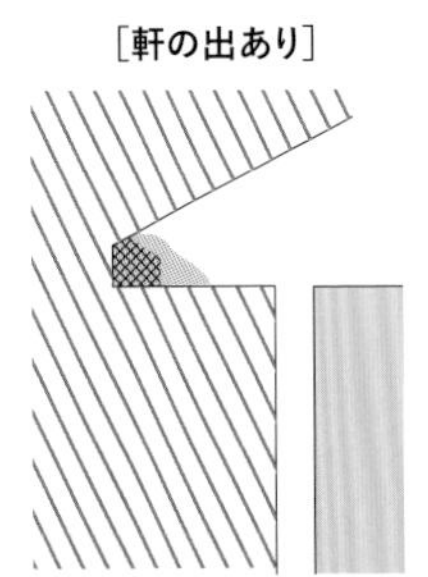

［軒ゼロ］

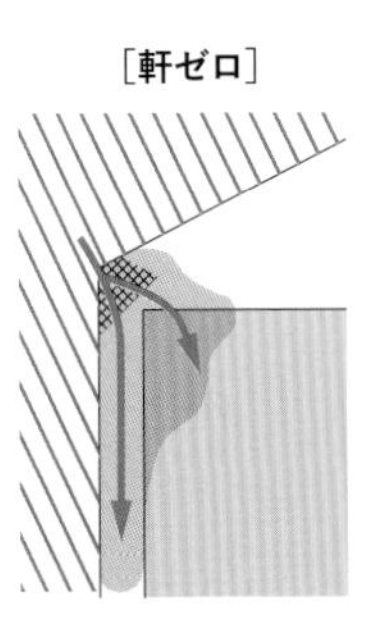

室長サイトウ

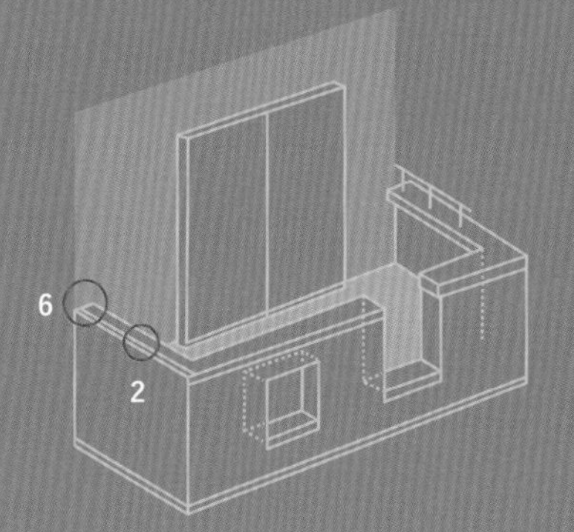

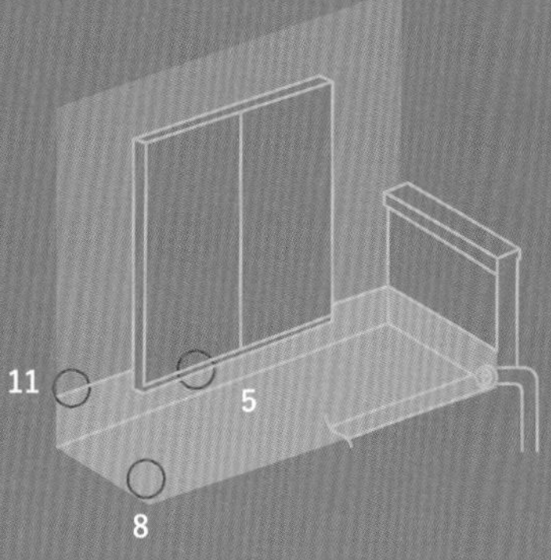

〔グループ3〕
バルコニー・陸屋根

ワースト8　防水層平部

ワースト5　防水層とサッシの取合い

ワースト11 防水層と外壁の取合い

ワースト2　笠木と外壁の取合い

ワースト6　笠木の壁当たり

雨水浸入箇所

防水層平部

バルコニー　陸屋根　FRP防水

下地材　根太

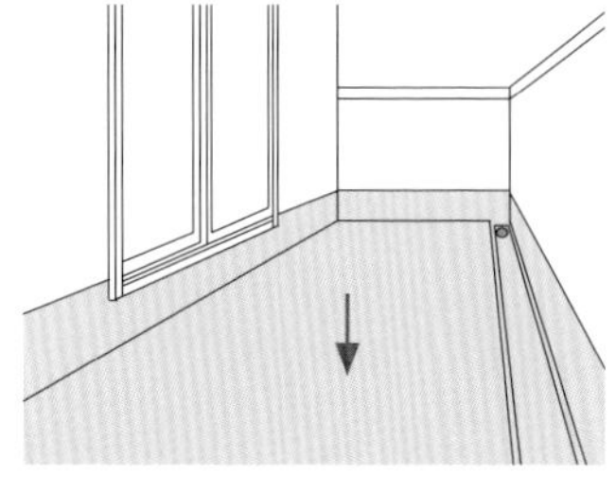

下地材がたわんでFRP防水に割れが生じる

「防水層平部」とは、バルコニーや陸屋根の「平場」と呼ばれる防水層の床面を指す。そこからの雨水浸入がワースト8位だ。

バルコニーや陸屋根に用いる防水仕様は様々だが、防水層の平部からの雨漏りのほとんどは、下地材に密着したFRP防水層に割れが生じることで起こっている。これはFRP系塗模防水工法の密着仕様と呼ばれ、液状の防水用ポリエステル樹脂と防水用ガラスマットからなるFRP防水層を下地材に密着させて施工する。

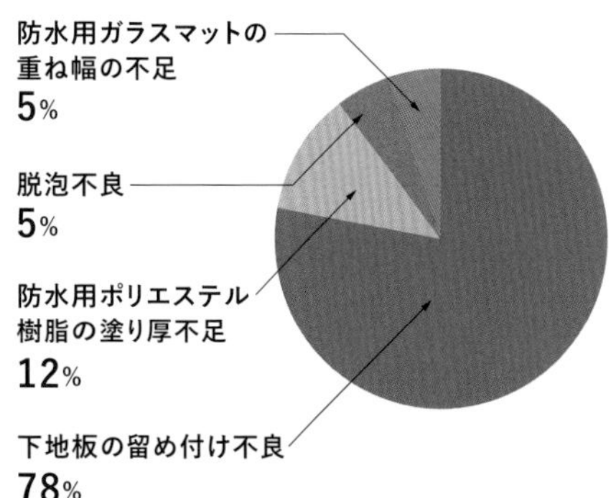

〔図1〕FRP防水密着仕様のバルコニーや陸屋根で雨漏りを招いた施工不良内容を集計した結果（2008年12月〜20年6月の累計）

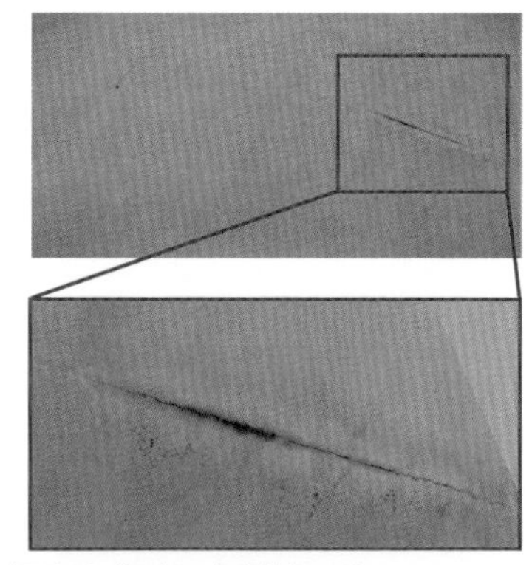

〔写真1〕築5年の木造軸組工法のバルコニーで、下地板の継ぎ目に沿ってFRP防水が割れた事故事例。FRP防水密着仕様を採用していた

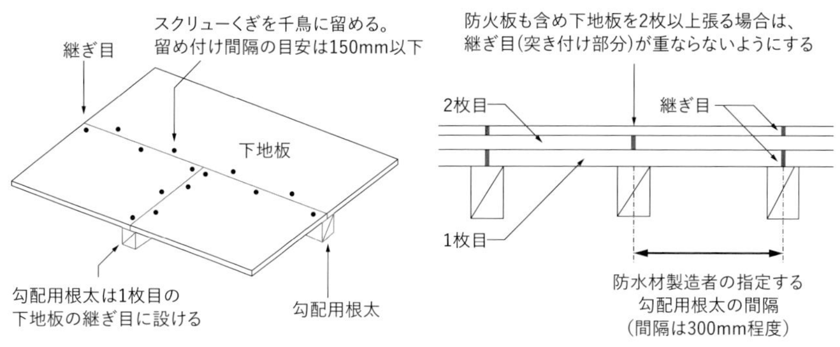
スクリューくぎを千鳥に留める。
留め付け間隔の目安は150mm以下
継ぎ目
下地板
勾配用根太は1枚目の
下地板の継ぎ目に設ける
勾配用根太
防火板も含め下地板を2枚以上張る場合は、
継ぎ目(突き付け部分)が重ならないようにする
2枚目
継ぎ目
1枚目
防水材製造者の指定する
勾配用根太の間隔
(間隔は300mm程度)
〔図2〕FRP防水密着仕様で、防水層の割れを防ぐ下地材の施工方法

防水層平部で見つかった施工不良を集計すると、「下地板の留め付け不良」が78%で最も多い〔図1、写真1〕。「防水用ポリエステル樹脂の塗り厚不足」の12%、樹脂をローラーばけで塗布するときの「脱泡不良」の5%、「防水用ガラスマットの重ね幅の不足」の5%が、それに続く。

FRP防水のリスク対策●下地板の根太とくぎのピッチを順守

「下地板の留め付け不良」の一例は、勾配用根太や下地板のくぎの留め付け間隔が、防水材製造者の指定よりも広すぎることだ。FRP防水は他の塗膜防水と比較して剛性が高く伸び率が小さい上、その密着仕様だとFRPと下地板の間に緩衝シートがない。そのため、勾配用根太やくぎの留め付け間隔が広すぎると、歩行したときに床の下地板のたわみが大きくなって、くぎで留めた下地板の継ぎ目が開き、FRP防水に割れが生じやすくなる。

この不具合を防ぐには、防水材製造者の指定する方法で防水下地を施工することだ。例えば、勾配用根太を所定の間隔を守って配置し、1枚目の下地板の継ぎ目に必ず根太を設ける〔図2〕。根太の割れを防ぐために、スクリューくぎを千鳥に打つ。下地板は防水材製造者の指定する材質と厚みを確認し、継ぎ目に浮きや不陸、隙間が生じないように張る。

雨水浸入箇所

防水層とサッシの取合い

バルコニー　陸屋根　FRP防水

サッシフィン　ねじ頭　シーリング

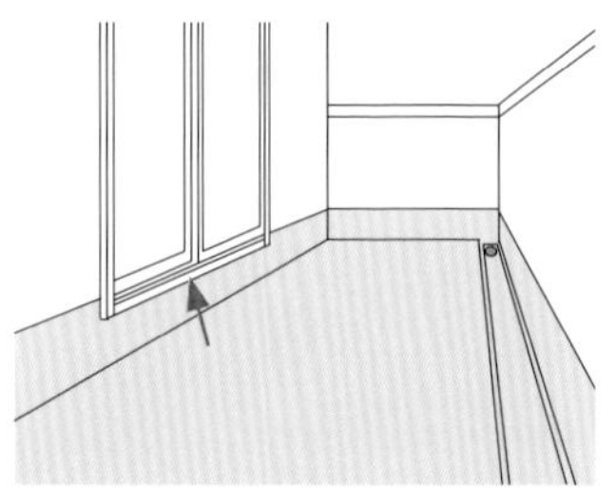

「サッシ先付け、防水あと施工」で事故多発

バルコニー側の開口部を掃き出し窓にするのはよくあるが、バルコニーの防水層とサッシの取合いから雨漏りが生じやすいので注意を要する。防水層とサッシの取合いは、雨水浸入箇所のワースト5位だ。

防水層とサッシの工程は、「サッシ先付け、防水あと施工」と「防水先施工、サッシあと付け」の2通りある。防水層とサッシの取合いで雨漏りを生じた事例を調べると、前者の工程が94%と圧倒的に多い〔図1〕。防水あと施工のほうが、防水先施工よりもサッシ枠取合い部の施工が難しくなるからだ。

サッシを先付けしてからFRP防水をあと施工する場合、サッシ枠が

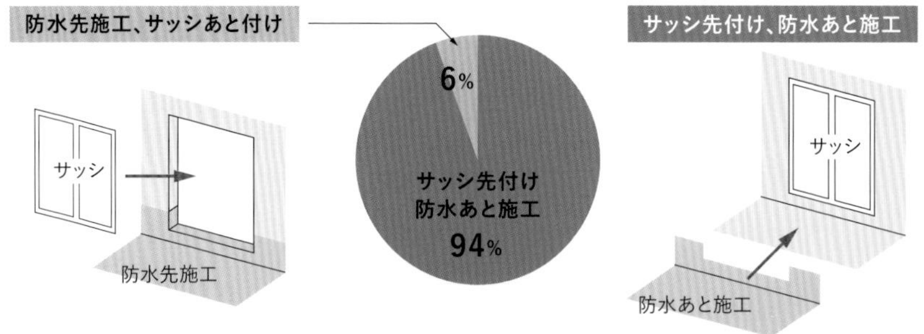

〔図1〕防水層とサッシの取合いから雨水が浸入した木造住宅を対象に、防水層とサッシの工程を調べた結果。「サッシ先付け、防水あと施工」が94%を占めていた（2008年12月～20年6月の累計）

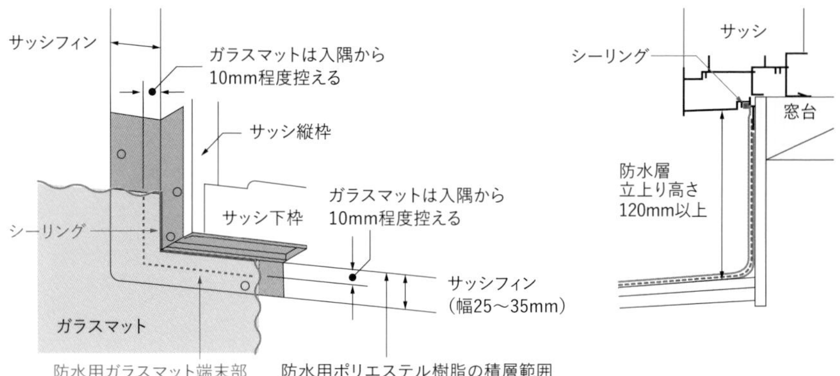

〔図2〕「サッシ先付け、防水あと施工」でのFRP防水の施工方法を示す。サッシ枠が飛び出した状態で、床からサッシ枠下までの狭い空間にFRP防水工事をミリ単位の精度で行う必要がある。FRP防水施工後、防水層端末部とサッシ取合い部にシーリングを施す

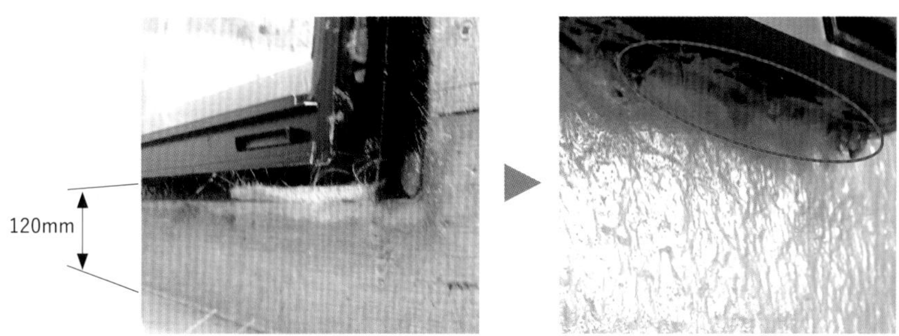

〔写真1〕左は「サッシ先付け、防水あと施工」の現場で、サッシ下枠の防水用ガラスマット（白い部分）にポリエステル樹脂が塗布されていない状態。右はFRP防水工事完了後。ポリエステル樹脂が塗布されていない部分は防水層とサッシが不連続になっている

70mmほど飛び出した状態で、床からサッシ枠下までの高さ120mmの狭い空間に、液状の防水用ポリエステル樹脂と防水用ガラスマットを一体化する作業をミリ単位の精度で行う必要がある〔図2〕。

特に大変なのは、目視しにくい場所にあるサッシフィンにポリエステル樹脂をローラーばけで塗布する作業だ。ポリエステル樹脂の未施工や塗布むらが生じやすい。その場合、防水層が形成されなくなり、床面の跳ね返り雨水やサッシ枠を伝わる雨水が下枠に回り込み、漏水するリスクがある〔写真1〕。

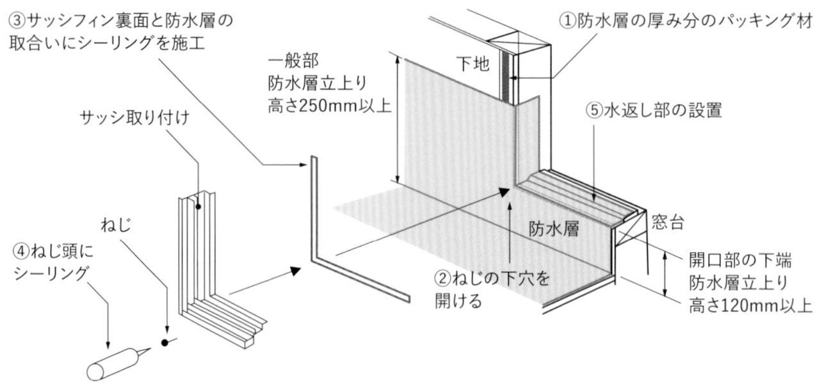

〔図3〕「防水先施工、サッシあと付け」でのサッシの施工手順と止水対策のポイント

取合いのリスク対策1●「防水先施工、サッシあと付け」の工程に

防水層とサッシの取合いからの雨漏りを防ぐには、「防水先施工、サッシあと付け」の工程で施工することだ。サッシに邪魔されることなく防水工事を進められるので、防水材製造者の指定する施工方法を順守すれば不具合は生じにくい。

一方、サッシ工事には欠かせない止水対策が複数ある〔図3、4〕。1つ目は、防水層の立上り部分とその上部に生じる防水層の厚み分の段差を、パッキング材で解消してからサッシを建て込むこと。2つ目は、サッシをねじやくぎでFRP防水層に留める部分に、FRPのひび割れを防ぐための下穴を開けること。3つ目は、サッシフィン裏面と防水層の取合いにシーリングを施してからサッシを取り付けること。4つ目は、サッシのねじやくぎ頭にシーリングを施すこと。

面積が広いルーフバルコニーや陸屋根の屋上に設置するサッシは風雨の当たり方が強くなるので、5つ目の対策として窓台の下地に「水返し部」という段差を設けることを推奨する。万が一、雨水が窓台に浸入しても室内側へ回り込みにくくなる。

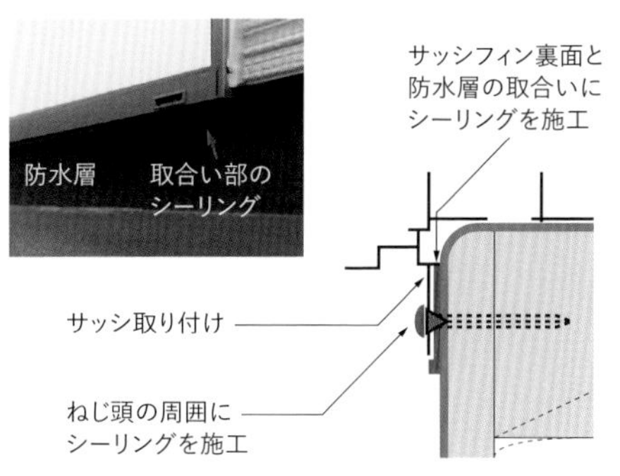

〔図4〕「防水先施工、サッシあと付け」で施工したサッシフィン下端と防水層の取合いの写真と断面図

〔写真2〕サッシと防水層の取合いのシーリングに欠損がある試験体を用いた送風散水試験の様子。散水開始から3分後に窓台の室内側で雨漏りが確認された。10分後には水が窓台からあふれた

取合いのリスク対策2●フィン裏面のシーリング忘れに注意

「防水先施工、サッシあと付け」の工程で、3つ目の止水対策に挙げたサッシフィン裏面と防水層の取合いのシーリングを施工しないリスクについて、送風散水試験で調べた〔写真2〕。

「防水先施工、サッシあと付け」の納まりで、サッシフィン裏面と防水層の取合いのシーリングに欠損部を設けた試験体を用意し、サッシの「JIS A 4706」に基づく圧力箱方式による建具の水密性試験方法「JIS A 1517」に準拠する方法で実施した。1m^{2}当たり毎分4リットルの水量を、サッシ全面に均等に10分間噴霧し続け、サッシの内外に脈動圧力差を与えた。10分間の降雨量は40mm、風速換算値は16～29m/s、水密性能W-4に相当する。

散水開始から3分後に、窓台の室内側で雨漏りが確認された。シーリングの欠損部から浸入していた。この部分のシーリング施工が必須であることを確認した。

雨漏りを防ぐ標準仕様37選 ▶ 仕様36

ワースト 11

雨水浸入箇所

防水層と外壁の取合い

バルコニー　FRP防水　透湿防水シート

水切り　防水テープ　防水層立上り

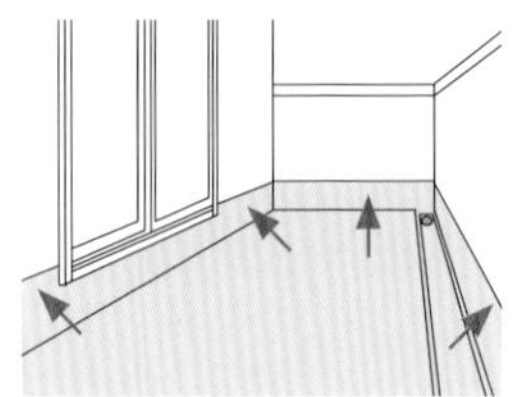

異なる工種間に落とし穴

バルコニーなどの防水層と外壁は隣り合う部位だが、施工者の職種が異なり、構成部材も多い。そのため取合いの仕様が不明瞭になり、雨漏りを招きやすい。防水層と外壁の取合いは、雨水浸入箇所のワースト11位だ。

防水層と外壁の取合いで雨漏りを招いた施工不良で最も多いのは、「防水層と透湿防水シートの不連続」で、65％を占める〔図1〕。「水切りの取合い」が21％でそれに続く。該当する事故事例では、透湿防水シートを防水層に

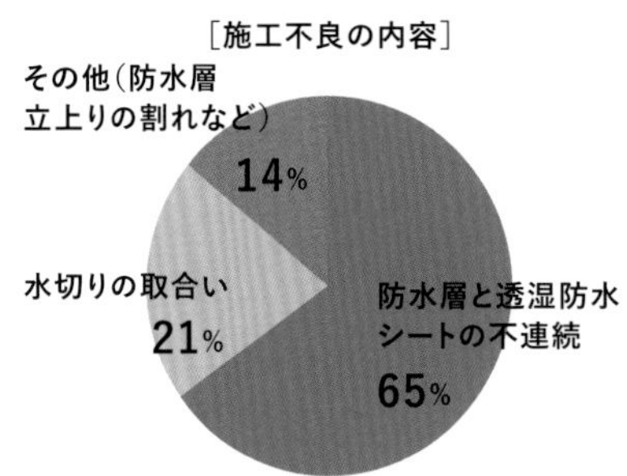

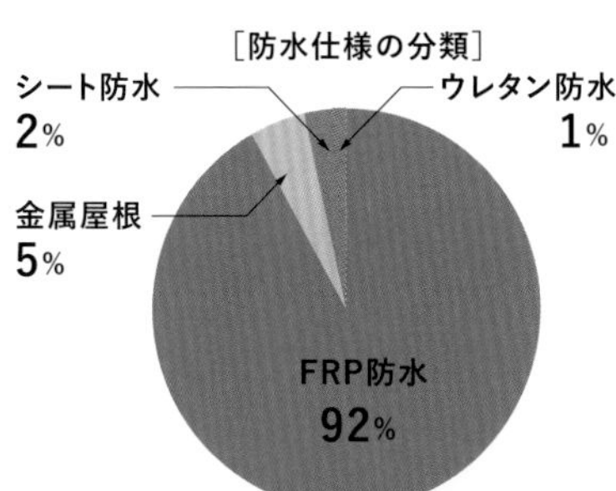

〔図1〕左は、防水層と外壁の取合いで雨漏りを招いた施工不良を集計した結果。右は、取合い部に使われていた防水層の仕様を示す（2008年12月～20年6月の累計）

〔写真1〕防水層と透湿防水シートとの上下重ね代を設けていなかったため、取合いの隙間から雨水が浸入した事故事例

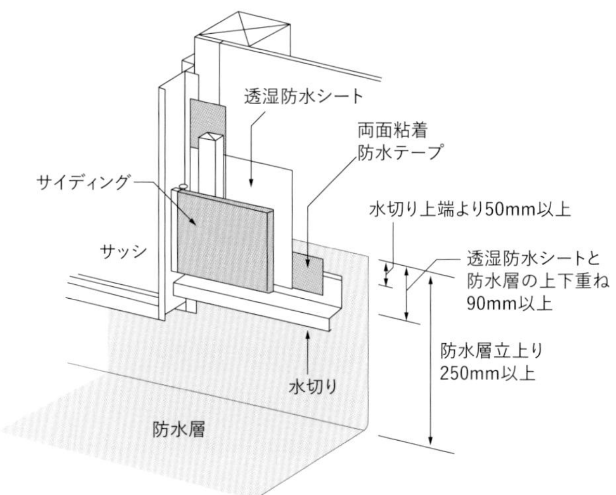

〔図2〕透湿防水シートと防水層との上下重ね代を90mm以上確保できるように、防水層を250mm以上かつ水切りの上端より50mm以上立ち上げる

かぶせていない納まりが多い〔写真1〕。取合い部に使われていた防水層の種類は、FRP防水が9割以上を占める。

取合いのリスク対策●防水層の立上りを250mm以上に

通気構法の住宅で、防水層と外壁との取合いからの雨漏りを防ぐには、防水層と透湿防水シート、水切りを連続させて、一体の止水ラインを形成することだ。そのためにはまず、防水層の立上りを床から250mm以上、かつ外壁の水切りの上端部より50mm以上の高さとする〔図2〕。こうすれば、通常、水切りまで張り下げられる透湿防水シートと防水層との上下重ね代を、90mm以上確保できるからだ。さらに、両面粘着防水テープで水切りと防水層と透湿防水シートを密着させる。

この取合い部の納まり図を仕様書に明記して、関係する施工者に工事範囲と工程を情報共有することも重要だ。

保険事故16事例に学ぶ ▶ 事例14

ワースト
2
雨水浸入箇所

笠木と外壁の取合い

バルコニー　パラペット　陸屋根　くぎ穴

透湿防水シート　鞍掛けシート　防水テープ

上端部の防水仕様を誤ればほぼ漏水

バルコニーは通気構法の壁と一体化した手すりが一般的だ。手すり壁を誤った防水仕様で施工すると雨水の浸入リスクが高まる。

バルコニーを構成する部位で雨水の浸入が最も多いのは、笠木と手すり壁の取合い部だ。陸屋根のパラペットも、笠木の取合い部の納まりはバルコニーとほぼ同じなので、同様に雨水の浸入トラブルが多い。

2008年12月～20年6月の保険金支払い済みの雨漏り事故のなかで、笠木と手すり壁やパラペットとの取合い部が雨水の浸入箇所になった割合は4.9%。サッシまわりに次ぐ2番目の多さだ。

手すり壁やパラペットの笠木下の上端部から雨水が浸入していた住宅を対

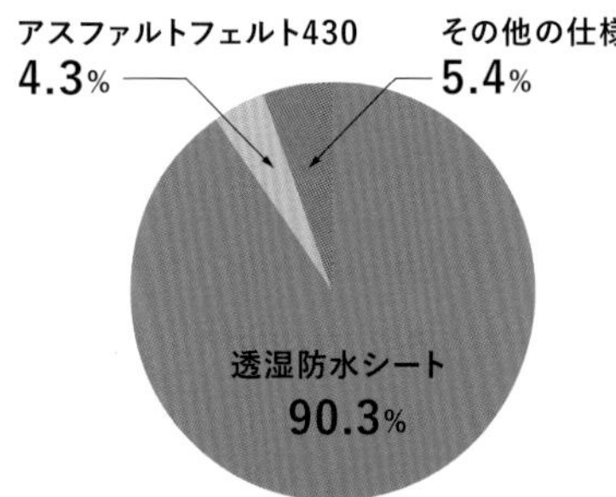

〔図1〕バルコニーの手すり壁やパラペットの上端部から雨水が浸入した木造住宅を対象に、上端部に採用されていた防水シートの仕様を集計した結果。透湿防水シートが90.3%を占めていた（2008年12月～20年6月の累計）

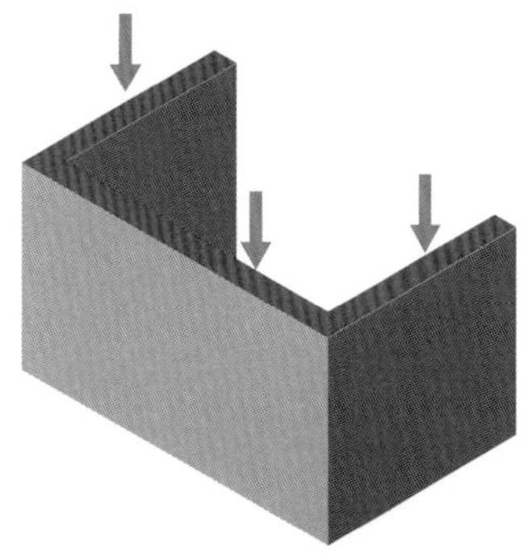

〔図2〕手すり壁やパラペットの笠木下の上端部を赤色で示す。ここから雨水が浸入する

〔写真1〕手すり壁の上端部に透湿防水シートを施工していた雨漏り事故事例。左は手すり壁の透湿防水シートを剥がしている様子。築9年の木造住宅だが、木部がぼろぼろに腐朽していた

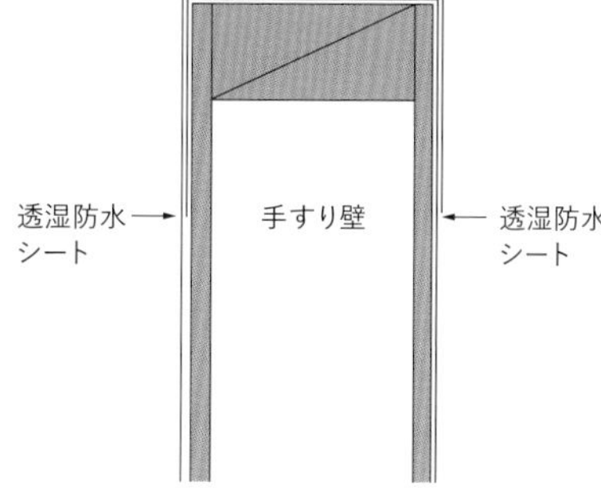

〔図3〕手すり壁やパラペットの上端部に透湿防水シートだけを張った納まり。雨漏りした事故事例に多く見られる

象に、上端部に張られていた防水シートの種類を調べたところ、9割以上が透湿防水シートだった〔図1、2、写真1〕。上端部を透湿防水シートだけで納めるのは、雨水浸入リスクの高い、誤った仕様だ。

上端部のリスク対策1●くぎ穴からの浸入を防水テープ先張りで防ぐ

透湿防水シートは、撥水（はっすい）作用を生かして防水するものがほとんどだ。くぎやねじなどの貫通物に対する止水性がよくないのも弱点だ。バルコニーの手すり壁やパラペットの上端部は、金属製の笠木をねじで固定するので、上端部に透湿防水シートを張ると、笠木の継ぎ目や手すり壁と笠木の間から浸入した雨水が、ねじ穴から漏水するリスクが高くなる〔図3〕。

上端部からの雨水浸入を防ぐために推奨する納まりは以下の通りだ。透湿防水シートは手すり壁面だけに張り、上端部には張らない。幅100mm以上の両面粘着防水テープを上端部の端から端まで通しで先張りする。さらに、

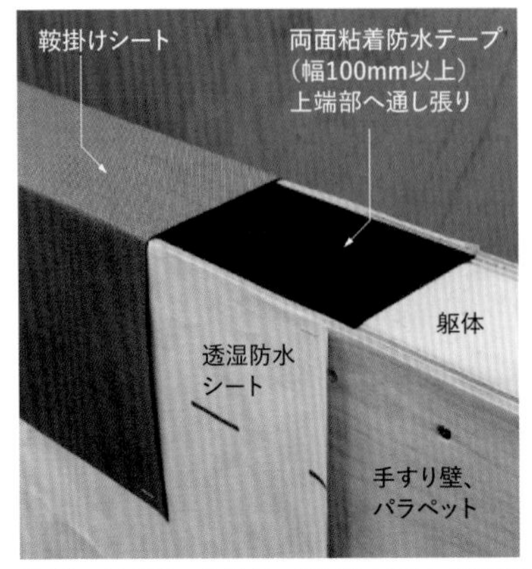

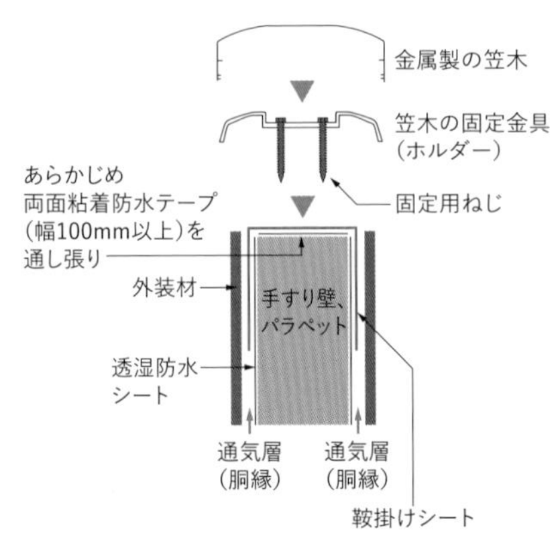

〔図4〕手すり壁の上端部の推奨納まりを写真と断面詳細図で示す。両面粘着防水テープを先張りしてから、鞍掛けシートで覆うのがポイントだ。鞍掛けシートには、日本防水材料協会規格の「先張り防水シート及び鞍掛けシート JWMA-A01」に適合するか同等以上の防水性を備えるものを使用する

防水シートを馬の鞍(くら)のように掛けて、防水テープを介して木材と一体化する。上端部にはステープルを打たない〔図4〕。止水性と作業性がよく、納まりもシンプルだ。

鞍掛けシートには、日本防水材料協会規格の「先張り防水シート及び鞍掛けシート JWMA - A01」に適合するか同等以上の防水性を備えるものを使用する。JWMA - A01の規定する鞍掛けシートは、アスファルトに合成ゴムや合成樹脂を混入してアスファルトの低温性状や高温性状を改良した改質アスファルトを材料としているので、くぎ穴止水性と耐久性、耐折り曲げ性に優れる。

上端部のリスク対策2●防水テープ先張りの効果を実験で確認

手すり壁やパラペットの上端部の雨水浸入リスクを確認するため、防水仕様の異なる3種類の試験体を用意して、ねじ穴の止水性を比べる実験を行った。試験は日本防水材料協会規格の「改質アスファルトルーフィング下葺材 ARK 04^{s}-04」が定める「釘穴シーリング性試験」に準拠する方法で実施した。

現場の笠木は竣工直前に取り付ける工程が多いので、防水シートを張り、

〔図5〕上の写真は、ねじ穴の止水性を比べる実験で、木材にシートを張った試験体を28日間にわたって屋外に暴露している様子。下の図は試験体の姿図。10カ所にねじを留める

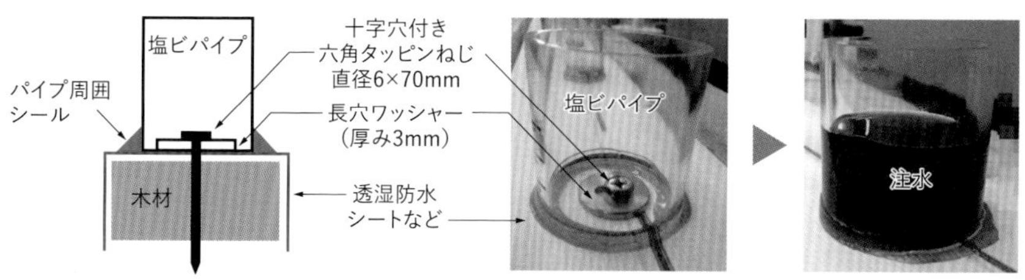

〔図6〕試験体のねじを留め付ける箇所の詳細仕様を図と写真で示す。ねじのまわりに塩ビパイプを立てて、パイプ内にインクで着色した水を注ぐ。ねじ穴から漏水するかを確認する

28日間にわたって屋外に試験体を暴露した。試験体にキリで下穴を開けて直径6mmのねじで長穴ワッシャーを留め付け、シール材で塩ビパイプを立てる。パイプ内にインクで着色した水を高さ30mmまで入れて24時間静置し、ねじまわりから木材表面と木材下端への漏水の有無を確認するという手順だ〔図5、6〕。試験体は防水シートの張り方が異なる3種類で、ねじ穴は10個ずつ用意した。10個のうち5個は下穴あり、5個は下穴なしでねじを留めた。

試験体のタイプAは、雨漏り事故で多く見られる透湿防水シートの2枚張り。タイプBは透湿防水シート2枚張りの上に鞍掛けシートを張ってから両面粘着防水テープ張り。タイプCは両面粘着防水テープを先張りした鞍掛けシート張りだ。タイプCは前ページに記載した、推奨する納まりに該当する〔図7〕。

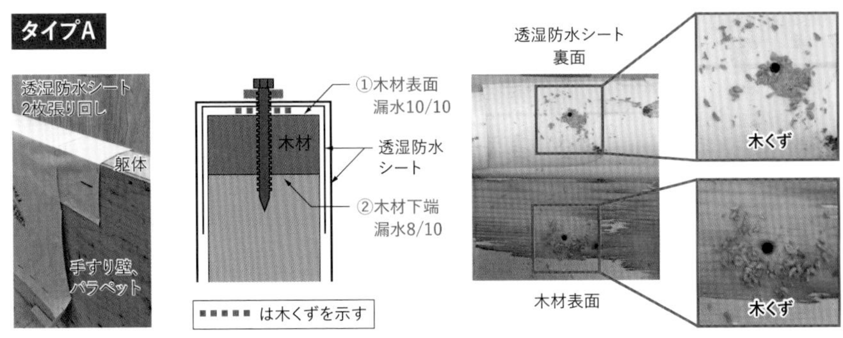

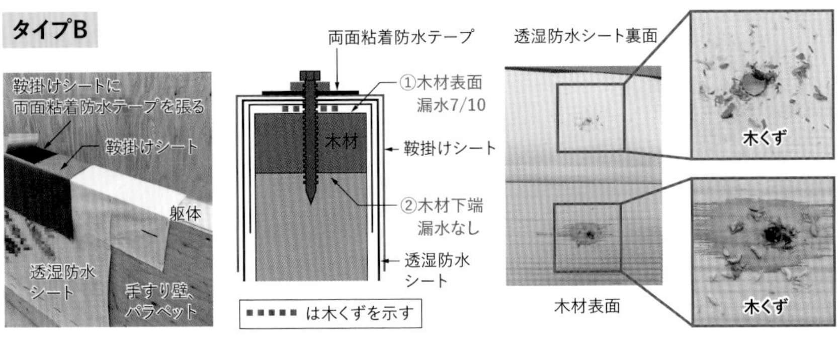

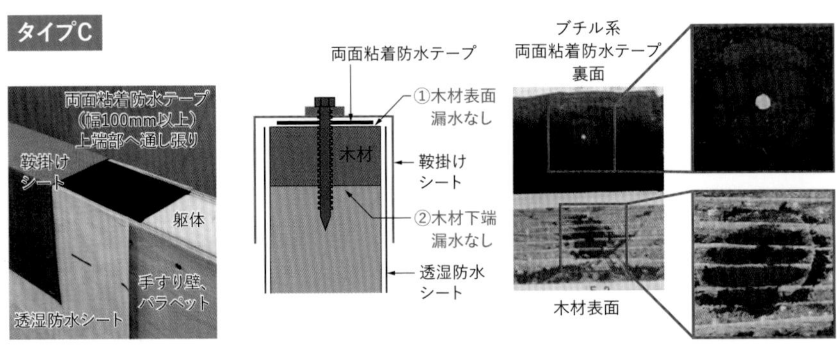

〔図7〕3種類の試験体の納まりと試験後の上端部の様子を写真と断面詳細図で示す。タイプAとBは木材と透湿防水シートの間に木くずが挟まり、水みちができていた。タイプCは木くずが防水テープの表面側にも木材側にも見られなかった。木くずによる水みちがつくられにくい仕様だ

実験の与条件＼漏水の評価	①木材表面の漏水の有無 あり→■ なし→無										②木材下端（ねじ貫通穴）の漏水の有無 あり→■ なし→無									
ねじ下穴の有無	あり					なし					あり					なし				
ねじ番号	1	2	3	4	5	6	7	8	9	10	1	2	3	4	5	6	7	8	9	10
タイプA ①木くずの有無	あり（木材表面と透湿防水シートの間）																			
タイプA ②①漏水 10/10														無	無					
タイプB ①木くずの有無	あり（木材表面と透湿防水シートの間）																			
タイプB ②①漏水 7/10						無			無	無	無	無	無	無	無	無	無	無	無	無
タイプC ①木くずの有無	なし																			
タイプC ②漏水なし	無	無	無	無	無	無	無	無	無	無	無	無	無	無	無	無	無	無	無	無

〔図8〕ねじ穴止水性試験の結果。タイプAは10個全てで木材表面への漏水が確認された。タイプBは、木材表面への漏水が10個のうち7個で確認され、木材下端への漏水は確認されなかった。タイプCは漏水が確認されなかった

結果は以下の通りだ〔図7、8〕。タイプAはねじ穴10個全てで木材表面への漏水、8個で木材下端への漏水が確認された。下穴を加工した際の木くずが木材と透湿防水シートの間に多数残り、シートが浮いた状態になってねじ穴から大量の漏水を招いていた。採用してはいけない納まりだ。

タイプBは、木材表面への漏水がねじ穴10個のうち7個で確認された。木材下端への漏水は確認されなかった。タイプAと同様に、木材と透湿防水シートの間に木くずが挟まり、水がシートと木材の間に広がっていた。鞍掛けシートを張って安全そうに見えるが、実際には注意すべき納まりだ。

タイプCは、木材表面、木材下端とも漏水は見られなかった。鞍掛けシートの下に両面粘着防水テープを先張りしたので、両面防水テープが下地木材と鞍掛けシートに密着してねじ穴の周囲に水が回りにくいからだ。下穴を加工した際の木くずは鞍掛けシートの表面に出るので、木材とシートの間には挟まらない。推奨すべき納まりであることが確認できた。

保険事故16事例に学ぶ ▶ 事例6、11、12

雨漏りを防ぐ標準仕様37選 ▶ 仕様1、34

ワースト
6
雨水浸入箇所

笠木の壁当たり

手すり壁　パラペット　笠木　ピンホール

3面交点　鞍掛けシート　防水テープ　シーリング

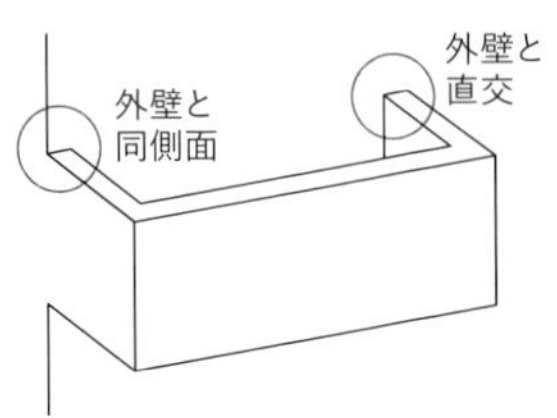

3面交点にできるピンホールから漏水

手すり壁やパラペットの笠木が壁に当たる部分は、雨水が浸入しやすい場所だ。雨水の浸入箇所のワースト6位になる。笠木の壁当たりで雨漏りを招いた施工不良を分類すると、二次防水が手すり壁上面と側面、外壁面の3面で交わる「3面交点の防水措置不良」が57%。笠木と外壁が取合う「シーリング目地の施工不良」が43%だ〔図1〕。シーリング目地の施工不良はプライマーの塗りむらなど、シーリング製造者の施工マニュアルを守らない初歩的なミスが多い。

リスク対策●壁面の鞍掛けシートと伸張性防水テープで穴を無くす

手すり壁やパラペットの笠木下の壁当たり部分は3面交点になるので、ピンホールができる。この部分を１枚の防水紙で、ピンホールができないよう

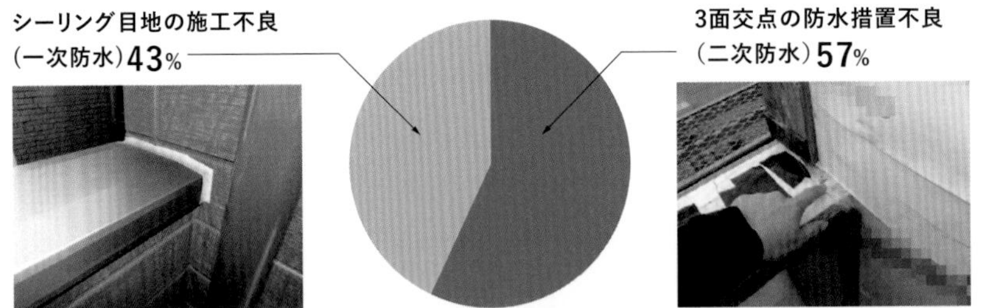

〔図1〕笠木の壁当たりで雨漏りを招いた施工不良を集計した結果(2008年12月〜20年6月の累計)。左の写真は、笠木の壁当たりに施したシーリング。右の写真は、二次防水の3面交点にピンホールが生じて雨漏りした事例

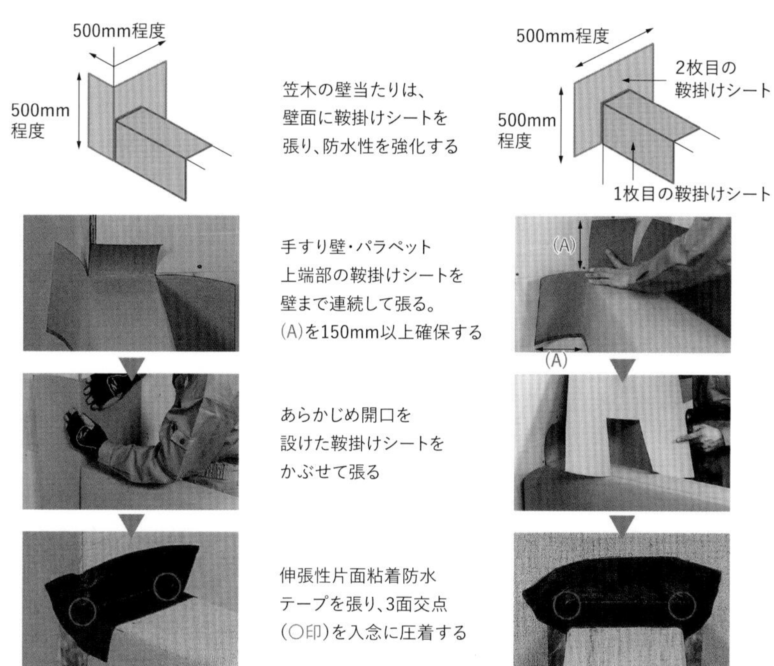

500mm程度
500mm
程度
笠木の壁当たりは、
壁面に鞍掛けシートを
張り、防水性を強化する
500mm程度
2枚目の
鞍掛けシート
500mm
程度
1枚目の鞍掛けシート
手すり壁・パラペット
上端部の鞍掛けシートを
壁まで連続して張る。
(A)を150mm以上確保する
(A)
(A)
あらかじめ開口を
設けた鞍掛けシートを
かぶせて張る
伸張性片面粘着防水
テープを張り、3面交点
(○印)を入念に圧着する

〔図2〕笠木の壁当たりの二次防水で推奨する納まり。左側は壁当たり部の側面と外壁面が同面の場合。右側は壁当たり部が外壁面と直交する場合

に張ることは不可能だ。ピンホールがあると、壁当たりよりも上の位置にある欠損部から通気層内に浸入した雨水や、笠木下の通気口から強風時に浸入した雨水が、躯体側へ浸入しやすくなる。

納まりとして推奨するのは、壁面に2枚目の鞍掛けシートをかぶせて張り、防水性を強化することだ〔図2〕。2枚目の鞍掛けシートは、日本防水材料協会規格の「先張り防水シート及び鞍掛けシートJWMA‐A01」の適合品または同等以上の防水性能を有するものを使用する。透湿防水シートよりも高い防水性能を備える。3面交点は伸張性片面粘着防水テープを圧着して張る。

保険事故16事例に学ぶ ▶ 事例11
雨漏りを防ぐ標準仕様37選 ▶ 仕様1、35

理解を深める小話③

雨漏りはどうして起こる?

雨漏りは次の3つの条件が全てそろった場合に起こります。

1. 雨水が通り抜ける孔（隙間）が存在すること
2. 孔のまわりに雨水が存在すること
3. 孔を通して雨水が移動するための力が働くこと

このうちのどれか1つでもなくせば、雨漏りは起こりません。

具体的にはどのような動きになるのか、軒ゼロ屋根の片流れ棟部を例に説明します。野地板と化粧破風の間に孔が開いた片流れ棟部に、強風を伴う上向きの雨水が当たると、孔のまわりに雨水が付着します。風によって雨水が孔を通り抜けて躯体内に移動することで、雨漏りが起こります。

「孔」は向こう側に貫通した「あな」、「穴」は窪んだあるいは凹んだ場所のように向こう側に貫通しない「あな」に用いるのが定説のようです。（軒ゼロ片流れ棟部の実大模型を用いた送風散水試験の結果は156ページ参照）

［軒ゼロ片流れ棟部］

孔（隙間）

野地板

強風時の
上向きの雨水

化粧破風

サイディング

室長サイトウ

3

第3章
構造事故ワースト3

構造耐力上主要な部分の保険事故のワースト3は、「基礎梁のひび割れ」「基礎の不同沈下」「横架材のたわみ」。この3つで構造耐力上主要な部分の保険事故の7割を占める。雨漏りに比べれば発生比率は小さいが、ひとたび起こると大掛かりな修補工事が必要になる。よくある事故のパターンと対策を伝える。

構造事故

基礎梁のひび割れ

コンクリートの締固めと養生不足が原因

戸建て住宅の鉄筋コンクリート基礎のひび割れを完全になくすことは難しい。特に、コンクリートの露出面が広く、断面が薄い基礎の立上り部（基礎梁）にひび割れが生じやすい傾向がある。

住宅かし保険における構造耐力上主要な部分の事故（以下、構造事故）で最も多いのが基礎梁のひび割れだ。2008年12月～22年3月の保険金支払い済みの構造事故で31.6%を占めており、構造事故においてはワースト1位だ〔図1〕。

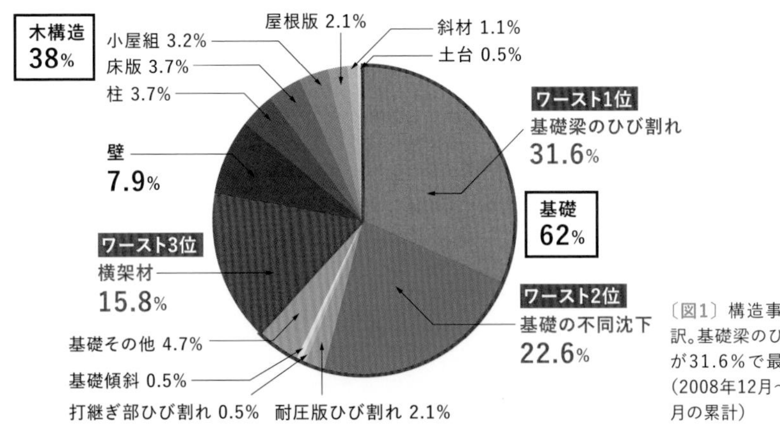

〔図1〕構造事故の内訳。基礎梁のひび割れが31.6%で最も多い（2008年12月～22年3月の累計）

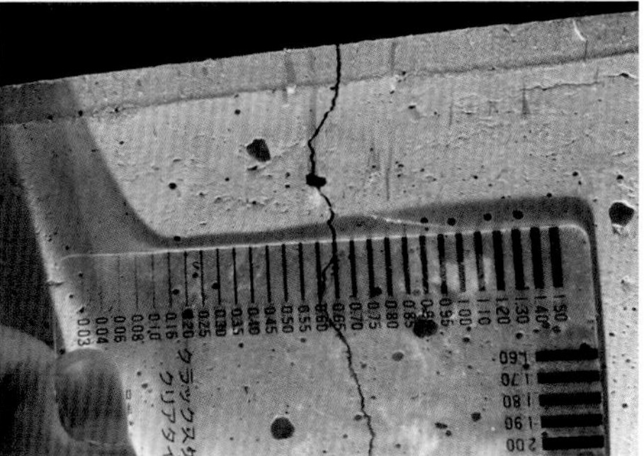

〔写真1〕築7年の戸建て住宅の基礎梁で見つかった、幅0.65mmのひび割れ。基礎スラブの打継ぎ面から基礎立上り上端部まで、厚さ15cmのコンクリートを貫通していた

ひび割れはコンクリートの材料、調合、施工、構造、環境条件など複合的な要因から起こる。その中で施工による原因は2つある。

ひび割れのリスク対策●振動を与えて締固める

施工に関連する原因の1つは、コンクリートの締固め不足だ。基礎梁のひび割れは、基礎スラブに立上り部を打継ぐ場合に生じやすくなる〔写真1〕。

基礎のコンクリートの締固め作業は、型枠に生コンクリートを打込む際に、運搬や打設の過程で巻き込まれた空気（気泡）を追い出し、鉄筋の周囲や型枠の隅々まで充填させることだ。コンクリートを密実にするために実施する。

締固め作業では、空気を追い出すためにコンクリートの内部と外部から振動を与える〔図2〕。内部からの効果的な方法は、内部振動機（インナーバイブレーター）で直接振動を与えることだ。内部振動機をできるだけ鉛直に挿入して加振する。挿入間隔は60cm程度以下、振動体の呼び径の10倍程度を目安とする。振動時間は10秒前後で、表面にセメントペーストがにじみ出るまでが目安になる。

内部振動機の挿入部を抜く際は、引き抜き穴を残さないようにすることも

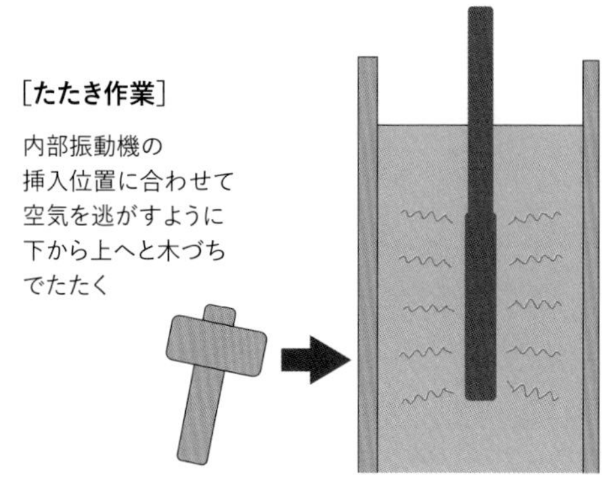
［たたき作業］
内部振動機の
挿入位置に合わせて
空気を逃がすように
下から上へと木づち
でたたく
［内部振動機で振動を与える］
挿入間隔は60cm程度以下
振動体の呼び径の10倍程度とする
振動時間は1カ所10秒前後
(5〜15秒の範囲)
表面にセメントペーストが
にじみ出るまで

〔図2〕基礎立上りの締固め方法。流し込んだコンクリートの内部と外部から振動を与える

重要だ。加振しながらゆっくり引き抜き、引き抜いた跡は木づちでたたいて確実に消しておく。引き抜き穴が残ると、モルタル分と水がそこに集まり、ひび割れの原因になるからだ。

外部から振動を与える方法は、内部振動機の挿入位置に合わせて空気を逃がすように、木づちで下から上へとたたくことだ。

ただし、過度の締固めを避ける必要がある。振動を与え過ぎると、コンクリート中の骨材を沈降させるからだ。

ひび割れのリスク対策●打込み後3日以上湿潤を保つ

基礎梁のひび割れで施工に関連するもう1つの原因は、コンクリート打込み後の養生不足。養生は地味な作業だが、ひび割れを防ぐには重要だ。

基礎のコンクリートは、直射日光や風などの影響を受けて、コンクリートの打設直後から表面の水分が蒸発し、ひび割れが発生しやすくなる。そのため、急激な乾燥を防ぐ養生作業が欠かせない。

養生作業のポイントは、基礎スラブと基礎梁のコンクリート露出面を、コ

［基礎スラブ］

［基礎梁］

〔写真2〕上は基礎スラブのコンクリート露出面を養生している様子。基礎立上り部のコンクリートを打設するまで養生を継続する。下は基礎立上り部のコンクリートの打設後に、立上り上端部を養生している様子

ンクリートの打込み後から3日間以上、湿潤に保つことだ。露出面に散水と噴霧を繰り返した後、水密シートまたは養生マットで被覆する〔写真2〕。

特に、(1) 風が強い、(2) 空気が乾燥している、(3) 外気温に比べてコンクリート温度が高い、のいずれか1つでも当てはまるときは、ひび割れリスクが高くなるので、要注意だ。

ワースト
2
構造事故

基礎の不同沈下

盛土　軟弱地盤

地盤改良　地盤調査

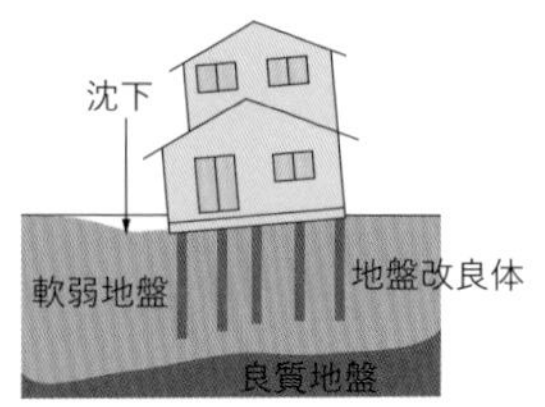

知識不足と調査不足による設計ミスが元凶

地盤は内部に弱い部分と強い部分が不均一に存在している場合がある。地盤の弱い部分に住宅の一部が建てられていると、地盤が建物の重さに耐えきれず不均等に沈む「不同沈下」現象が生じる恐れがある。

2008年12月～22年3月に保険金支払い済みの構造事故の22.6%が、基礎の不同沈下だ〔104ページの図1〕。構造事故では、基礎梁のひび割れに次ぐワースト2位になる。

不同沈下した構造事故の内訳を見ると、地盤改良工事なしの住宅が67.4%、地盤改良工事ありの住宅が32.6%と、前者のほうが多い〔図1〕。

地盤改良工事なしの住宅の不同沈下は、89.3%が宅地造成時の盛土に起因する〔図2〕。このうち最も多いパターンが、軟弱地盤上に造成した盛土の

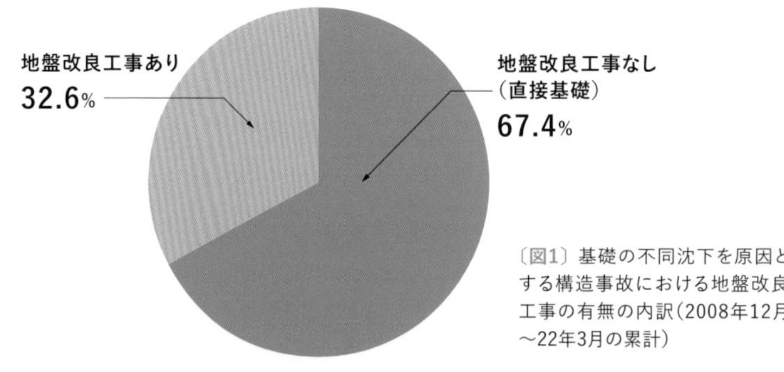

〔図1〕基礎の不同沈下を原因とする構造事故における地盤改良工事の有無の内訳（2008年12月～22年3月の累計）

53.6% **盛土の沈下**

盛土や建物荷重による
盛土自体および
下部地盤による
盛土上の沈下

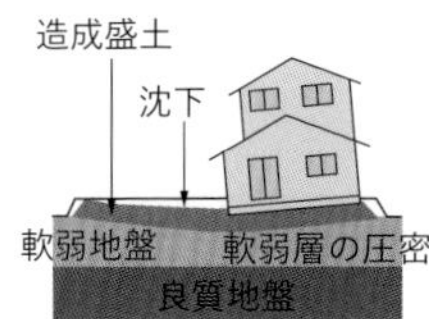

10.7% **不均一な軟弱地盤**

不均一に堆積した
軟弱地盤上に建築した場合

25.0% **埋戻し不良**

擁壁や地下車庫
などの構築に伴う
背面埋戻し不良
による沈下

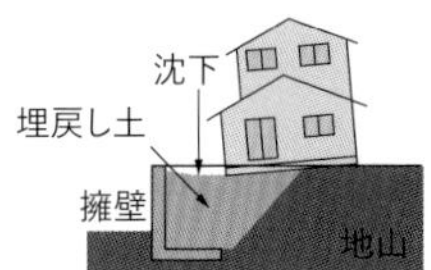

3.6% **盛土施工不良**

不適切な盛土材、
転圧不足、盛土時期や
盛土厚さの違いなど

7.1% **切盛造成**

切土と盛土にまたがる
敷地に建築した場合

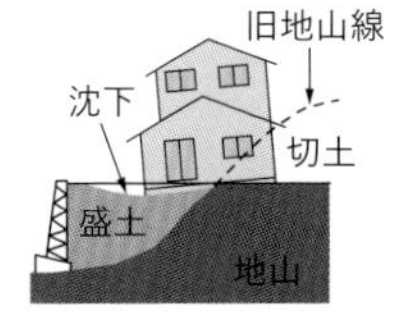

盛土：もとある地盤に新たに土を盛ること
擁壁：崖や盛土の側面が
崩れ落ちるのを防ぐために築く壁
切土：傾斜地などで、もともとの土を削り取ること
地山：自然のままの地盤

〔図2〕直接基礎で不同沈下した構造事故のパターンを分類した。もともとの地盤が不均質な軟弱地盤だったパターン（10.7%）を除いた89.3%が、宅地造成に伴う盛土に起因する（2008年12月～22年3月の累計）

自重や建物荷重による盛土の沈下だ。53.6%に達する。次いで、擁壁や地下駐車場などをつくる際に掘削した部分の埋戻し不良による事故が25.0%、切盛造成での事故が7.1%と続く。

埋戻し不良と切盛造成による不同沈下は、強度の異なる地盤にまたがって住宅を建てると生じやすい。軟らかい地盤側へ沈下しやすいからだ。

地盤改良工事を実施したにもかかわらず不同沈下した住宅で、採用されていた地盤改良工法の内訳を見ると、セメント系固化材と掘削土を攪拌（かくはん）混合して地中に柱状改良体をつくる湿式柱状改良工法が64.3%と最も多い〔図3〕。

不同沈下のリスク●地盤知識と地盤調査データが不足

地盤改良工事を実施して不同沈下を招いた事故事例は、全て地盤改良工事

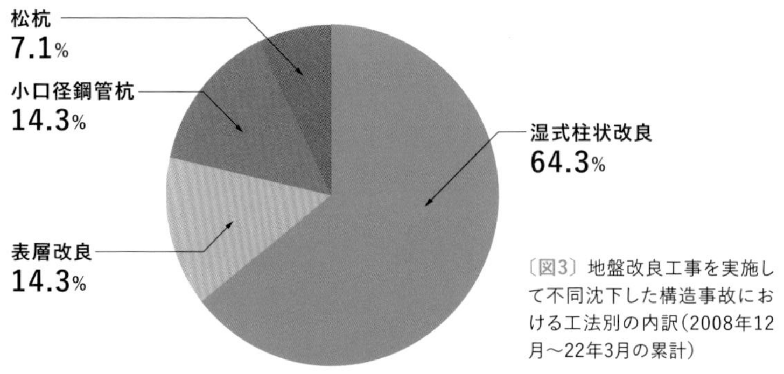

〔図3〕地盤改良工事を実施して不同沈下した構造事故における工法別の内訳（2008年12月〜22年3月の累計）

の設計ミスに起因していた。施工ミスではない点がポイントだ。設計ミスの一例として、新築時に施工された改良体が短く、支持層まで届いていない例が挙げられる〔図4〕。

建築基準法施行令第38条には、「建築物の基礎は、建築物に作用する荷重及び外力を安全に地盤に伝え、かつ、地盤の沈下又は変形に対して構造耐力上安全なものとしなければならない」とある。設計者は、地盤調査の結果に基づき、基礎が地盤の沈下や変形によって、建築物に有害な沈下などが生じないことを確かめる責任を負っているのだ。

ところが、設計者は必ずしも地盤に関する知識を十分に備えていないケースもあり、地盤改良工事の必要性の判断や工法選定、改良体の長さなどで設計ミスを犯すことがある。

地盤調査方法にも課題がある。戸建て住宅ではほとんどの場合、地盤改良工事が必要かどうかを判断する地盤調査に、安価で簡易なスクリューウエイト貫入試験を用いる。この試験は、支持力の推定はできるが、土質（土の種類）を判定できないことが最大の欠点。不同沈下のリスクは、支持力だけでなく、土質にも左右されるからだ。

土質を判定するには、土を直接採取するボーリング調査が必要だが、高額なので戸建て住宅で使用されることはほとんどないのが実情だ。

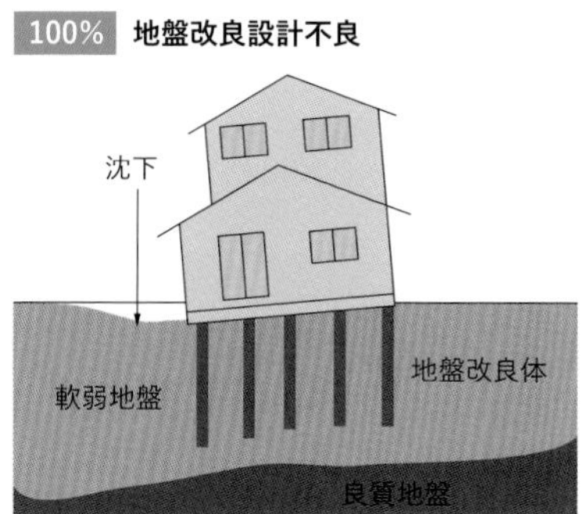

〔図4〕地盤改良工事を実施して不同沈下を招いた構造事故は全て、地盤改良工事の設計ミスに起因していた。図は、新築時の改良体が短いために支持層まで届いていない設計ミスの例

不同沈下の対策●地盤調査会社に助言を求める

ボーリング調査の結果は、国土交通省などの運営する国土地盤情報検索サイト「KuniJiban」や自治体のデータベースで閲覧できる。そのため、建設地に近い場所のデータを探して、それを参考に地盤の状況を推定することを勧める。

住宅の不同沈下を防ぐには、地盤に関する専門的な知識も欠かせない。地盤調査結果を用いて、地盤の許容支持力や沈下量を推定する方法はさまざまあり、どの推定方法を使用するかは住宅の設計者に委ねられる。設計者は、調査実績が豊富で、地質調査技士や技術士といった基礎や地盤の専門家がいる地盤調査会社に、地盤調査と解析、助言、提案を求め、それを参考に基礎や地盤改良工事を設計することで、不同沈下の発生リスクを低減できる。

保険事故16事例に学ぶ ▶ 事例16

ワースト3 構造事故

横架材のたわみ

下屋　ルーフバルコニー　床梁

構造計算　構造ブロック

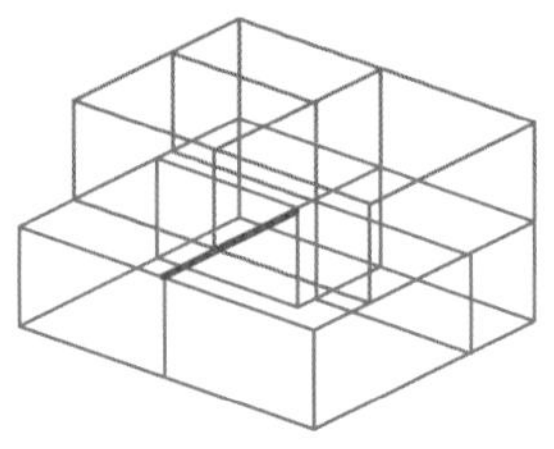

2階がセットバックした住宅で多発

下屋やルーフバルコニーを設ける住宅は、不具合の発生リスクがかなり高い。雨漏りだけでなく、横架材のたわみも生じやすいのだ。

2008年12月～22 年3月に保険金支払い済みの構造事故のワースト3位は、横架材のたわみが大きくなり、床が傾斜する不具合だ。構造事故全体の15.8%を占め、木構造部に関する不具合の中では最も多い〔図1〕。

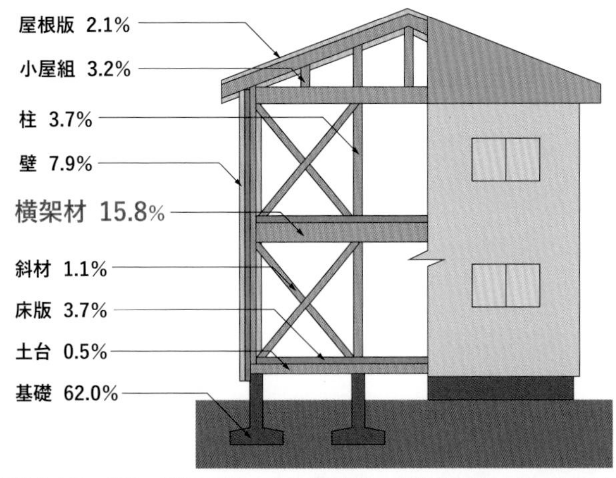

〔図1〕保険金支払い済みの構造事故における発生部位の割合(2008年12月～22年3月の累計)。横架材のたわみが大きくなり床が傾斜する不具合は15.8%。木構造部では最も多い

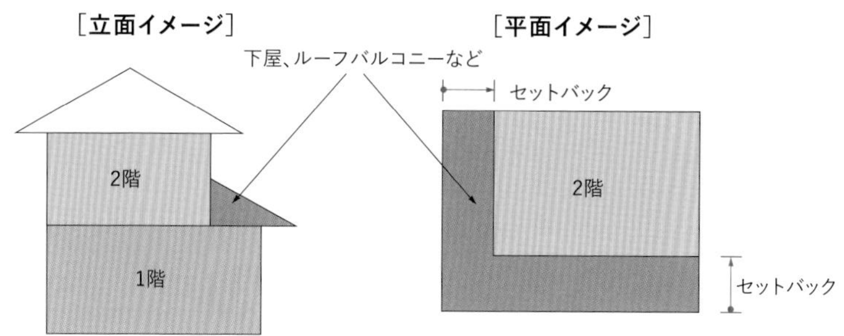

〔図2〕横架材のたわみが多発している、2階の一部がセットバックした住宅のイメージ

横架材のたわみで多い例は、2階の床梁のたわみが大きくなることだ。床が傾斜するほか、建具の建て付け不良や、壁・天井の仕上げ材の亀裂を招くこともある。

横架材のたわみは、2階の外壁の一部がセットバックした住宅で多発している〔図2〕。横架材がたわんだ事故事例の1つは、1階に下屋を設けて、2階がセットバックしていた住宅だ〔図3〕。2階の外壁ラインと直交するセットバック方向に架けた2階の床梁が大きくたわんだ。1階はスパンが3.64mの大空間、2階は小部屋を複数持つプランで、流通材としては一般的な断面寸法である105×300mmの床梁を採用していた。

ルーフバルコニーを設けて2階がセットバックしていた住宅でも、横架材がたわむリスクがある〔図4〕。事故事例では、2階の柱の直下に1階の柱を配置していなかった箇所の床梁が、2階の柱の荷重を受けてたわんだ。

横架材のリスク●経験に頼って断面寸法を決める

上記2つの事故事例の原因は、2階の床梁の強度不足だ。設計者が決めた断面寸法の梁では、上階の荷重を十分に支えることができなかった。

2つの事例は、セットバックした部分の床梁の下に柱がなく、床梁だけに

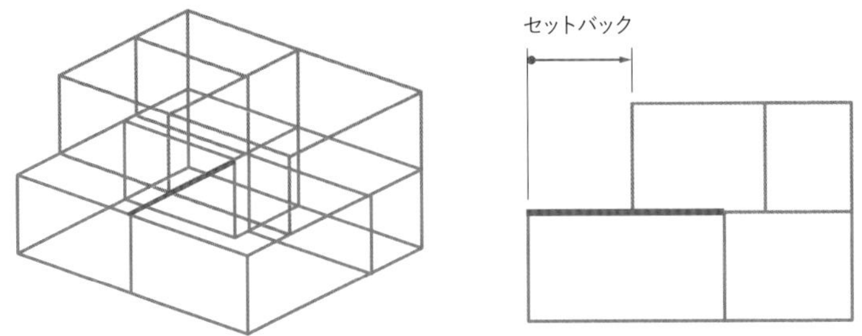

〔図3〕下屋を設けて、赤色の2階床梁がたわんだ事故事例の架構パースと断面図。大空間の1階に、小部屋が複数ある2階を載せている。セットバックした2階の外壁ラインの下に柱がないため、床梁がセットバック部分の荷重を全て負担している

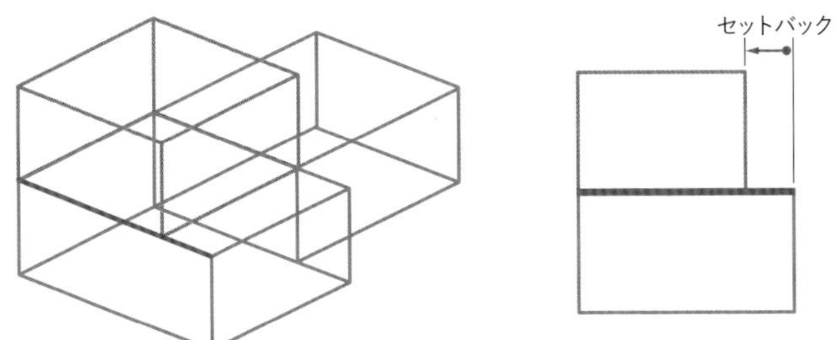

〔図4〕2階にルーフバルコニーを設け、赤色の2階床梁がたわんだ事故事例の架構パースと断面図。床梁の上に2階の柱が載り、その下に柱がないため、床梁だけで2階の柱の荷重を受けている

2階の固定荷重（住宅の自重）と積載荷重（家具や人などの重さ）、積雪荷重（雪の重さ）などの全てを負担させていた。

このような場合は、許容応力度計算などの構造計算で、梁のたわみ量を確認し、安全な断面寸法の床梁を選定する必要がある。ところが、設計者が構造計算による梁のたわみ量の確認を怠ったり、経験に頼ったりして、一般的な断面寸法の床梁を選定していたと思われる。

構造計算で床梁の断面寸法を大きくすることはできるが、無理やり上階の荷重を負担する方法は、荷重の流れが複雑になる。構造金物や基礎も大きくしなければならないので、コストアップにもつながる。そうした点を踏まえて適切な設計をすることが肝要だ。

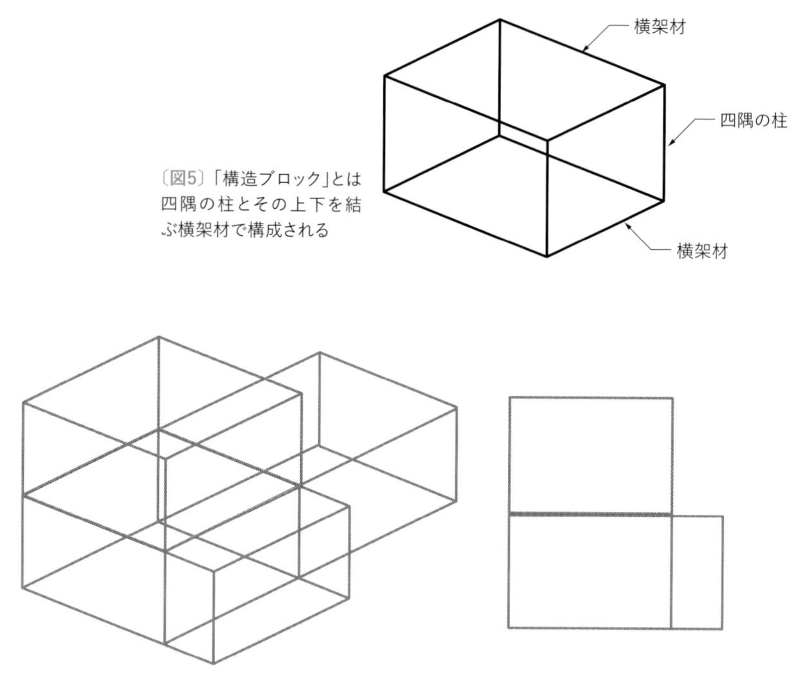

〔図5〕「構造ブロック」とは四隅の柱とその上下を結ぶ横架材で構成される

〔図6〕図4の住宅を構造ブロックの考え方を用いて見直した例。上下階の構造ブロックを重ねる

たわみの対策●構造ブロックを組み合わせる

2階がセットバックした住宅で、2階の床梁の不具合を防ぐ方法は、「構造ブロック」を平面的、立面的に組み合わせることだ。構造ブロックとは、四隅の柱とその上下を結ぶ横架材で構成される〔図5〕。鉄骨造や鉄筋コンクリート造の設計と同じ考え方で、最初に構造ブロックを決め、それを並べて上に重ねていくことが基本となる。セットバック部分は、総2階建ての横に平屋部分の構造ブロックを取り付けるイメージとなる〔図6〕。

構造ブロックは、間取りやデザインの検討段階から意識するのがよい。柱と梁の配置を考える架構設計と、間取りやデザインを考える意匠設計を同時に進めることができ、事故防止に効果的な方法の1つだ。

4

第4章

保険事故16事例に学ぶ

JIOはこれまで保険事故事例の分析を3000件以上手掛けてきた。本章では事故原因と予防策の双方を特定できた保険事故事例を16件厳選。外観パースや立面図、被害写真、詳細図などを用いながら、設計・施工に役立つ事故の原因と予防策を解説する。

（注）各事例で示す「修補費用」は、住宅かし保険の「構造耐力上主要な部分」と「雨水の浸入を防止する部分」で見つかった瑕疵の修理に要した総額の費用を指す

事例1　外壁・開口部からの雨漏り

築8年で構造材が腐朽、交換に発展

雨水が横目地のシーリングでせき止められる

サイディング　目地　接合部

［建物概要］
築8年4カ月の木造枠組壁工法2階建て

［浸入箇所］
縦張りサイディングの上下接合部

［被害箇所］
躯体の腐朽、断熱材と内装材の汚損

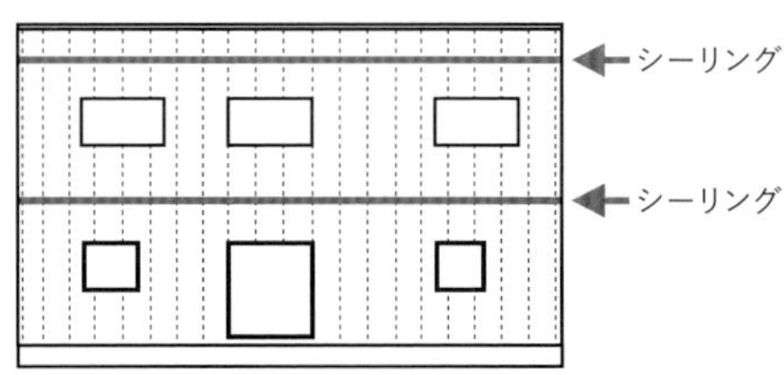

〔図1〕深刻な雨漏り事故が発生した木造住宅の立面。屋根は三方パラペット付きの陸屋根、外装材は縦張りサイディングで、サイディングの横目地にシーリングが施されていた

〔写真1〕左は、1階室内側のサッシまわりと壁・天井の取合い部分に発生した雨漏り。右は、透湿防水シートの雨染み

窯業系サイディングの接合部の納まりを誤ると、深刻な雨漏りを招く。この事例では、構造材がわずか8年で著しく腐朽・劣化した。

枠組壁工法を採用した木造2階建て住宅の1階サッシまわりや、壁と天井の取合い部で、雨漏りが発生した〔図1、写真1〕。縦張りのサイディングと横胴縁を取り外すと、透湿防水シートに雨染みが見つかった。外壁の構造用合板は、全体的にぬれている状態だった。

〔写真2〕サイディングと透湿防水シートを剥がした外壁の損傷状態。横目地のシーリング付近にある2階の床根太まわり（写真左上）、サッシまわり（同右上下）、縦枠（同左下）に著しい腐朽・劣化が生じた。帯金物やくぎにも、さびや腐食が確認された

構造材の腐朽と劣化も外壁全体に見られ、構造性能に大きなダメージを与えていた。特に腐朽が著しかったのは、2階の床の端根太や側根太、サッシまわり、縦枠、下枠、まぐさなどだ〔写真2〕。

腐朽の生じた構造材は新しい材に入れ替えた。雨水を吸水した壁の石こうボードと断熱材も交換が必要になり、修補費用は607万円に膨らんだ。

原因●上下接合部のシーリングが雨水をせき止める

住宅は縦張りサイディングを、胴縁にくぎ留めする工法を採用していた。雨漏りの原因は、縦張りサイディングを上下に接合する部分の設計ミスだ。上下3段に縦張りしたサイディングの上下接合部は、横胴縁に目地ジョイナー（シーリングのバックアップ材）を横方向に取り付け、シーリングを施

〔写真3〕三方パラペットの上端部は通気層を塞ぐ閉鎖型の納まりだった。サイディングを裏返して張り、板金加工の笠木をかぶせていた

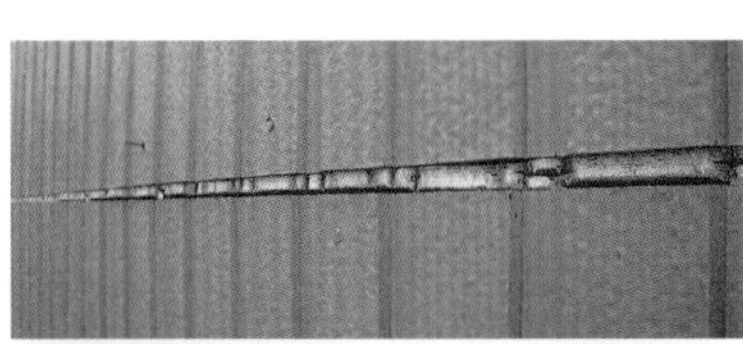

〔写真4〕上は劣化が進んだ横目地のシーリング。部分的に界面剥離が見られる。下はサイディングの一部を剥がした状態。シーリングを施工した横胴縁に腐朽・劣化が見られる

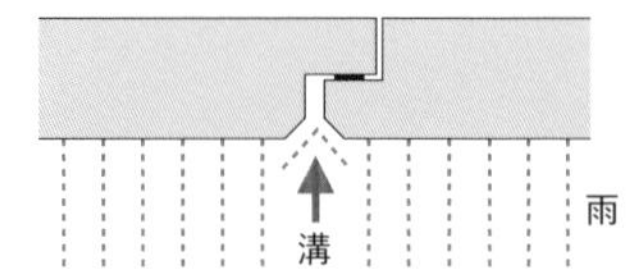

〔図2〕サイディングに当たる雨水は、縦方向の接合部の溝を流れる。横断面で示す

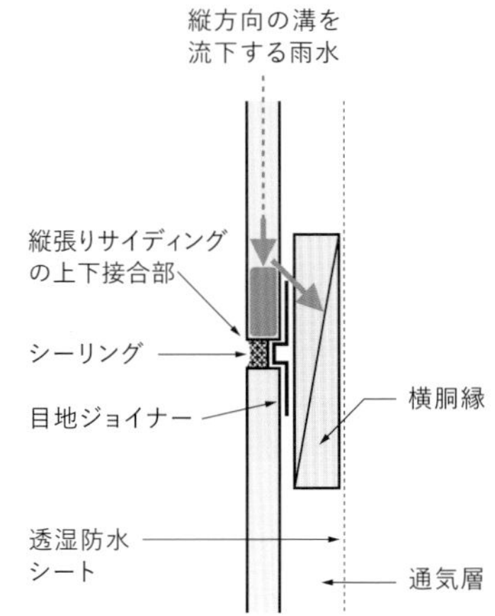

〔図3〕サイディング縦方向の接合部の溝を流下する雨水は、目地のシーリングにせき止められて、横胴縁で滞留し、通気層側へ浸入する。縦断面図で示す

工していた。

サイディング同士の接合部はあいじゃくりで、雨水が下方へ流れるように2mm程度の溝が設けられている〔図2〕。その溝と、あいじゃくり部を流下する雨水がシーリングでせき止められ、通気層側へ回り込んで横胴縁で滞留し、構造材の腐朽と劣化を引き起こしていた〔図3〕。

三方パラペット付き屋根にしていたことも、雨漏り被害の拡大につながった。三方パラペット付き屋根は軒の出の深い住宅よりも外壁の雨掛りが多く

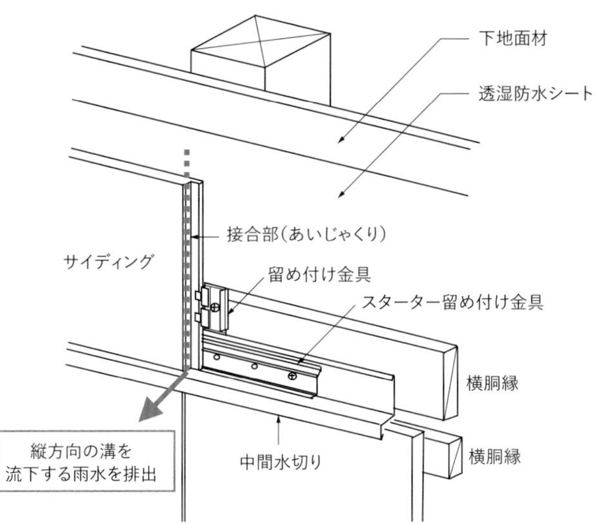

〔図4〕縦張りサイディングでの雨水浸入防止策。サイディング製造者は横目地に中間水切りを設けて、雨水を排出する納まりを指定している

なるので、風で運ばれてきた雨水がサイディングを流下する量は増える。

三方パラペットの上端部の納まりにも問題があった。窯業系サイディングを裏返して張って板金加工の笠木をかぶせていた〔写真3〕。この納まりだと、パラペットの上端部で通気が塞がってしまい、通気層内の湿気が逃げにくくなる。パラペット上端部の横胴縁には、腐朽が見られた〔写真4〕。

予防策●横目地に中間水切りを設けて排水

縦張りサイディングの上下接合部の横目地にシーリングを施工すると、外壁を流下する雨水をせき止めて、通気層内への雨水浸入を招く。この雨漏りを防ぐ対策は、縦張りサイディングの上下接合部に中間水切りを設けること。サイディング製造者の指定する納まりで、流下する雨水を外に排出できる〔図4〕。指定する施工方法を順守することも必要だ。

雨水浸入箇所ワースト20 ▶ ワースト4

事例2　外壁・開口部からの雨漏り

施工ミスでサイディングがたわむ

脱落しそうな危険な状態に

サイディング　通気金具留め工法

［建物概要］
築6年2カ月の混構造3階建て
（1階鉄骨造、2～3階木造軸組工法）

［浸入箇所］
横張りサイディングのたわんだ箇所

［被害箇所］
1階と2階の室内壁の汚損、サイディングの脱落

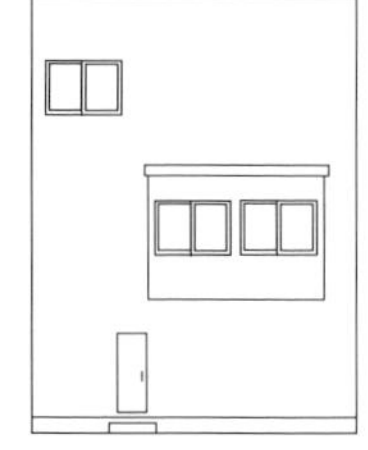
〔図1〕脱落しかけたサイディングから雨漏りした住宅の立面。3階建ての三方パラペット付き屋根だった

製造者の指定する施工方法を順守しないで、サイディングを施工すると危険だ。雨漏りにもつながる。

3階建て住宅の2階部分に施工されていた窯業系サイディングが大きくたわみ、脱落しそうになった〔図1、写真1〕。脱落したら、住人や通行人などに危害を与える恐れがある危険な状態だ。サイディングがたわんだ隙間から雨水が浸入して、1階と2階の室内壁が汚損した。

この住宅は、三方パラペット付き屋根を採用していた。屋根のパラペット笠木の他、バルコニーの手すり壁にも施工不良があり、雨漏りを招いていた。そのこともあり、修補費用は622万円に膨らんだ。

原因●通気金具を柱や間柱のない位置に留める

窯業系サイディングの張り方には縦張りと横張り、工法にはくぎ留めと金具留めがある。金具留めは、胴縁に金具で留め付ける工法と、胴縁を使わず

〔写真1〕サイディングが大きくたわみ、脱落しそうなっている様子。サイディングの隙間から雨水が浸入した

〔写真2〕通気金具を柱や間柱に留めていなかったため、サイディングの重さで通気金具が緩み、透湿防水シートにしわが発生。上下を接合するあいじゃくり部はサイディングにひびが入り、シール材が切れかかっている

金具だけで通気を確保する通気金具留め工法に分かれる。この住宅は、横張りサイディングの通気金具留め工法を採用していた。

サイディングが脱落しそうになった箇所を見ると、サイディングを面材に固定する通気金具が緩んでいた〔写真2〕。通気金具のねじを柱や間柱に留めず、面材だけに留めていたため、サイディングの重さでねじが引き抜かれ、脱落しそうになった。

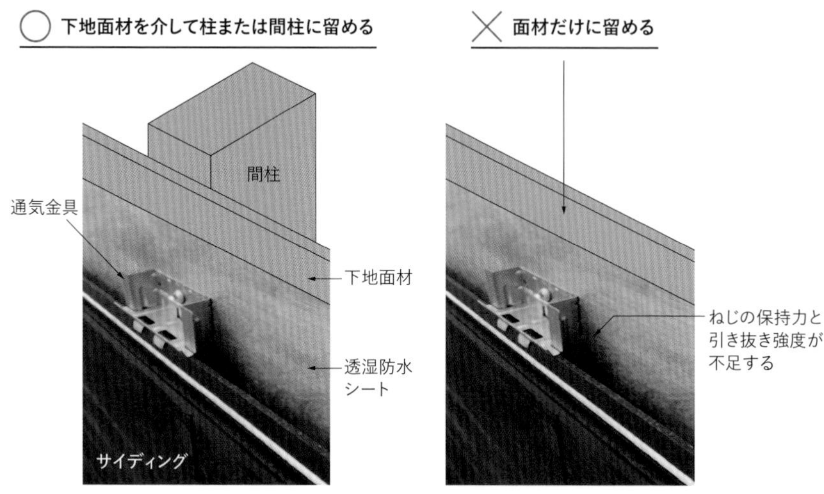

〔図2〕左はサイディング製造者の指定する固定方法。右はサイディングが脱落しそうになった通気金具の固定方法

予防策●ねじとピッチも施工マニュアルの指定通りに

サイディング製造者は通気金具留め工法の施工マニュアルに、通気金具は面材を介して柱や間柱に専用ねじで固定するよう記載している。ねじの保持力と引き抜き強度を確保するためだ〔図2〕。通気金具を留め付ける間隔は、柱や間柱と同じ500mm以下が指定されている。施工者はサイディング製造者の指定するこの施工方法を順守しなければならない。専用ねじ以外を使用することや、通気金具の留め付け間隔を500mmよりも大きくすることをしてはいけない。

防耐火構造認定で仕様規定がある場合は、ねじの材質や径、長さについても、仕様規定に従う必要がある。

理解を深める小話④

「張る」と「貼る」、どちらを使う?

透湿防水シートや防水テープを施工することを「はる」と言いますが、「張る」と「貼る」のどちらの漢字が適していると思いますか。既存の仕様書では「張る」と「貼る」が併存しています。

本書では「張る」を用いました。なぜかというと、透湿防水シートにしわやたるみがないように、ピンと張って施工することを意識していただきたいからです。防水テープについても、粘着面をペタッと「貼る」イメージではなく、しわなどができないようにしっかり圧着して張っていただきたいという意図から、「張る」と表記しました。

事例3　外壁・開口部からの雨漏り

サッシまわりから大量に浸入

防水テープの幅と圧着が足りない

胴縁　サイディング　防水テープ　透湿防水シート　サッシ

［建物概要］
築8年1カ月の木造軸組工法3階建て

［浸入箇所］
サイディングのシーリング目地、
サッシ周囲の防水テープ

［被害箇所］
2、3階の内装材の汚損

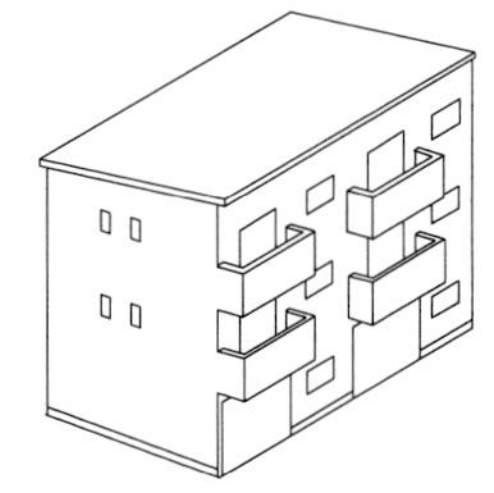
〔図1〕片流れ屋根の3階建て住宅の2階と3階のサッシから、雨水が浸入した

〔写真1〕サッシの上枠から雨水が室内に漏れ出している様子

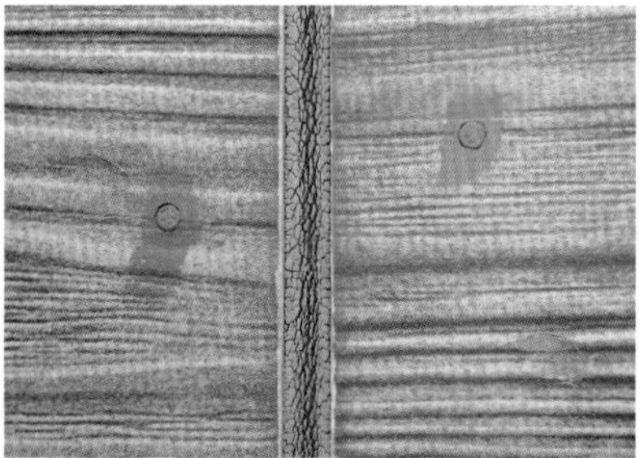
〔写真2〕凝集破壊を起こしていた窯業系サイディングのシーリング目地

サッシまわりの胴縁は、通気層へ浸入した雨水が滞留しやすい。この部分の防水に欠損があると雨漏りは必至だ。

片流れ屋根の3階建て住宅で、降雨時に2階と3階のサッシ上枠から雨水が大量に漏れ出した〔図1、写真1〕。外装材を調べると、窯業系サイディングのシーリング目地が凝集破壊を起こし、破断していた〔写真2〕。

サイディングを取り外すと、外壁全体にわたって透湿防水シートの張り方

〔写真3〕上は、サッシ上枠の片面粘着防水テープが剥がれている様子。ここから雨水が室内に浸入した。下は、たるみのある状態で張られていた透湿防水シート。サッシ下枠のフィンに張った防水テープにしわが生じている

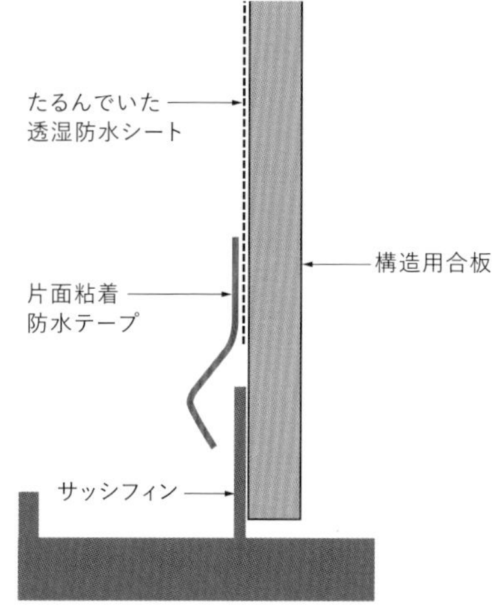

〔図2〕雨漏りしたサッシ上枠の縦断面図。サッシフィンから片面粘着防水テープが剥がれて、構造用合板がむき出しになった

にたるみが生じ、漏水した2階と3階のサッシに張っていた防水テープが剥がれて、構造用合板がむき出しになっていた〔写真3、図2〕。構造用合板がむき出しになると、雨水浸入リスクが増す。透湿防水シートを撤去すると、胴縁のくぎ穴まわりが劣化していることも確認できた〔写真4〕。

こうした状況から、雨水はシーリング目地の破断部分より通気層内へ浸入し、サッシまわりの防水テープの剥がれた箇所から室内側に回ったとみられる。

防水下地とサイディングの広範囲にわたる張り替え工事に、バルコニーの手すり壁で見つかった不具合の是正工事が加わり、修補費用は420万円と高額になった。

〔写真4〕左は、透湿防水シートを剥がしたサッシまわり。右は、サッシの上枠付近。胴縁を留めていたくぎ穴まわりの構造用合板が劣化している

原因●幅50mmの片面粘着防水テープが剥がれた

サッシまわりの防水テープが剥がれた原因は、防水テープの圧着不良だ。防水テープは手でさっとこすっただけでは、サッシフィンにくっ付かない。圧着具を用いて入念に施工しないと、圧着不良を招く。

防水テープの幅が50mmだったことも、剥がれやすくなった原因だ。この住宅のサッシフィンの幅は25mmだったので、防水テープが透湿防水シートに張り掛かる幅は残りの20mm程度しかない〔図3〕。幅が50mmだと胴縁を留めていたくぎ穴に防水テープが届かない。透湿防水シートはくぎ穴の止水性がよくないので、胴縁のくぎ穴からも雨水が浸入しやすくなる。

この住宅の透湿防水シートはたるみのある状態で張られていたので、胴縁をくぎで留める際に透湿防水シートと防水テープを引っ張ったり縮めたりする結果となり、防水テープが剝がれた可能性もある。

予防策●幅広の両面粘着防水テープを使用

サッシまわりの防水テープは、幅75mm以上の両面粘着防水テープを勧める〔図4〕。両面粘着防水テープは両面に粘着剤があるので、サッシフィンと下地に張ってから1回目の圧着、透湿防水シートを張ってから2回目の圧

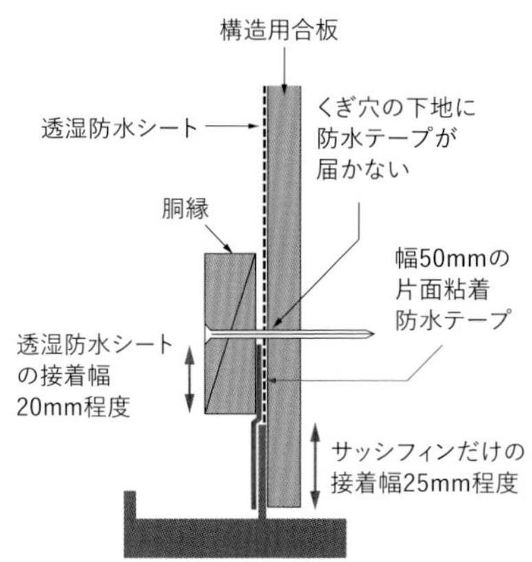

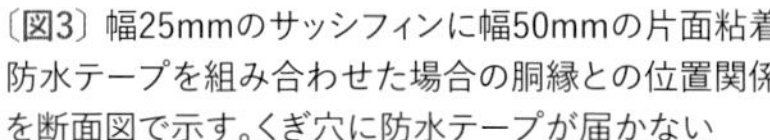
〔図3〕幅25mmのサッシフィンに幅50mmの片面粘着防水テープを組み合わせた場合の胴縁との位置関係を断面図で示す。くぎ穴に防水テープが届かない

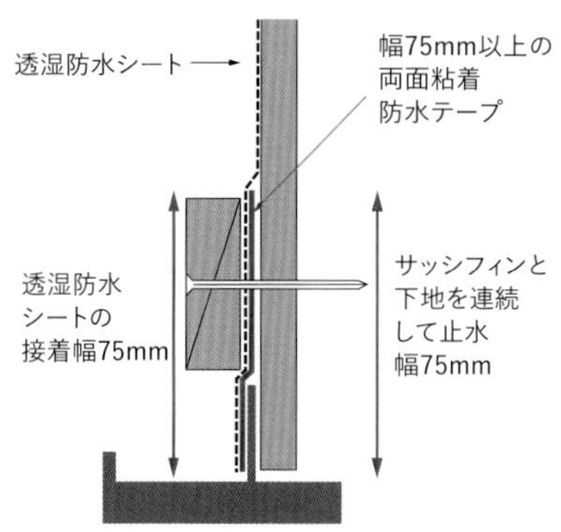

〔図4〕幅25mmのサッシフィンに幅75mmの両面粘着防水テープを組み合わせた場合の胴縁との位置関係を断面図で示す。サッシフィンと胴縁を連続して止水できる。「フラット35対応木造住宅工事仕様書」の防水テープ幅に関する解説に適合する

着を行うことで、防水テープが剥がれるリスクを小さくできる。サッシフィンの幅が25mmの場合、幅75mmの両面粘着防水テープの上に胴縁が載るので、胴縁がぬれても雨水が躯体側へ浸入しにくい。

住宅金融支援機構の「フラット35対応木造住宅工事仕様書」と「フラット35対応枠組壁工法住宅工事仕様書」は防水テープ幅について、「くぎ打ちフィンを避けて下地胴縁を留め付け、防水テープが下地胴縁の幅全体の下敷きとなる寸法（サッシ枠から下地胴縁の反対側まで）の幅を確保する」と解説している。これに適合するには、サッシフィンの幅が25mmの場合、幅75mm以上の両面粘着防水テープを選定する必要がある。

雨水浸入箇所ワースト20 ▶ ワースト1、4
雨漏りを防ぐ標準仕様37選 ▶ 仕様1、30、33

事例4　外壁・開口部からの雨漏り

サイディングの目地が浸入経路に

目地の切れと凝集破壊が発生

サイディング　目地　シーリング　出隅

［建物概要］
築9年11カ月の木造軸組工法2階建て

［浸入箇所］
サイディングの目地切れ部分

［被害箇所］
1、2階の構造材の腐朽、構造用面材、内装材と断熱材の汚損

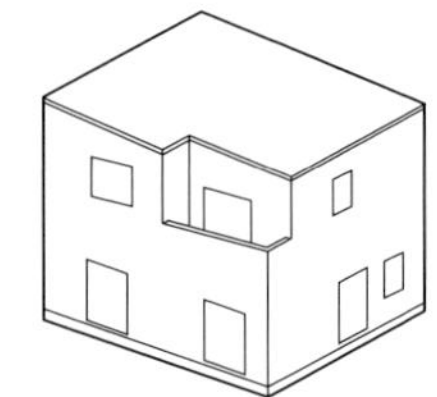

〔図1〕外観パース。軒の出のない片流れ屋根を採用していた

〔写真1〕左は、サイディングのシーリング目地で見つかった目地切れ。右は、サイディングを留めていた通気胴縁が腐朽している様子

サイディングの目地からの雨水浸入があまりにも多いと、躯体にも被害が及ぶ。

築9年目の窯業系サイディング張りの木造2階建て住宅で、1階と2階の天井と内壁に雨染みが見つかった。軒の出のない片流れ屋根を採用していたので、外壁の雨掛りが多かった〔図1〕。

〔写真2〕左は、雨水が広範囲に染み込んでいる構造用面材。右は、現場発泡硬質ウレタンの1階床付近に雨水がたまっている様子

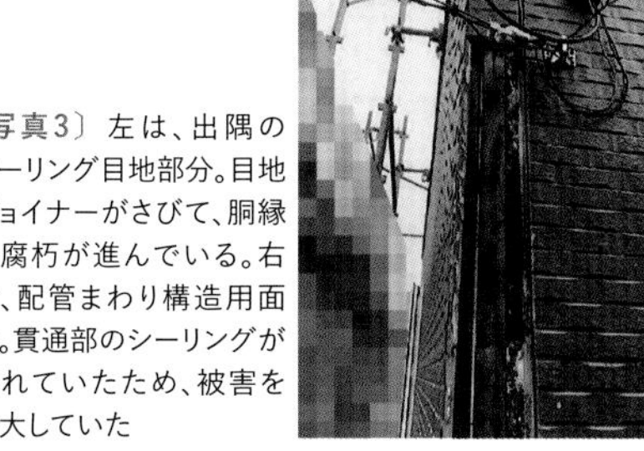

〔写真3〕左は、出隅のシーリング目地部分。目地ジョイナーがさびて、胴縁の腐朽が進んでいる。右は、配管まわり構造用面材。貫通部のシーリングが切れていたため、被害を拡大していた

外まわりを点検すると、サイディングの目地に施していたシーリングが切れていることを確認した〔写真1〕。サイディングを剥がすと、サイディングを留めていた通気胴縁は腐朽して、目地ジョイナー（シーリングのバックアップ材）がさびていた。シーリング目地の切れ目から雨水が浸入したとみられる。

室内側は、構造用面材と現場発泡硬質ウレタンにも雨水が染み込んでおり、構造用面材の劣化が著しかった〔写真2〕。外壁の出隅も同様で、サイディングの目地切れが多発している上、電気設備の配線やバルコニーの排水管など貫通部まわりのシーリングも切れていた〔写真3〕。

外壁2面のサイディングと構造用面材、汚損箇所の張り替えなどの修補費用として、179万円を要した。

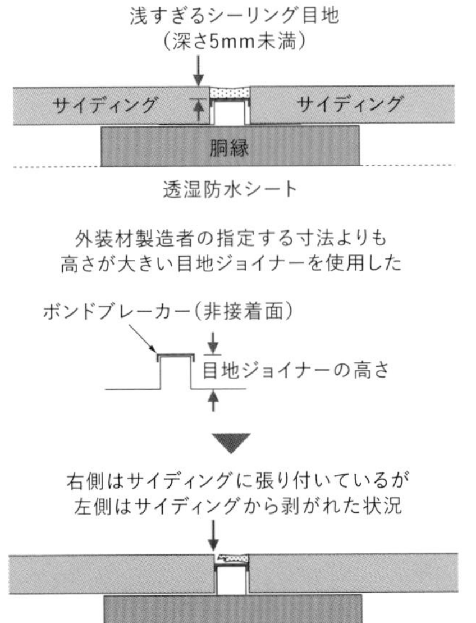

〔図2〕目地切れを起こした仕組み。外装材製造者の指定寸法よりも高さが大きい目地ジョイナーを使用していたため、目地の深さが浅くなった。その影響でサイディングとの接着面積が不足し、界面剥離を招いた

〔写真4〕シーリング目地が凝集破壊している様子

原因●目地の深さが浅すぎる

サイディングのシーリング目地が切れていた原因の1つとして考えられるのは、シーリング目地の側面の深さが浅すぎることだ。目地の深さが不足するとサイディングとの接着面積が不足するので、シーリングがサイディングから剥離しやすくなる〔図2〕。これが界面剥離の現象だ。

シーリング目地の深さが浅いと、シーリング自体が破壊する「凝集破壊」も起こりやすくなる。この住宅では、シーリングの凝集破壊も確認された〔写真4〕。

シーリング目地は、目地の開きに対応できるように、両側面だけの2面接着とするのが基本だ。2面接着にするためには、シーリングの底面を絶縁するための目地ジョイナーなどを入れる。

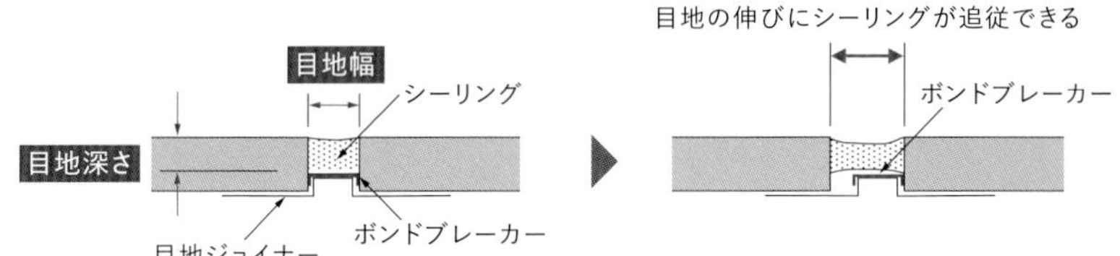

〔図3〕目地切れや凝集破壊を防ぐには、外装材製造者の指定するシーリング目地の深さと幅を確保し、それに適合する寸法の目地ジョイナーを使用する

予防策●目地の深さと幅を外装材製造者の指定通りに

サイディングの目地の界面剥離を防ぐには、外装材製造者の指定するシーリング目地の深さと幅を守り、それに適合する寸法の目地ジョイナーを使用する〔図3〕。

凝集破壊の原因は、外装材製造者の指定するシーリングを使用していなかった可能性が考えられる。シーリングとプライマーは外装材製造者の指定品を使用することが欠かせない。

雨水浸入箇所ワースト20 ▶ ワースト4、14・15、20
雨漏りを防ぐ標準仕様37選 ▶ 仕様31、37

事例5　外壁・開口部からの雨漏り

透湿防水シートのしわが水みちに

防水テープとの組み合わせミス

透湿防水シート　防水テープ　サッシ

［建物概要］
築8年4カ月の木造軸組工法2階建て

［浸入箇所］
サッシまわりのシーリング、
透湿防水シートのしわ

［被害箇所］
1階の内装材の汚損

〔図1〕外観立面。妻壁の2階のサッシまわりから雨水が浸入し、1階のサッシから室内に漏れ出た。けらばの出寸法は600mmだった

〔写真1〕1階のサッシ上枠から雨漏りしている様子。雨水は床に大量に流れ落ちた

透湿防水シートは二次防水層として大事な役割を果たすが、しわが「水みち」になって、雨水の浸入を招くことがある。しわの原因は、防水テープとの相性だ。

窯業系サイディング張りの木造2階建て住宅で、妻壁側の1階にあるサッシ枠から雨水が室内に漏れ出し、大量に流れ落ちた〔図1、写真1〕。

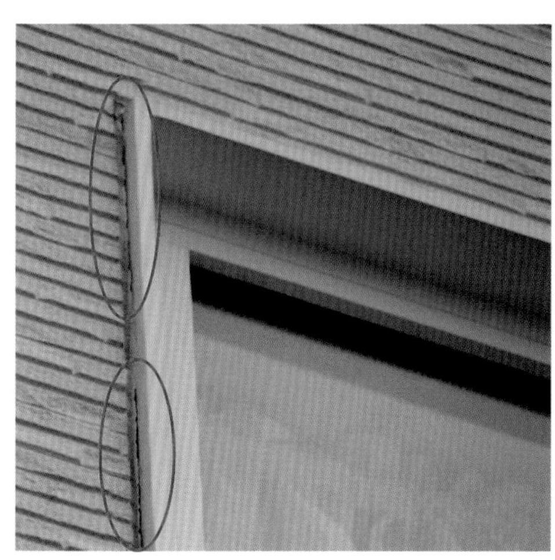

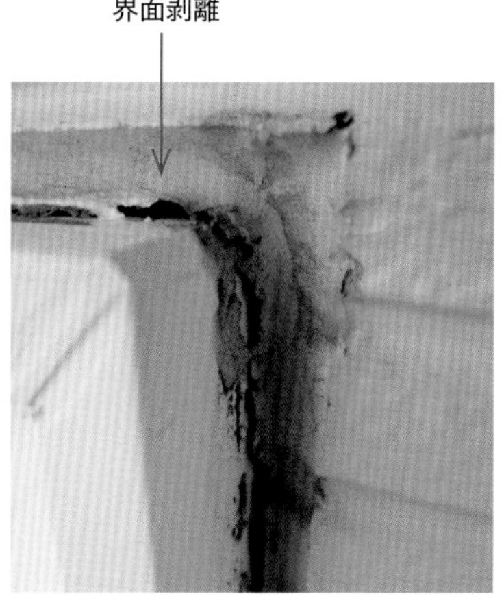

〔写真2〕左は妻壁の2階のサッシ。右はそのアップ。サッシとサイディングの取合い部分のシーリングが界面剥離を起こしていた

サッシの状態を調べ、2階のサッシとサイディングの取合い部分に施したシーリングが界面剥離しているのを発見した〔写真2〕。

修補費用は妻壁側のサイディング、透湿防水シート、防水テープの張り替え、断熱材や内装ボード類の交換などで、140万円を要した。

原因●防水テープの影響で透湿防水シートにしわ

この住宅は通気構法を採用していたので、シーリングの切れた箇所から雨水が通気層内に浸入しても、防水テープと透湿防水シートがくい止めるはずだった。にもかかわらず雨水が室内に回った経路は、サイディングを解体して判明した。

透湿防水シートがサッシまわりの防水テープと接着した部分でしわになり、水みちができていたのだ〔写真3〕。ブチル系防水テープの粘着材に含まれ

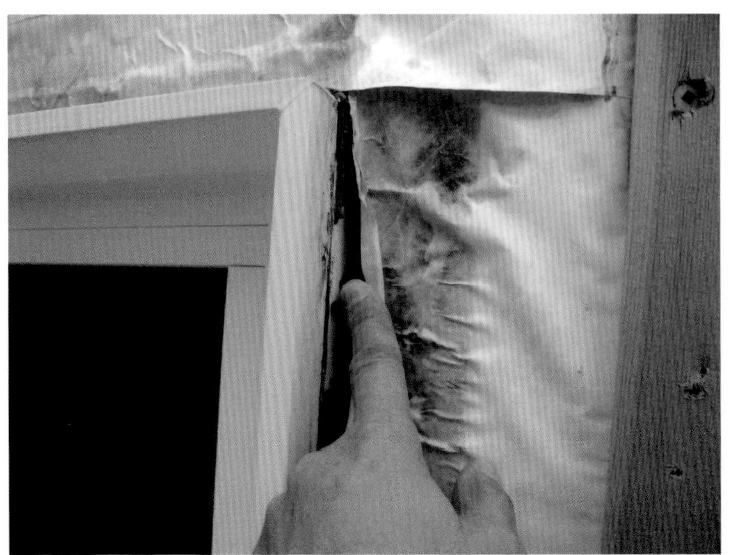

〔**写真3**〕2階のサッシまわりで、防水テープと接している透湿防水シートに、膨潤が原因とみられるしわが発生している様子。しわが水みちになり、室内側への浸入を招いた

る成分などが、不織布単層タイプの透湿防水シートに移行することでシートにしわが発生する「膨潤」と呼ばれる現象だ〔写真3〕。

予防策●防水テープはシート製造者の指定品を使用

透湿防水シートは、主として「不織布単層タイプ」と「フィルムタイプ」の2種類ある〔図2〕。前者は緻密な不織布による単層構造なのに対して、後者は基材に多孔性フィルムを張り合わせた複層構造だ。

不織布単層タイプにブチル系防水テープを組み合わせる場合は、シート製造者が指定するものを使用する必要がある。防水テープはブチル系以外にも様々な種類があるので、フィルムタイプを使う場合も念のためシート製造者に防水テープとの相性を確認した方がよい。

不織布単層タイプ

緻密な不織布による単層構造のため、表裏のまくれ（カール）が発生しにくい。防水テープとの相性について確認が必要

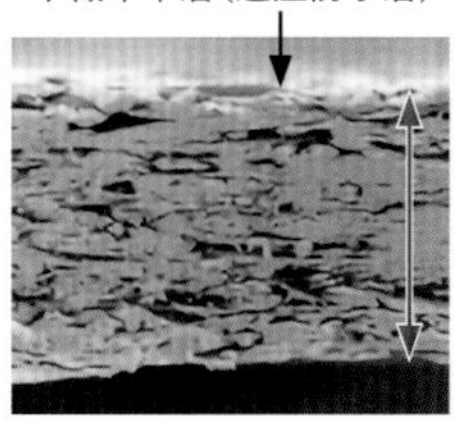

フィルムタイプ

基材に多孔性フィルムを張り合わせた複層構造のため、まくれが発生しやすい

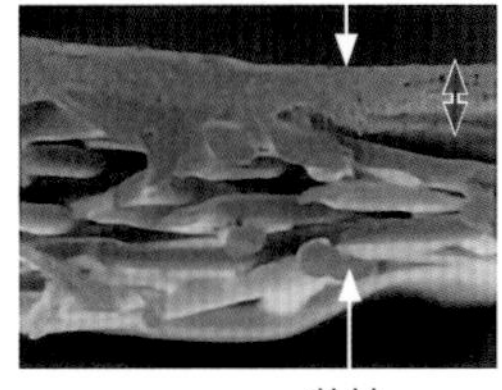

〔図2〕透湿防水シートの代表的な2タイプである「不織布単層タイプ」と「フィルムタイプ」の概要と構成例の断面写真を示す（資料：国土技術政策総合研究所資料第975号第II章-114を基にJIOが作成）

雨漏りを防ぐ標準仕様37選 ▶ 仕様1、28

事例6　外壁・開口部からの雨漏り

屋外の化粧梁から室内に浸入

化粧破風の貫通部がシーリング頼りに

モルタル直張り　化粧梁　通気構法

［建物概要］
築7年6カ月の木造軸組工法2階建て

［浸入箇所］
化粧梁の外壁貫通部

［被害箇所］
化粧梁の腐朽、貫通部下方の内壁の汚損

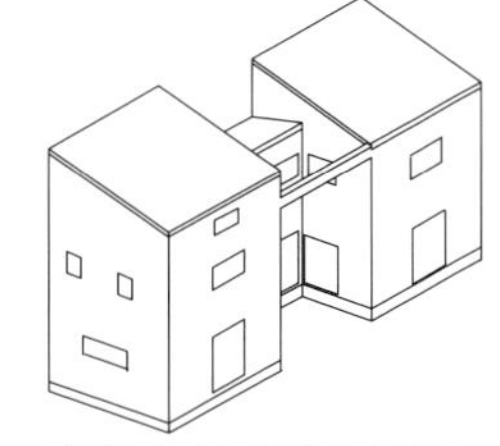

〔図1〕外観パース。屋外の中庭に面する外壁に、化粧梁を架け渡していた

〔写真1〕化粧梁は外壁を貫通している。左は、梁の一方が軒ゼロのけらばの水切りにぶつかり、化粧破風を貫通している様子。梁のモルタルにはひび割れが生じていた。右は、モルタルをはつった後の梁が全長にわたって著しく腐朽している状態

屋外に架ける化粧梁は外観に意匠性をもたらすが、壁内への雨漏りを招きやすい。周到な対策が必要だ。

屋外の中庭に面する外壁から躯体の梁を持ち出し、向かい側の外壁に架け渡していた住宅で、化粧梁の真下の室内側に雨漏りが発生した〔図1〕。化粧梁の片側はけらばの水切りにぶつかり、化粧破風を貫通していた〔写真1〕。

〔写真2〕左は、シーリングを施した化粧破風とモルタルが取合う部分に隙間が生じている様子。けらば水切りとモルタルが接触している。右は、化粧梁のモルタルをはつった状態。木材が著しく腐朽している

化粧梁は4面をモルタル直張りで仕上げた上に、透水性が高くひび割れ追従性があまりよくない仕上塗材を塗布していた。梁のモルタルにはひび割れが生じていたのでモルタルをはつると、梁が全長にわたり著しく腐朽していた〔写真2〕。

原因●モルタル直張りの梁に笠木もなく

雨水が室内側に漏れ出た原因は複数ある。1つ目は、化粧梁が軒桁と同一レベルで化粧破風を貫通している上、けらば水切りとぶつかる取合い部をシーリングで納めていたことだ。軒の出がないけらば水切りに当たった雨水が軒先側へと伝い、シーリングの隙間から躯体側に浸入したとみられる。

2つ目は、化粧梁の上面に笠木を設置していなかったことだ。水切れが悪くなり、梁の上面に降った雨が両側面と下面まで伝わりやすくなっていた。

3つ目として、化粧梁の4面をモルタル直張りで仕上げていたことも、モ

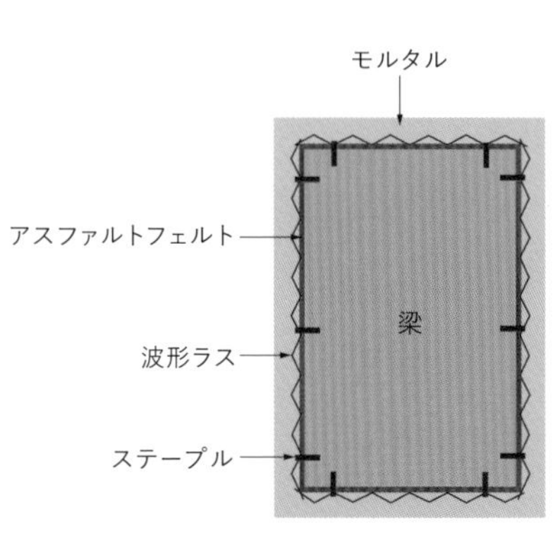

〔図2〕左は、4面をモルタル直張りで仕上げていた化粧梁の縦断面図。右は、アスファルトフェルトに留めたステープルの貫通穴が拡大した例。アスファルトフェルトは雨水の浸透で膨張したり、日射を受けて乾燥収縮したりする（右の写真：国土技術政策総合研究所資料第779号-21）

ルタルのひび割れと梁の腐朽を加速させた。モルタル直張り仕上げは波形ラスを留めるステープルがアスファルトフェルトを貫通するので、ステープル穴から浸透した雨水が梁に染み込む。アスファルトフェルトは透湿抵抗が高いので、湿潤した梁は乾燥しにくくなる〔図2〕。

モルタルは、現場調合普通モルタル、既調合軽量セメントモルタルのいずれのタイプでも透水性の高い材料なので、仕上塗材を施すとしても、水平な梁上面の仕上げには不適切だ。

予防策●梁を屋外に出すなら笠木を設けて通気構法に

屋外に梁を露出させる場合の根本的な雨漏り防止策はまず、化粧梁を屋根の破風や水切りと干渉しない位置に設けることだ。次に、躯体の梁を外壁に貫通させず、躯体から切り離して外付けすることだ。その上で、梁の上面には金属製の笠木を設置する。笠木と外壁の取合い部は、笠木製造者の指定する施工方法でシーリングの底目地を設け、シーリングを笠木の下端まで入念に充填する〔写真3〕。

〔**写真3**〕化粧梁の上部に金属製の笠木をかぶせ、外壁貫通部のまわりにシーリングを入念に施した

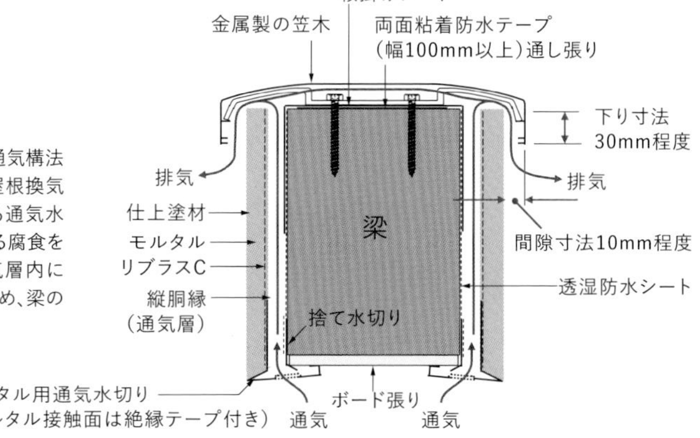

〔**図3**〕モルタル単層下地通気構法の納まりの例。「住まいの屋根換気壁通気研究会」が推奨する通気水切りを採用。モルタルによる腐食を防ぐ絶縁テープ付き。通気層内に浸入した雨水を排出するため、梁の下端に捨て水切りも設ける

梁をモルタルで仕上げる場合は、梁の腐朽を防ぐために通気構法とする。梁の下端に取り付ける水切りも重要だ。モルタルが接する部分に絶縁テープを施したモルタル専用の通気水切りとする。水切りの下部から通気を取れて、モルタル定規も兼ねるので、防火上必要なモルタル塗厚を容易に確認できる〔図3〕。

雨水浸入箇所ワースト20 ▶ ワースト2、12
雨漏りを防ぐ標準仕様37選 ▶ 仕様28、29、34

事例7　屋根からの雨漏り

複雑な屋根形状は危ない

パラペット端部に雨水が集中

パラペット　谷板　流れに平行な壁際　雨押え

［建物概要］
築8年1カ月の木造軸組工法2階建て

［浸入箇所］
屋根の谷板とパラペットがぶつかる部分

［被害箇所］
構造材の腐朽、内装材と断熱材の汚損

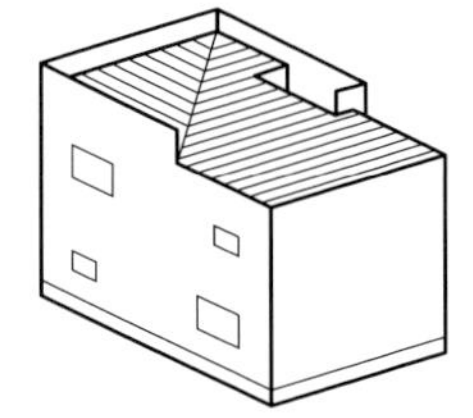

〔図1〕外観パース。パラペットと谷のある勾配屋根を組み合わせていた

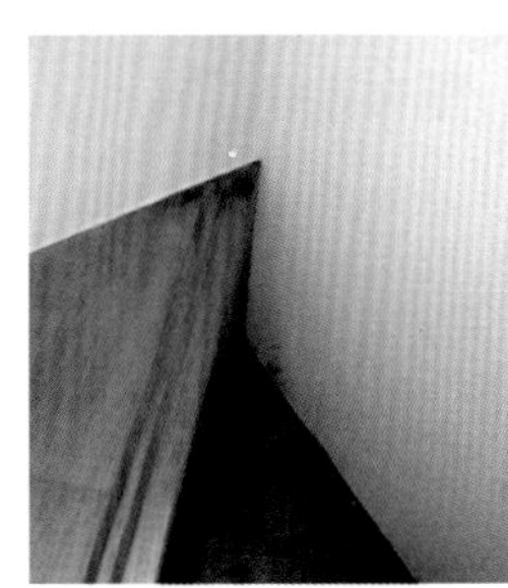

〔写真1〕左は壁クロスが湿気を帯び、踏み板が変色した階段室。右は基礎に生じた雨水の跡

屋根のパラペットは外観をすっきりさせるので、しばしば設計に用いられる。しかし、パラペットの内側の屋根形状を複雑にすると、雨漏りのリスクが高くなる。

パラペットと金属立平ぶきで屋根を構成した木造2階建て住宅で、階段室の壁クロスが湿り気を帯び、通し柱に留めていた階段の踏み板が黒く変色する現象が起こった。階段室が面する外壁の基礎にも、雨水の跡が見つかった〔写真1〕。パラペットの内側は、10分の1の緩勾配で、向きの異な

〔写真2〕左は、階段室の真上にあるパラペット。谷板がぶつかっている。右は、屋根ふき材とパラペットの外装材を剥がした状態。ルーフィングが劣化している

〔写真3〕左は、階段室に接し、パラペットの真下に位置する通し柱。著しく腐朽している。右は、通し柱と梁の接合部。接合金物にも腐食が生じている

る2つの屋根面が交わる谷だった。〔図1〕。

階段室の真上は、屋根の谷板とパラペットがぶつかる箇所だった〔写真2〕。屋根ふき材と外装材を剥がすと、屋根の谷板に集まった雨水がパラペットとぶつかる部分から通気層内に回り込み、直下の通し柱などを伝って土台まで流れ落ちていたことが分かった。

✕ 谷を流れる雨水がパラペットにぶつかる

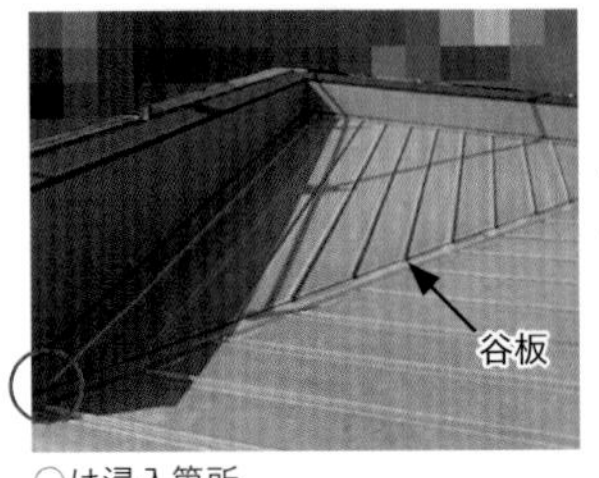

○は浸入箇所

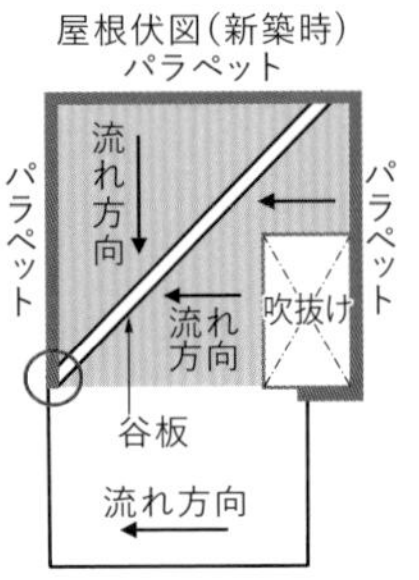

〔図2〕住宅の屋根を外観写真と屋根伏図で示す。伏図のピンク色の部分に降った雨水が谷板に集まり流れた

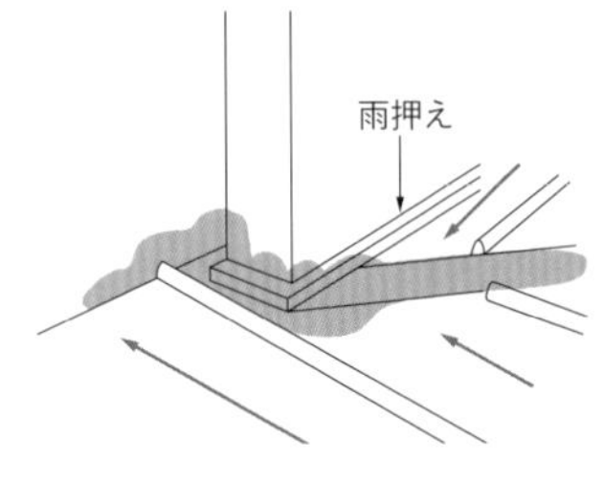

〔図3〕雨水が屋根の立てはぜ部とパラペットにぶつかり、せき止められる様子。雨押えの出隅まわりから雨水が浸入した

○ パラペットを撤去、片流れ形状へ変更

〔図4〕修補工事内容を外観写真と屋根伏図で示す。パラペットを撤去し、片流れ屋根に変更した

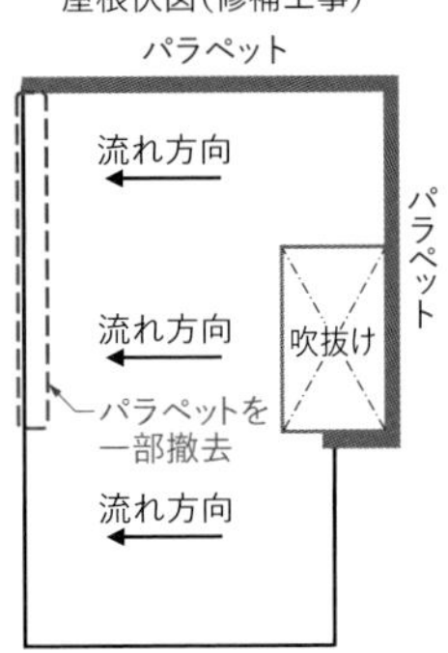

耐力壁が面材ではなく筋かいだったので壁内への雨水浸入が早く進み、軸組材の腐朽と構造金物の腐食を生じさせていた〔写真3〕。改修工事は外壁だけでなく屋根にも及び、修補費用は643万円と高額になった。

原因●谷板に集まった雨水がパラペットを直撃

雨漏りを招いた原因は複雑な屋根形状にある〔図2〕。パラペットに向かって谷板が設けられているので、屋根に降り注いだ雨水が谷板に集まり、パラ

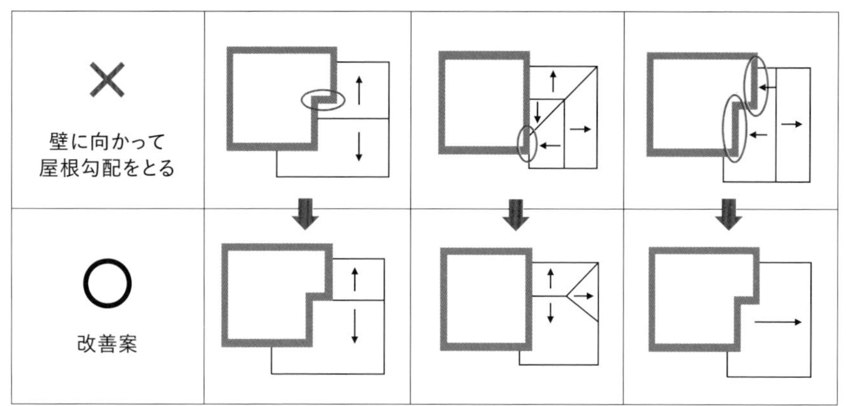

〔図5〕パラペットなどの立上り壁と勾配屋根を組み合わせる場合の、雨漏りのリスクと防止策（資料：国土技術政策総合研究所資料第975号第XI章-82を基にJIOが作成）

ペットに大量にぶつかって、せき止められる〔図3〕。この部分には通常の納まりの雨押えが施工されていた。そのため、せき止められた雨水はパラペットの端部を迂回して流れ、雨押えの出隅まわりから躯体側に浸入したとみられる。

予防策⓫パラペットに向かって屋根勾配を取らない

既存の屋根形状のままだと、新築時と同じ納まりで屋根をふき替えて、雨漏りを繰り返すリスクがある。そのため、パラペットを撤去して屋根を片流れの形状に変更し、屋根に降った雨水を排出しやすくした〔図4〕。

パラペットと勾配屋根を組み合わせる場合の雨漏り防止策は、パラペットに向かって屋根勾配を取らないことだ。パラペットで雨水がせき止められないようにする必要がある〔図5〕。

事例8　屋根からの雨漏り

鋭角につないだシャープな外壁が災い

壁止まり軒部に雨水が集中

パラペット　壁止まり軒部　雨押え　透湿ルーフィング

［建物概要］
築7年10カ月の木造軸組工法の平屋

［浸入箇所］
パラペット、壁止まり軒部

［被害箇所］
野地板と構造材の腐朽、
内装材と基礎、土間の汚損

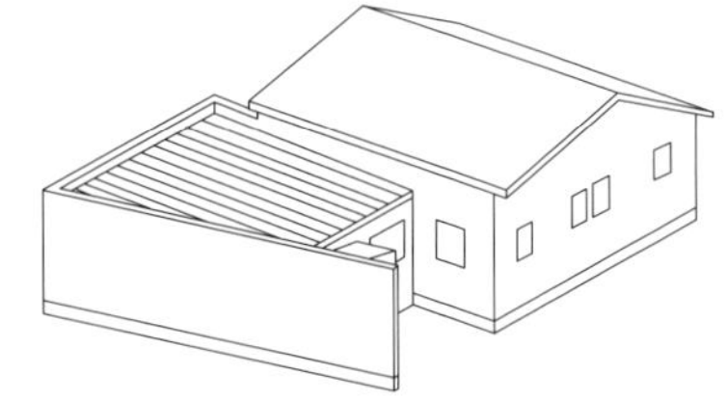

〔図1〕外観パース。出隅を鋭角につないだ2方向の外壁にパラペットを付けていた

〔写真1〕左は、雨押えに散水した後の様子。右は、散水した水がガレージの基礎の立上りと土間に流れ落ちた状態

デザイン重視の外観にパラペットはよく見られるが、屋根の排水計画を誤ると雨漏りのリスクが増大する。

出隅を鋭角につないだ2方向の外壁にパラペットを立ち上げた、シャープな外観のビルトインガレージで、雨漏りが発生した〔図1〕。ガレージの土間に雨漏りの跡が広がった。漏水箇所を探す散水試験でパラペットの立上り壁と屋根が接する雨押えに散水すると、壁止まり軒部の直下の基礎と土間に

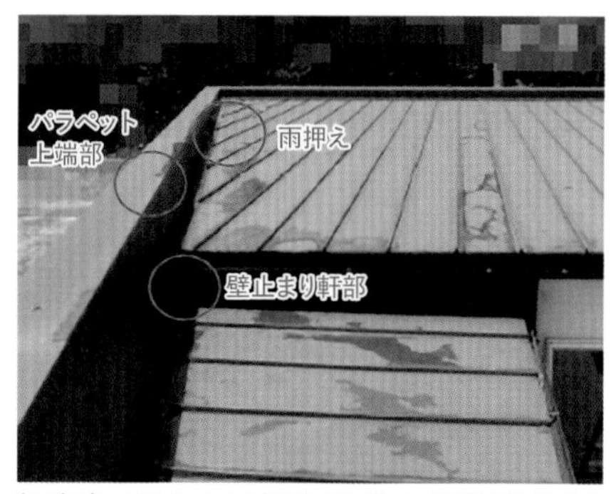

〔写真2〕パラペットと屋根を見下ろす。雨押えや壁止まり軒部、パラペットの上端部から漏水した

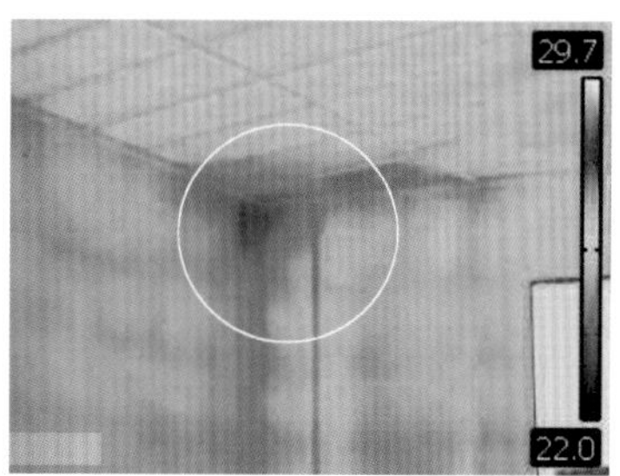

〔写真3〕赤外線サーモグラフィカメラで撮影した壁止まり軒部のまわり。水が壁体側に浸入して温度が低くなっていた

〔写真4〕左は、壁止まり軒部の野地板。腐朽が進み、修理中に穴が生じた。右は、壁止まり軒部の直下の内装材を剥がした状態。柱、梁に腐朽が確認された

水が流れ落ちた〔写真1、2〕。パラペットの立上り壁と軒の接する部分は「壁止まり軒部」と呼ばれる部位だ。

散水後に赤外線サーモグラフィカメラで壁止まり軒部のまわりを確認すると、水が躯体側に浸入して温度が低くなっていた〔写真3〕。屋根ふき材と内外装材を剥がすと、壁止まり軒部のまわりの野地板とたる木、柱、梁に著しい腐朽が確認された〔写真4〕。

構造材の入れ替えとパラペットのつくり直し、屋根と外壁の張り替えに伴う内外装・断熱工事などで、修補費用は494万円に膨らんだ。

原因●屋根の排水がパラペットにぶつかる

雨漏りの被害を拡大した原因は大きく3つある。1つ目は、パラペットの立上り壁に向かって、片流れの屋根勾配をとっていたことだ〔図2〕。屋根

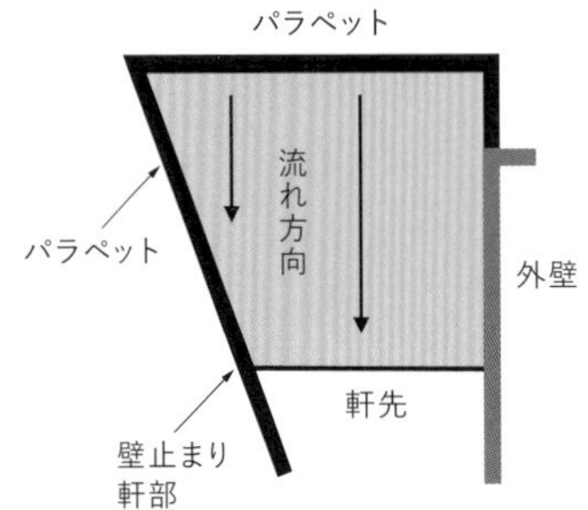

〔図2〕雨漏りを招く一因となった、パラペットと屋根勾配の組み合わせ。パラペットの雨押えに、雨水がぶつかって滞留する

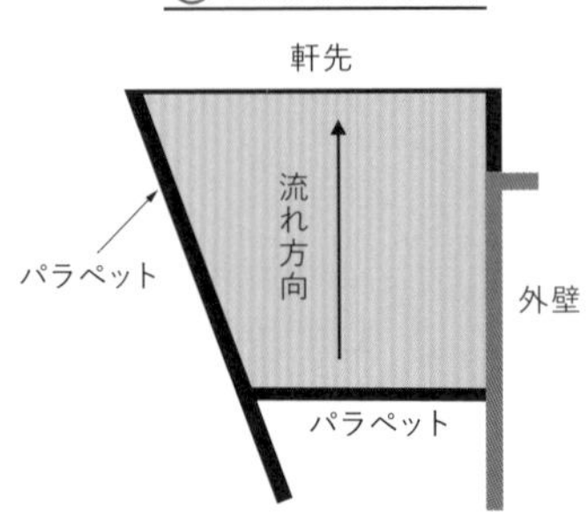

〔図3〕雨漏りを予防するパラペットと屋根勾配の組み合わせ。間口が広くなる水下側に屋根勾配をとり、雨水を流し切る

〔写真5〕屋根のルーフィングを張り上げた高さは250mm未満。外壁の透湿防水シートは雨押えに張り下げていなかった

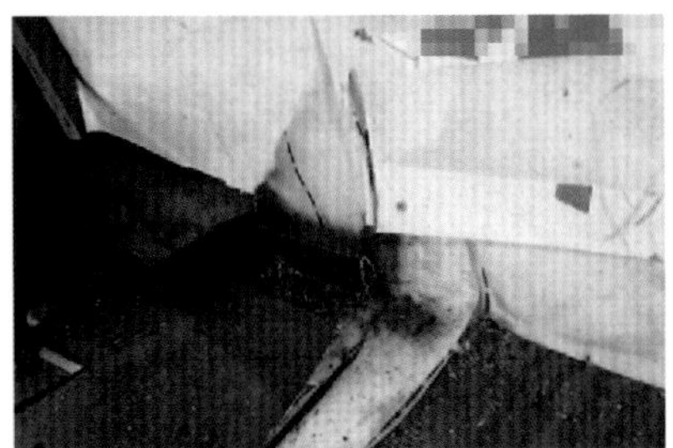

〔写真6〕屋根には透湿ルーフィングを敷いていた。立平ぶきの鋼板が密着するので、透湿ルーフィングは野地板の湿気を逃がせない

の排水が、雨押えにぶつかる設計だ。出隅を鋭角につないだ関係で屋根の水上側よりも軒先側の間口が狭くなり、雨押えに雨水が滞留しやすくなっていた。

2つ目は、雨押えの防水納まりのミスだ。パラペット側に張り上げたルーフィングの高さが250mm未満で、外壁の透湿防水シートを雨押えに張り下げていない状態だった。そのため、ルーフィングと透湿防水シートの隙間から躯体側へ雨水が浸入しやすくなっていた〔写真5〕。

3つ目は、湿気を逃がす機能を備えた透湿ルーフィングを使っていたにもかかわらず、立平ぶきの鋼板を透湿ルーフィングと密着する仕様にしたこと

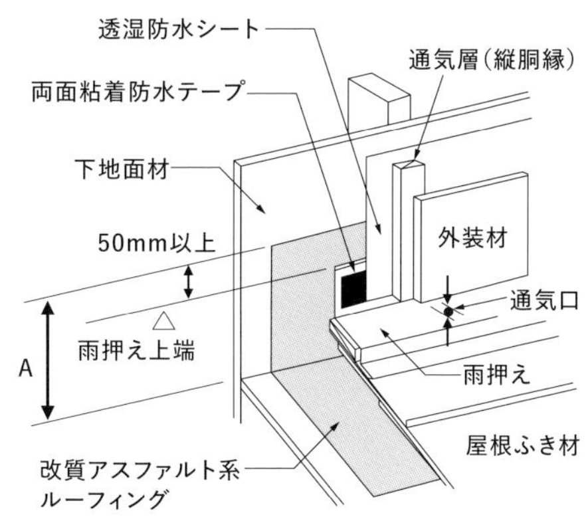

〔図4〕雨押えの納まり。屋根のルーフィングと壁の透湿防水シートを連続させることと、透湿防水シートを両面粘着防水テープで雨押えに留めることがポイントだ

だ〔写真6〕。立平ぶきの鋼板と密着する透湿ルーフィングから湿気が逃げず、野地板の劣化と腐朽を招きやすい。

予防策●屋根の排水計画を見直す

既存の外壁のまま雨漏りのリスクを減らすには、排水性を改善することだ。片流れ屋根の勾配を逆向きにして、水下側に位置する既存のパラペットを撤去する〔図3〕。鋭角のパラペットと屋根の取合いは納まりが複雑になるので、排水性のよい屋根ふき材を選定する。

雨押えの納まりは、屋根のルーフィングと壁の透湿防水シートを重ねて連続させることが正しい。ルーフィングを高さ250mm以上かつ雨押え上端より50mm以上張り上げ、透湿防水シートは雨押えまで張り下げる。さらに、透湿防水シートを両面粘着防水テープで雨押えに留めて隙間をなくす。屋根ふき材とルーフィングが密着する仕様では、防水性と耐久性の高い改質アスファルトルーフィングにするのがよい〔図4〕。

雨水浸入箇所ワースト20 ▶ ワースト7・19
雨漏りを防ぐ標準仕様37選 ▶ 仕様3、9、10、18、19、23

事例9　屋根からの雨漏り

太陽光パネル架台「ねじ穴」から浸入

シーリング未施工、築8年目で発覚

太陽光発電パネル　ねじ穴　シーリング

［建物概要］
築8年3カ月の木造軸組工法平屋建て

［浸入箇所］
太陽光発電パネル架台の支持金具のねじ穴

［被害箇所］
天井材、内装材、断熱材の汚損

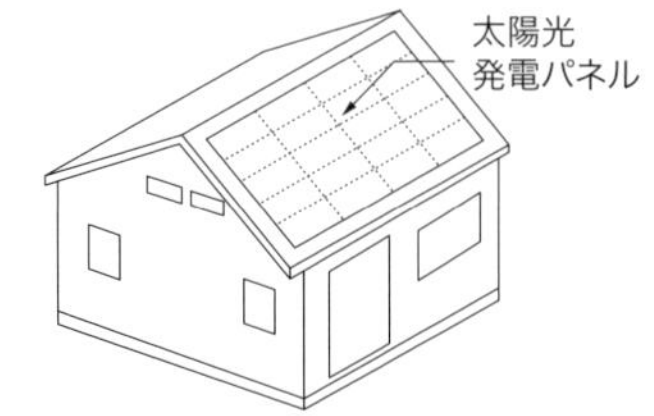

〔図1〕外観パース。10分の8勾配の切妻屋根の南面にPVパネルを設置していた

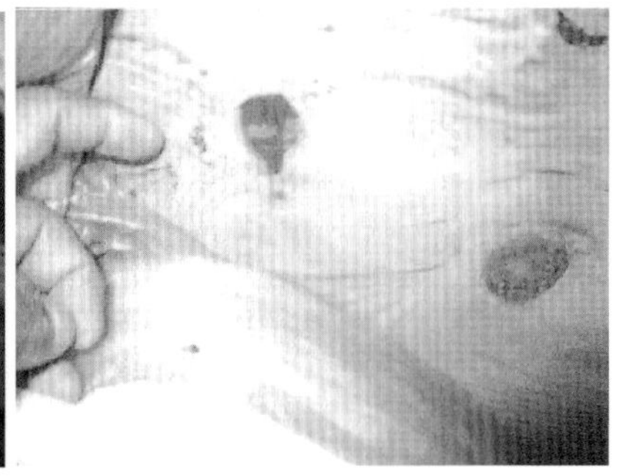

〔写真1〕左は、勾配天井の断熱材に雨水が浸潤している様子。右は、断熱材を剥がし、野地板を見たところ。野地板裏面のねじ穴に、雨水が浸入した跡が残っていた

太陽光発電（PV）パネルを屋根に後付けする場合、屋根に穴を開ける施工方法は注意が必要だ。

化粧スレートぶきの切妻屋根にPVパネルを設置していた築8年目の木造平屋建て住宅で、勾配天井と壁のクロスに雨染みが発覚した〔図1〕。勾配天井と壁の仕上げ材を剥がして断熱材の状況を確認すると、雨水が浸潤して

〔写真2〕屋根の南面に取り付けたPVパネル。後付けの架台にPVパネルを固定している

〔写真3〕左は、架台の支持金具。化粧スレートの上からねじで留めている。右は、化粧スレートを剥がしたルーフィングの状態。支持金具のねじ穴にシーリングが施工されていなかった

いた〔写真1〕。PVパネルは新築時に後付けで設置していた。雨水は勾配天井の断熱材に少しずつ浸入したため、発覚に時間を要したと思われる。

PVパネルの取り付け方法は、屋根に設置した架台に固定する「屋根置き型」（あと施工タイプ）を採用していた〔写真2〕。断熱材と内装材の張り替えだけでなく、PVパネルと架台の再設置に伴う化粧スレートのふき替え工事も必要になったため、修補費用は272万円に及んだ。

原因●ねじ穴のシーリングが未施工

雨漏りの原因を調べるために化粧スレートを剥がすと、架台の支持金具を

〔図2〕支持金具のねじ穴の正しい止水方法を示す。化粧スレートに下穴を開け、シーリングを2回充填する。1回目はルーフィングとスレートの間、2回目はスレートの1枚目と2枚目の間にそれぞれ充填

［支持金具製造者の指定するねじ穴の止水方法］

1 ノズルを奥まで差し込み
ルーフィングと化粧スレートの間に充填

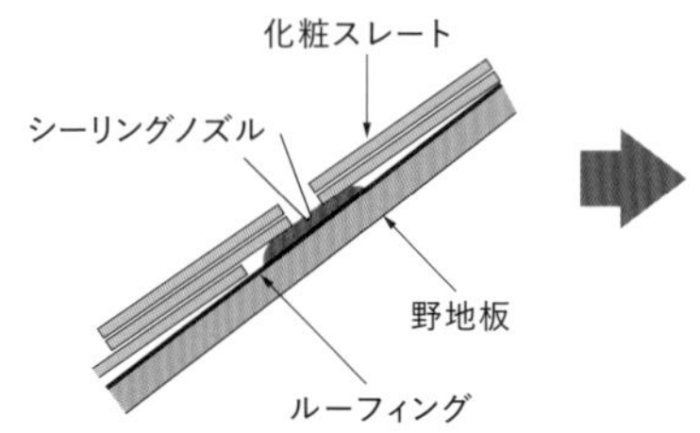

2 差し込んだノズルを持ち上げ
スレート1枚目と2枚目の間に充填

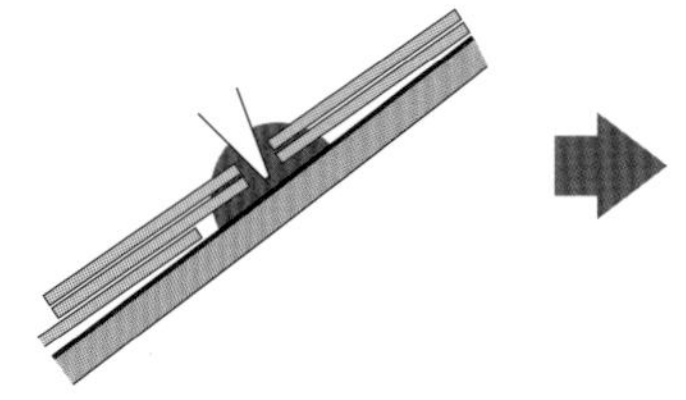

野地板とたる木に固定するためのねじ穴に、シーリングが施工されていなかった〔写真3〕。支持金具製造者がPVパネルの施工マニュアルに定めているねじ穴止水方法を守っていなかった。

予防策●シーリングを2回充填

屋根に穴を開ける「あと施工タイプ」で雨漏りを防ぐには、支持金具製造者の施工マニュアルを順守することだ。特にねじ穴の止水方法が重要になる〔図2〕。

まず、化粧スレートに下穴を開け、化粧スレートから出た切粉を集じん機

1 ルーフィングとスレートを剥がした状況

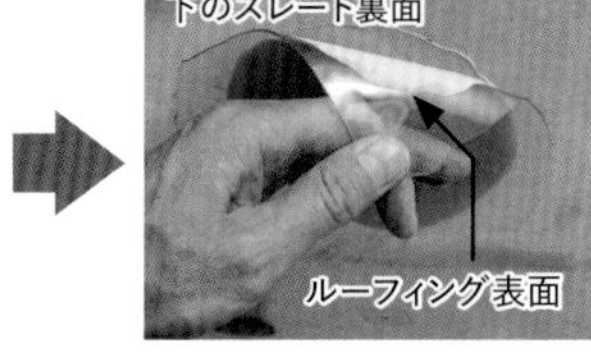

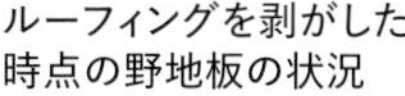

ルーフィングを剥がした時点の野地板の状況

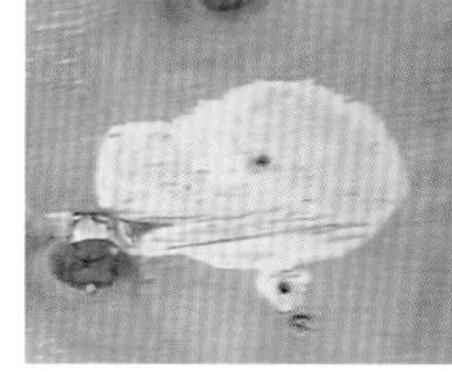

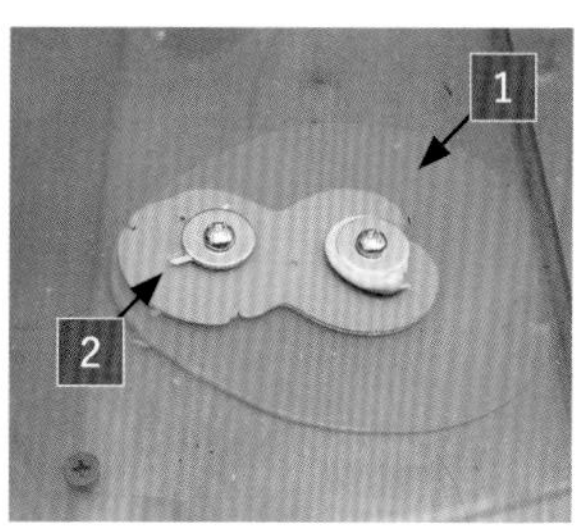

2 スレートの1枚目と2枚目を剥がした状況

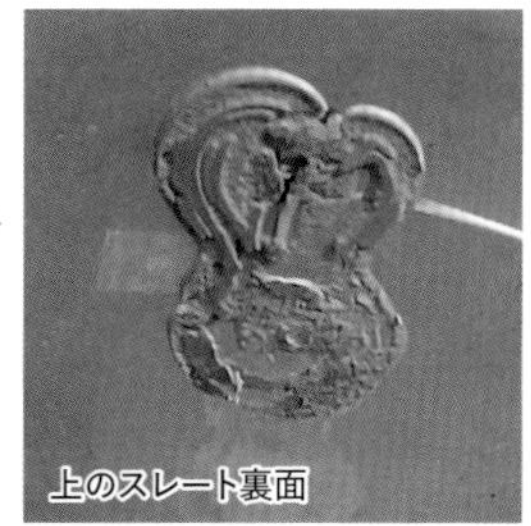

〔写真4〕支持金具のねじ穴の止水性を実証実験で確認した。シーリングがねじ穴まわりに行き渡り、隙間をなくしている。屋外に4カ月間置いたが、雨水は野地板に浸入しなかった。支持金具の代わりに平ワッシャー、スレートの代わりに透明アクリル板、ルーフィングの代わりに透明シートを使用した

で入念に吸い取る。次に、シーリングを下穴に2回充填する。1回目に充填するのはルーフィングとスレートの間、2回目はスレートとスレートの間だ。続いて下穴にねじを差し込み、支持金具を留め付ける。ねじの下穴寸法やねじとシーリングの種類は、支持金具製造者の指定に従う。

JIOは共同研究で、施工マニュアルの示す方法によるねじ穴止水効果を、ルーフィングと化粧スレートの代わりに透明シートと透明アクリル板を用いた試験体で実証実験している。施工後にねじ穴まわりを観察すると、シーリングが隙間に行き渡り、雨水の浸入を防いでいることが確認できた〔図2、写真4〕。

事例10　屋根からの雨漏り

雨当たりの強い塔屋から浸入

棟頂部の納まりに難あり

塔屋　片流れ棟　ルーフバルコニー　軒ゼロ

[建物概要]
築7年5カ月の木造軸組工法2階建て塔屋付き

[浸入箇所]
塔屋の片流れ屋根の棟頂部

[被害箇所]
塔屋の外壁と2階天井材の汚損

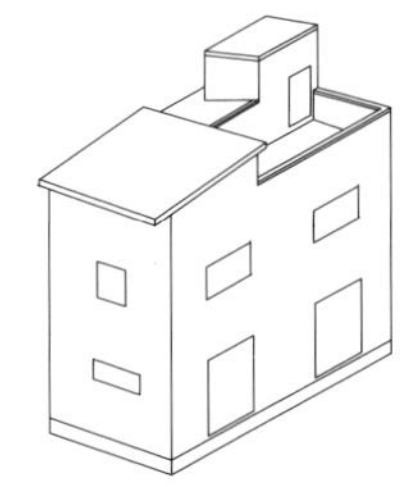

〔図1〕外観パース。ルーフバルコニーに塔屋を設けていた

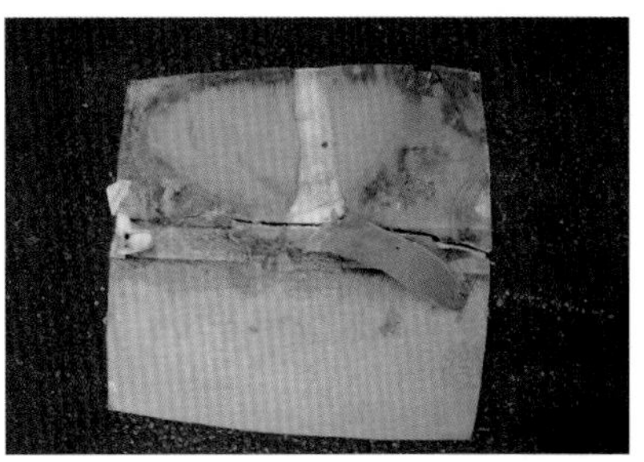

〔写真1〕左は、雨漏りが見つかった2階の天井。右は、この天井の石こうボードを四角くくり抜いて、床に置いた状態。雨水を含んでいた

ルーフバルコニーは建て主に人気のあるアイテムだが、雨漏りのリスクを抱える部位が多数ある。その1つがルーフバルコニーに設ける塔屋（ペントハウス）だ。

塔屋付き木造2階建て住宅で、塔屋の直下に当たる2階の天井と壁のコンセントまわりで雨漏りが発生した〔図1、写真1〕。天井に四角い穴を開けて調べると、石こうボードが雨水をたっぷりと含んでいた。

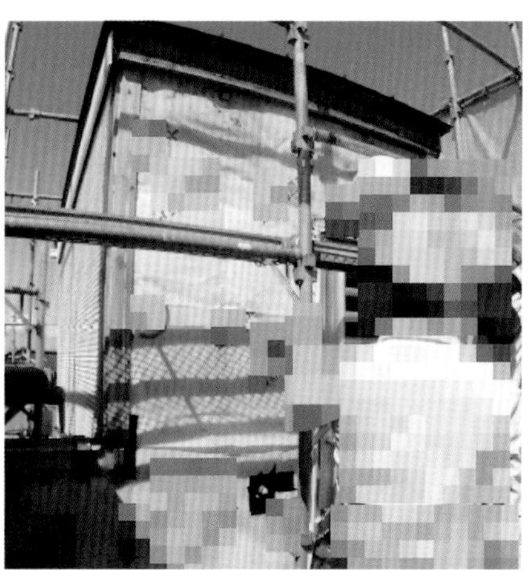

〔写真2〕左は、塔屋の片流れ屋根の棟頂部。軒を出していなかった。右は、片流れ棟頂部の外装材を剥がした状態。透湿防水シートの裏面に雨水が回り込んでいた

塔屋の屋根は、10分の0.5という緩勾配の立平ぶき片流れだ〔写真2〕。片流れ棟頂部は軒を出していなかった。

片流れ棟側の外装材を剥がすと、透湿防水シートの裏面に雨水が回り込んでいた。塔屋の外装と2階の汚損部分などの修補費用に97万円を要した。

原因●露出した野地板と化粧破風の隙間から浸入

雨漏りの原因は片流れ棟頂部の納まりにある。立平ぶきの接合方式は「かん合式」で、屋根頂部のかん合部に軒先キャップをかぶせていた〔写真3〕。屋根材の先端を唐草につかむ施工方法で、通常は軒先に用いる納まりだ。野地板の裏面は露出していた。

塔屋は強風を伴う降雨時に上向きの雨が当たる。そのため、かん合部の軒先キャップまわりと露出した野地板、化粧破風の隙間から浸入していた〔図2〕。

〔**写真3**〕上は、片流れ棟頂部の端部。ふき材のかん合部に軒先キャップを留めていた。下は、片流れ棟頂部の端部の見上げ。露出した野地板と化粧破風に隙間が生じていた

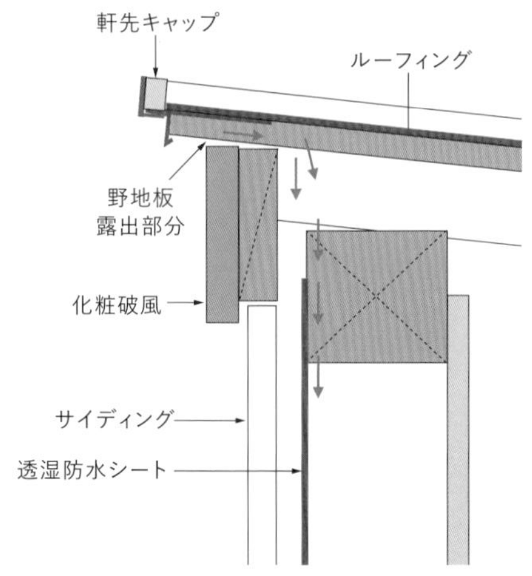

〔**図2**〕片流れ棟頂部の納まり(断面図)と、雨水の浸入経路を示す。透湿防水シートとルーフィングによる止水ラインが途切れている。野地板の露出部と化粧破風の隙間から雨水が浸入した

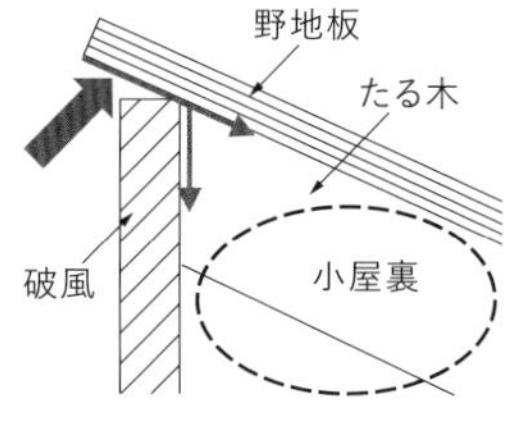

〔**図3**〕左は、片流れ棟頂部の実大模型を用いた送風散水試験の様子。野地板の代わりにアクリル板を張った。中央は浸水経路。右は、野地板代わりのアクリル板の小屋裏に、雨水が流れ込んでいる様子。模型本体より吹き出し口の面積が大きい大型送風散水装置を使用し、実際の風の作用に近い状態を再現した。風速10m/s、10分間で40mm相当の雨量を散水した

JIOは共同研究で、野地板と破風板を露出させた片流れ屋根の実大模型を用いて、雨水の浸入経路を調べている〔図3〕。実際の風雨に近い状況で送風散水したところ、野地板と破風板の隙間から水が浸入し、外壁の透湿防水シート側だけでなく、野地板の裏面から小屋裏にも流れ込むことを確認した。後者の雨水の流れは、野地板の劣化を招いて被害を拡大させるリスクがある。

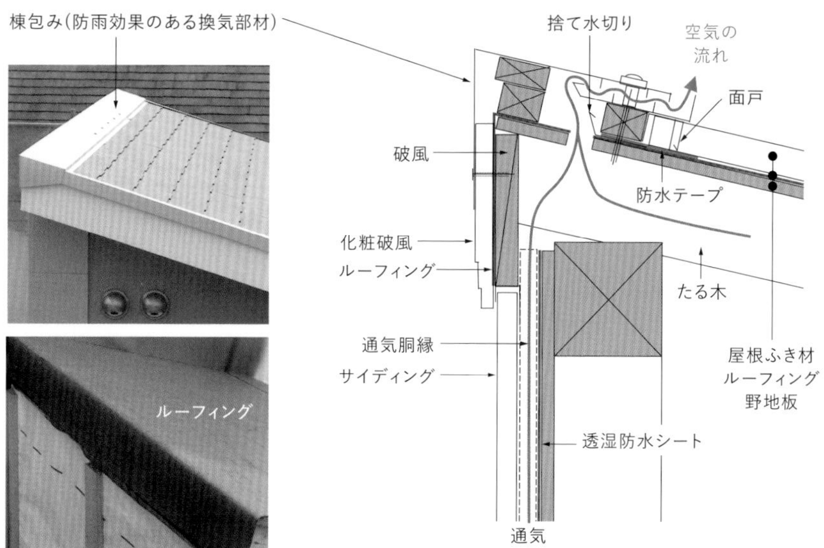

〔図4〕片流れ棟頂部の雨漏りを防ぐ納まり(断面図)。大型の棟包みで端部を覆い、透湿防水シートとルーフィングによる止水ラインを連続させている。ルーフィングは破風下端まで張り下げる

予防策●棟包みですっぽり覆う

片流れ棟頂部からの雨漏りを防ぐ納まりには、ポイントが2つある〔図4〕。1つは、屋根ふき材の端部と野地板、化粧破風を大型の「棟包み」ですっぽり覆い、隙間をつくらないこと。片流れ棟頂部で小屋裏換気や外壁の通気を取る場合は、防雨効果のある換気部材を組み込んだ棟包みを設ける。

もう1つは、屋根のルーフィングと外壁の透湿防水シートによる止水ラインを連続させること。ルーフィングを破風板の下端まで張り下げ、透湿防水シートは小屋裏換気に支障が生じない範囲まで張り上げる。

雨水浸入箇所ワースト20 ▶ ワースト9・10・18
理解を深める小話③

事例11　バルコニー・陸屋根からの雨漏り

パラペット笠木の通気口が弱点に

屋上は雨当たりが強い

屋上　パラペット　笠木　FRP防水

［建物概要］
築9年7カ月の木造軸組工法2階建て

［浸入箇所］
パラペットの笠木まわり、サイディングの目地

［被害箇所］
パラペットの腐朽、1〜2階の内装材と断熱材の汚損

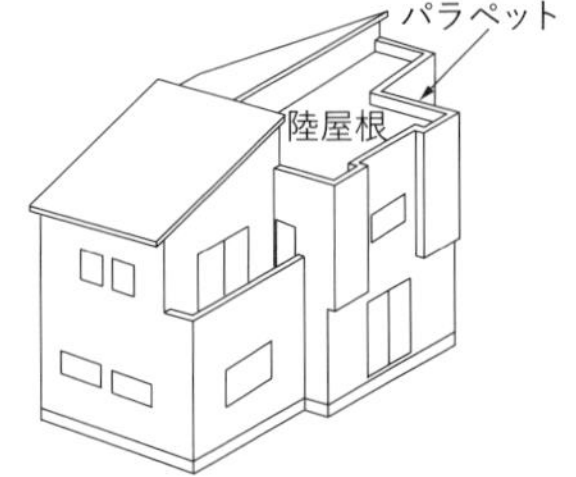

〔図1〕外観パース。屋根の一部をパラペット付きの陸屋根にしている

〔写真1〕左は、パラペットの真下にある居室の天井と内壁の取合い部に生じた雨漏り。右は、サッシの下枠に雨水が回り込み、床のフローリング材を汚損した様子

屋上のパラペットは雨当たりが強い。通気構法のパラペットでは、笠木下の通気口が弱点になることがある。

屋根の一部をパラペット付きの屋上にしている2階建て住宅で、パラペットの真下にある居室の天井と内壁に雨漏りが生じた〔図1、写真1〕。その居室のサッシの下枠にも雨水が回り込み、床のフローリング材を汚損した。

〔写真2〕雨漏りした屋上とパラペット

〔写真3〕上は、著しく腐朽・劣化していたパラペットの外側の躯体。下は、パラペットを撤去した状態。パラペットの真下の軒桁とFRP防水の下地も雨水で浸潤していた

〔写真4〕パラペットが取合う窯業系サイディングの壁当たりで、シーリング目地が破断している様子。建物全体のシーリング目地が浅く、シーリングの破断が多数発生していた

パラペットの内側はFRP防水、外側は通気構法の窯業系サイディング、パラペットの上端部は金属製の笠木を施工していた。FRP防水は変色し、床を踏むと床合板が水気を含んで膨らんでいた。パラペットの笠木とサイディングを解体すると、躯体が著しく腐朽していた〔写真2、3〕。軒桁やFRP防水の下地材も浸潤していた。

外壁は通気構法のサイディング仕上げで、パラペットが取合うサイディング部分など各所のシーリング目地が破断していた〔写真4〕。そこからも雨水が通気層内へ浸入して、被害を拡大させていた。パラペットと屋上防水、汚損した天井や内壁の張り替えなどで、修補費用は311万円となった。

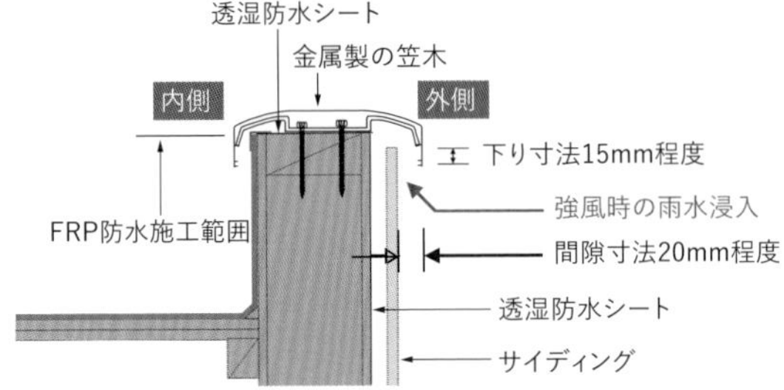

〔図2〕雨漏りした住宅が採用していたパラペットの納まりと、雨水が浸入した仕組み。笠木とサイディングの間隙が大きく開き、強風時に雨水が吹き込みやすくなっていた

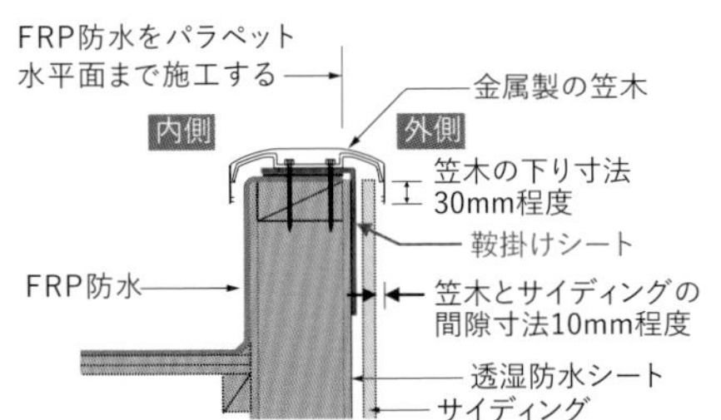

［防雨効果のある換気部材］

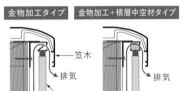

金物加工タイプ　金物加工+積層中空材タイプ

笠木
排気
通気
サイディング
排気
通気

〔図3〕左は、屋上のパラペットからの雨水浸入を防ぐ納まり。笠木とサイディングの間隙を狭める。右は、雨の当たり方が強い場合の納まり。防雨効果のある換気部材を通気口に取り付ける

原因●笠木とパラペットの隙間から吹き込む

パラペットに雨水が浸入した経路の1つは、サイディングのシーリング目地が破断した箇所。もう1つは、パラペットの笠木下にある通気口だ。

通気口は通気層内の湿気を逃がす重要な役割を担う部位だ。笠木とサイディングの間隙寸法は10mm程度が一般的だが、この住宅は20mmと大きかった。屋上のパラペットは風雨の当たり方が強いにもかかわらず、笠木の下り寸法も約15mmと短かった。そのため、強風時に笠木の通気口から雨水が吹き込みやすくなっていたとみられる〔図2〕。

パラペットの笠木を固定する防水下地が、透湿防水シートの1枚張りだったことも被害の拡大につながった。透湿防水シートのねじ穴止水性はよくないので、笠木の通気口から吹き込んだ雨水が、笠木固定用のねじ穴から浸入し、構造部材の腐朽に至った。

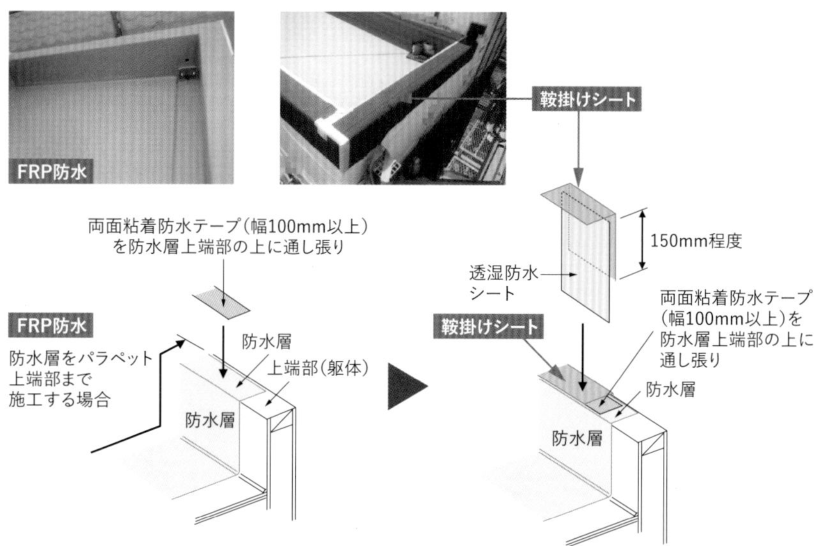

〔図4〕パラペットの止水性を高める納まり。FRP防水をパラペット上端部まで施工する。外壁の透湿防水シートをパラペット上端部まで張り上げ、上端部全長に両面粘着防水テープを張る。テープの上に鞍掛けシートをかぶせる

予防策●パラペットの上端部までFRP防水を連続させる

笠木の通気口からの雨水浸入を防ぐポイントは、笠木とサイディングの間隙寸法を10mm程度、笠木の下がり寸法を30mm程度とすることだ。防雨効果のある換気部材を通気口に取り付けると、より浸入リスクが低くなる〔図3〕。

陸屋根は点検時以外に人が立ち入らないので、パラペットが低い。そのため、パラペットの内側と上端部までFRP防水を連続して施工するのがよい。さらに、外壁側の通気口から雨水が浸入する場合を想定し、二次防水の鞍掛けシートを増し張りして、防水性を強化する〔図4〕。

雨水浸入箇所ワースト20 ▶ ワースト2、4、6
雨漏りを防ぐ標準仕様37選 ▶ 仕様34、35、37

事例12　バルコニー・陸屋根からの雨漏り

バルコニーの手すり壁から浸入

結露による腐朽も誘発

バルコニー　笠木　通気層　換気部材

［建物概要］
築9年8カ月の木造軸組工法2階建て

［浸入箇所］
バルコニーの笠木

［被害箇所］
バルコニーの腐朽、
バルコニー下の内装材の汚損

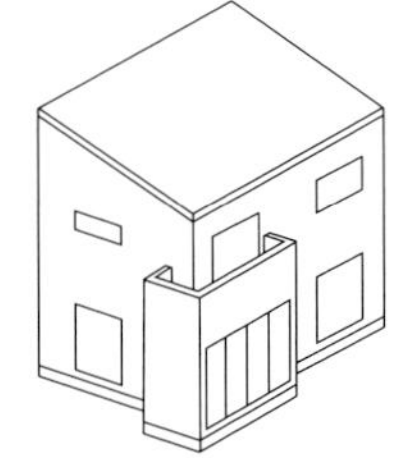

〔図1〕外観パース。ルーフバルコニーを2階に設けていた

〔写真1〕ルーフバルコニーの真下にある居室。サッシ上枠から雨が漏れた

バルコニーからの雨漏りの原因で多いのが、笠木下の手すり壁上部における納まりのミスだ。雨漏りだけでなく、結露にもつながり大ごとになる。

2階にルーフバルコニーを設けた通気構法の木造住宅で、ルーフバルコニーの真下にある居室のサッシ上枠から雨水が漏れ出した〔図1、写真1〕。ルーフバルコニーの手すり壁の笠木は板金加工品で、上面をくぎで留める施工方法だった。このくぎ穴などから雨水が手すり壁内部に浸入し、階下に流

〔写真2〕左は、通気が閉塞された手すり壁。木製下地が湿り、一部は腐朽していた。右は、手すり壁の軸組材。出隅を中心に腐朽が広がっていた

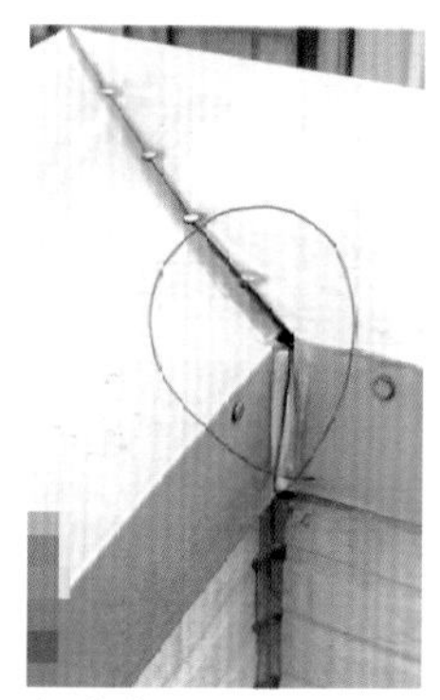

〔写真3〕ルーフバルコニーの手すり壁の笠木。板金加工で、笠木上面にくぎを留めていた。ここから雨水が浸入した

下したとみられる。

手すり壁の笠木とサイディングを取り外すと、通気層内の木製下地が湿っていた。さらに解体を進めると、手すり壁の出隅を中心に腐朽が広がっている軸組材が現れた〔写真2〕。ルーフバルコニーと汚損した居室の天井や壁の改修などで、修補費用は198万円となった。

原因●手すり壁上部の通気を妨げる納まり

手すり壁からの雨漏りと腐朽を引き起こした原因は3つある。1つ目は、手すり壁の笠木の上面をくぎ留めしたこと〔写真3〕。2つ目は、笠木下の手すり壁上端部の木製下地に透湿防水シートを張ったこと。3つ目は、裏返して張った窯業系サイディングなどで手すり壁上端部の通気を閉塞する納まりにしたことだ〔図2、写真4〕。

バルコニーの手すり壁の通気層は、暖められた空気が湿気を含みながら上昇して手すり壁の上端部に達する。通気を閉塞する納まりだと、湿気を含んで滞留した空気が低温部に触れて結露を生じることがある。木部の腐朽原因

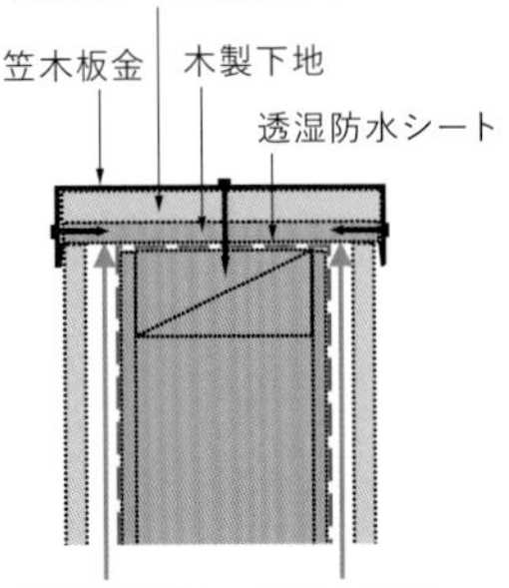

〔図2〕雨漏りと結露を招いた手すり壁の納まり図。裏返しにした窯業系サイディングなどで通気を閉塞していた

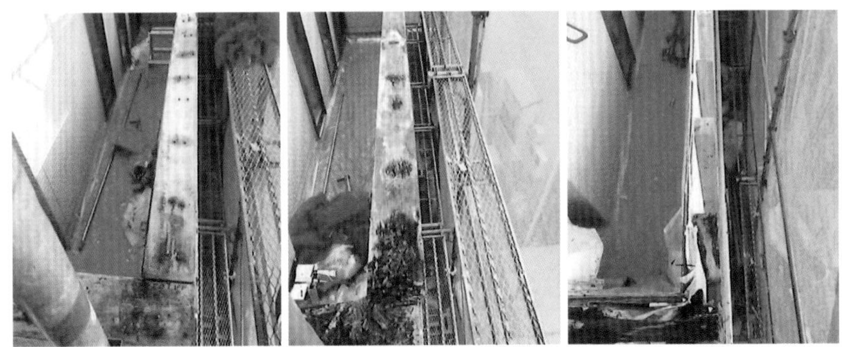

〔写真4〕手すり壁を解体した順に左から並べる。左は、笠木を外した状態。サイディング裏面のくぎ穴まわりが変色している。中央は、サイディングを外した状態。木製下地のくぎ穴まわりが腐朽している。右は、木製下地と透湿防水シートを剥がした状態。透湿防水シートを通過した雨水の影響で、コーナー部の腐朽が著しい

となる。

手すり壁の上端部に窯業系サイディングを裏返して張ることを、サイディング製造者は施工マニュアルで禁じている。サイディング裏面や切断面は仕上げ塗装が施されていないため、吸水による不具合が生じやすいからだ。

国土技術政策総合研究所が作成した「木造住宅の耐久性向上に関わる建物外皮の構造・仕様とその評価に関する研究」（国総研資料第975号XI章 - 17）でも、この納まりのリスクを指摘して、注意喚起している。

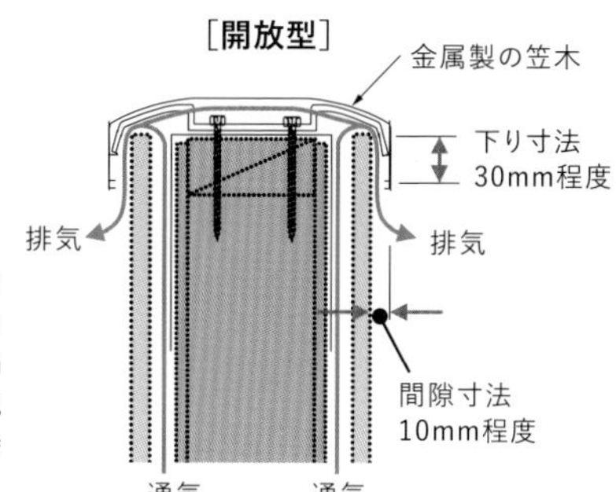

〔図3〕一般的な手すり壁の「開放型」の納まり。笠木と手すり壁の間隙寸法を10mm程度、笠木の下がり寸法を30mm程度にすることで通気を確保する。通気層内の湿気を排出できる一方、強風時は雨水の浸入リスクが残る

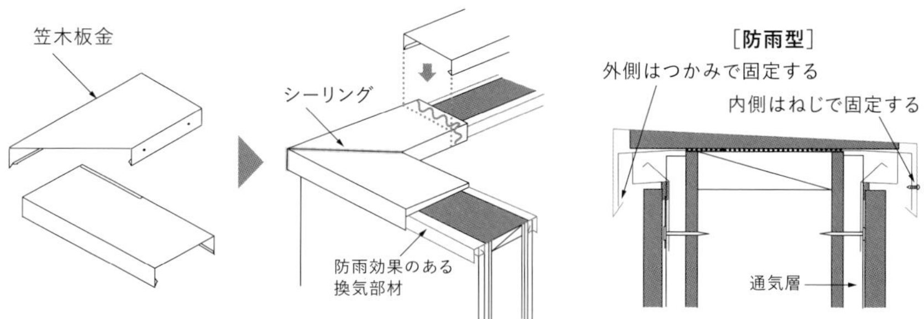

〔図4〕住まいの屋根換気壁通気研究会が推奨する「防雨型」の納まり。手すり壁側面の縦胴縁に防雨効果のある換気部材を設置し、笠木を換気部材に引っ掛けて固定する。笠木上面に穴を開けないので、雨水の浸入リスクが少ない

予防策●開放型か防雨型納まりに

手すり壁の雨漏りと結露を防ぐには、「開放型」や「防雨型」の納まりにすることだ〔図3〕。板金加工の笠木の上面をくぎで留める施工方法は漏水リスクが高いので、「住まいの屋根換気壁通気研究会」は笠木を手すり壁側面に固定する方法を推奨している。防雨効果のある換気部材を組み込み、通気層内の水蒸気を排湿しながら雨水の浸入を防止する仕様だ〔図4〕。

雨水浸入箇所ワースト20 ▶ ワースト2
雨漏りを防ぐ標準仕様37選 ▶ 仕様34

事例13　バルコニー・陸屋根からの雨漏り

ルーフバルコニーでねじ穴から浸入

手すり支柱の後付けは危険

ルーフバルコニー　笠木　手すり壁　支柱

[建物概要]
築9年3カ月の木造軸組工法2階建て

[浸入箇所]
ルーフバルコニーのパラペット

[被害箇所]
パラペットの腐朽、
1階の内装材と断熱材の汚損

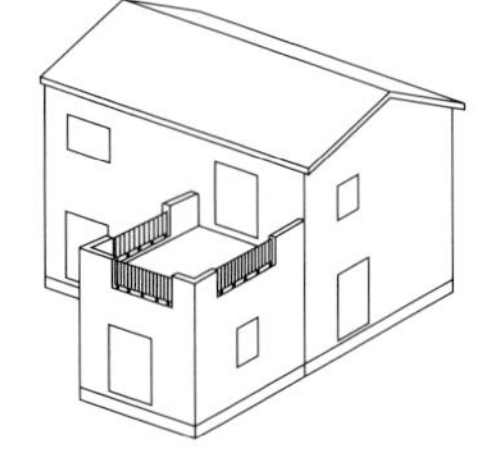
〔図1〕外観パース。ルーフバルコニーを設けて、手すりの支柱を後付けしていた

〔写真1〕左は雨漏りが発生した1階居室の天井。右は、解体した1階居室の内壁。雨水は1階の天井、壁へ漏水し、土台まで達していた

ルーフバルコニーは階下の居室の屋根を兼ねたバルコニーだ。ルーフバルコニーの手すり壁は階下の外壁と連続しているので、雨水が浸入すると居室の著しい損害を招く恐れがある。

比較的大きなルーフバルコニーを持つ木造住宅で、ルーフバルコニーの真下にある1階居室の天井と壁に雨漏りが生じた〔図1〕。ルーフバルコニーの

〔写真2〕左上は、パラペットを解体した状態。内部に雨水が浸入している。右上は、バルコニーの床板を剥がしたところ。断熱材に雨染みが広がっている。左下は、パラペットの上部。防水下地の透湿防水シートがぼろぼろになっている

床はFRP防水で、モルタルで仕上げたパラペットの水平面に装飾的な手すりを載せていた。

雨漏りによってクロスが剥がれた天井を一部解体すると、野縁が腐朽し、断熱材と下地ボードがぬれていた。雨漏りしている内壁の解体も進めると、浸入した雨水は土台まで到達していた〔写真1〕。パラペットのモルタルをはつると、雨水が浸入した影響で木材が腐朽していた〔写真2〕。

ルーフバルコニーの床と手すり壁、1階居室の床と壁の全面張り替えなどの修補費用として、511万円を要した。

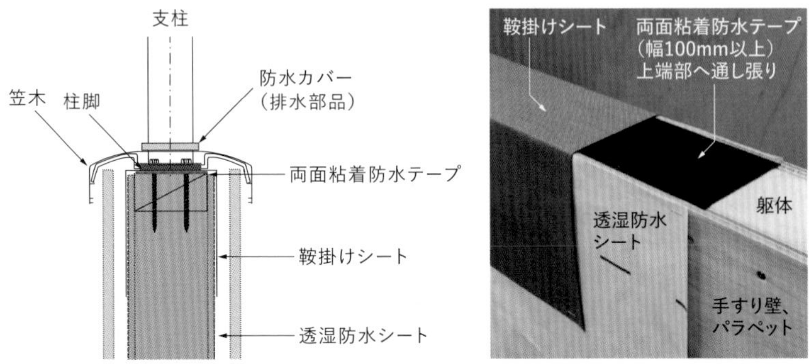

〔図2〕左は、雨水の浸入を防ぐパラペットの納まり図。手すりの支柱と笠木が一体になった既製品を使用する。右は、止水性を高めるパラペットの防水下地の施工方法

原因●手すり支柱のねじ穴が露出

雨水の主要な浸入箇所は、手すりの支柱を留めるねじ穴だ。パラペット上端部を貫通している上、ねじ頭が露出しているので、雨水が回り込みやすい。

ねじ穴から入った雨水が躯体側に回った原因は、パラペットの上端部をモルタルで仕上げ、透湿防水シートを下地に張っていたことだ。モルタルは透水性が高く、透湿防水シートはねじ穴止水性がよくない。どちらもパラペットの上端部に使ってはいけない材料だ。

予防策●支柱と笠木が一体になった既製品に

手すりの支柱から雨水が浸入するのを防ぐ対策は、ねじなどの貫通部を金属製の笠木で覆うことだ。手すりの支柱と笠木が一体になった既製品が望ましい〔図2〕。さらに、バルコニーの手すり壁と同じ要領で、パラペットの上端部の端から端まで通し張りした両面粘着防水テープの上に鞍掛けシートを張って、止水性を確保する。

雨漏りを防ぐ標準仕様37選 ▶ 仕様34

事例14 バルコニー・陸屋根からの雨漏り

FRP防水の立上りが不足

階下の天井に雨水がたまる

ルーフバルコニー　FRP防水　透湿防水シート　シーリング目地

［建物概要］
築8年10カ月の木造軸組工法2階建て
［浸入箇所］
バルコニーの防水層と外壁の取合い部
［被害箇所］
1階天井の汚損

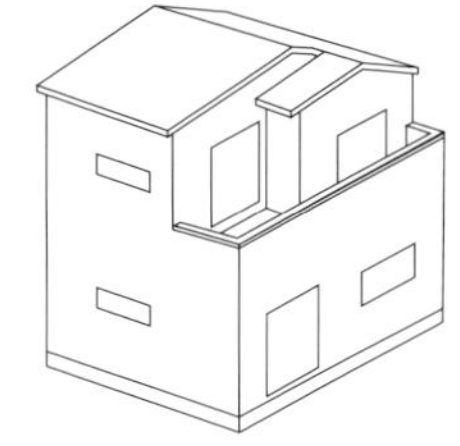
〔図1〕外観パース。2階にルーフバルコニーを設けていた

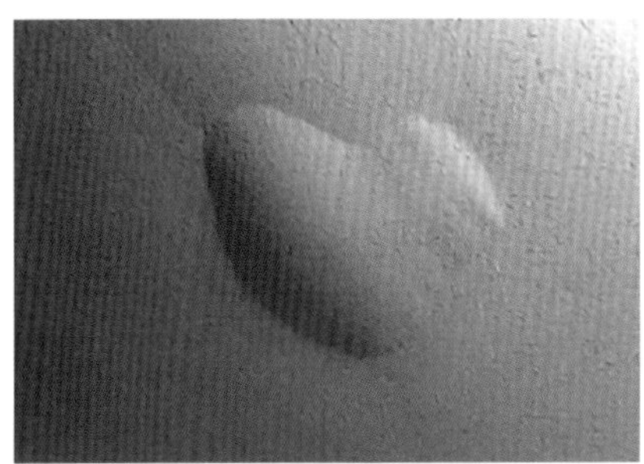
〔写真1〕ルーフバルコニーの直下にある居室の天井のクロスが膨れている状態。中に雨水がたまっている

〔写真2〕窯業系サイディングのシーリング目地が界面剥離を起こしている様子。こうした目地の隙間から、雨水が浸入したとみられる

バルコニーの床によく用いられるFRP防水。このFRP防水と外壁の防水ラインが不連続になると雨漏りを招くことがある。

FRP防水で床を仕上げたルーフバルコニーを2階に設けた窯業系サイディング張りの木造住宅で、ルーフバルコニーの真下にある1階居室に雨漏りが生じた〔図1〕。居室の天井に雨水がたまり、クロスが膨れた状態になった〔写

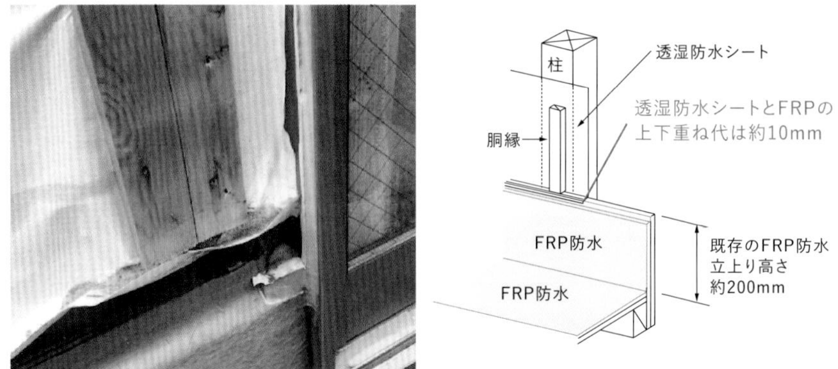

〔図2〕左は、ルーフバルコニーの床のFRP防水立上りと外壁の透湿防水シートの取合い部の写真。透湿防水シートの端部がめくれて、FRP防水の下地板の小口が見えている。右は、写真を図解したもの。FRP防水と透湿防水シートの上下の重ね代が10mm程度しかなく、実質的に不連続となっている

真1〕。FRP防水の立上りに接するサイディングのシーリング目地が界面剥離を起こし、隙間が生じていた〔写真2〕。この隙間から通気層内に雨水が浸入したとみられる。

ルーフバルコニーのFRP防水の改修に加え、サイディング、1階の天井ボード、クロスの張り替えなどで、修補費用は112万円となった。

原因●床と壁の防水層に隙間

外壁のシーリング目地から浸入した雨水が、1階の天井に回った原因は、FRP防水の立上りと外壁の透湿防水シートの上下の重ね代がわずか10mm程度で、隙間が生じていたことだ。2階の外壁のサイディングを剥がすと、透湿防水シートの下端がめくれ上がり、FRP防水の上端部は下地板の小口が見えていた〔図2〕。

予防策●床の防水層を壁と重なるまで立ち上げる

ルーフバルコニーから躯体側への雨水浸入を防ぐには、外壁と床の防水層

〔図3〕改修時の納まり。柱と筋かいの外側に面合わせで下地板を追加し、FRR防水を120mm以上新設する

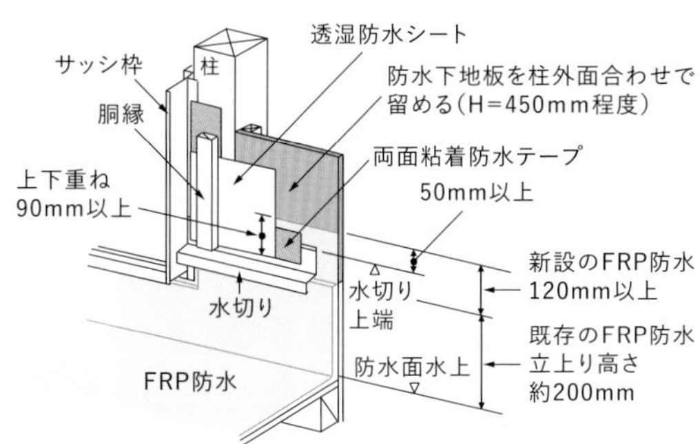

〔改修手順〕

①立上りに防水下地板を新設

②かぶせ工法でFRP防水を120mm新設

③水切りを新設

④透湿防水シートを水切りまで張り下げる

⑤両面粘着防水テープを水切りとFRP防水をまたいで張り、透湿防水シートとFRP防水を連続させる

〔図4〕左は、ルーフバルコニーのFRP防水を改修している様子。防水層の立上りに下地板を新設し、既存の防水層へ新規の防水層をかぶせて施工する「かぶせ工法」を採用した。右は改修手順を示す

を連続させることが欠かせない。透湿防水シートに重なる高さまで、FRP防水を外壁側に立ち上げる。透湿防水シートとFRP防水の上下の重ね代は90mm以上確保し、水切りを設けるのがよい〔図3〕。

この住宅は、既存の防水層に新規の防水層をかぶせる「かぶせ工法」で改修した〔図4〕。既存の耐力壁が面材ではなく筋かいだったので、FRP防水の立上りに下地板を新設したうえで、FRP防水を再施工した。

雨水浸入箇所ワースト20 ▶ ワースト4、11
雨漏りを防ぐ標準仕様37選 ▶ 仕様36

事例15　バルコニー・陸屋根からの雨漏り

片持ち梁のバルコニーは高リスク

躯体に大きなダメージを招く

バルコニー　片持ち梁　シーリング目地　くぎ穴

［建物概要］
築8年11カ月の木造軸組工法2階建て

［浸入箇所］
バルコニー片持ち梁の外壁貫通部

［被害箇所］
片持ち梁、柱、梁の腐朽、内装の汚損

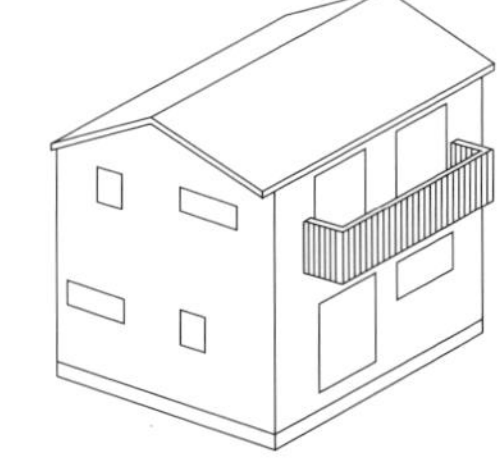
〔図1〕外観パース。2階に木製バルコニーと掃き出し窓を設けていた

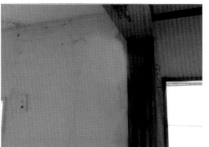

〔写真1〕左は、バルコニー直下の1階居室に生じた雨染みを外側から見たもの。木製の窓枠が黒く変色している。右は、居室側の柱と梁に雨水の跡が広範囲に残っている様子

頻繁に雨が掛かる木造のバルコニーは劣化リスクが高い。バルコニーの片持ち梁が壁を貫通していると、躯体に大きなダメージを招くことがある。

2階に木造のバルコニーを設けた住宅で、バルコニーの直下に位置する1階居室内の壁と柱、梁に雨染みが発生した〔図1、写真1〕。バルコニーは、壁を貫通して木部を現しにした6本の片持ち梁で支えている。雨染みが発生したのは、そのうちの2本の片持ち梁の下方だ〔写真2〕。1階が雨漏りして

〔写真2〕左は、雨漏り修理中のバルコニーを外側から見たもの。右は、居室側への雨漏りを招いたバルコニーの片持ち梁。片持ち梁は4面現しだった

〔写真3〕左は、改修のためにバルコニーを解体し、片持ち梁を切断した状態を外側から見たもの。右は、片持ち梁を支える柱を解体しているところ。柱と胴差しが腐朽している

いた真上の2階には、バルコニーに面して掃き出し窓が設けられていた。2本の片持ち梁の位置は、その2階の掃き出し窓の縦枠の真下だ。

バルコニーを撤去すると、片持ち梁を支える柱が著しく腐朽して、構造的に危険な状態だった〔写真3〕。バルコニーの再設置のほか、柱、梁、胴差し、断熱材、外装材の交換、内装材の張り替えなどで、修補費用は315万円に達した。

原因❶壁の貫通部から雨水が回り込む

2本の片持ち梁の下方に雨水が浸入した原因は、バルコニーに面する2階

〔写真4〕左は、界面剥離を起こしていた2階の掃き出し窓まわりのシーリング目地。右は、2階の掃き出し窓の縦枠と、片持ち梁の位置関係。縦枠の真下に片持ち梁がある。縦胴縁も腐朽している

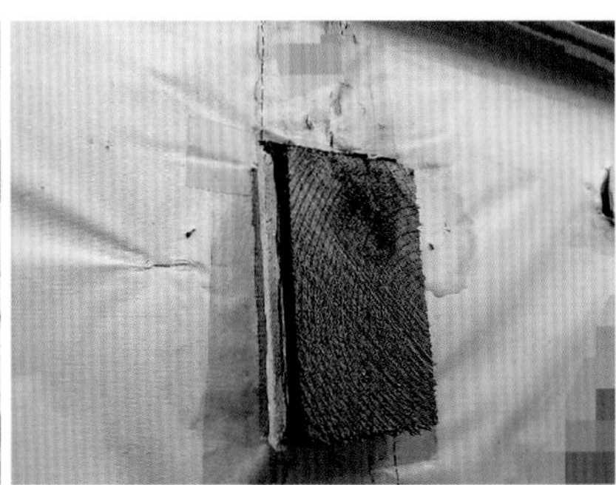

〔写真5〕左は、解体中のバルコニーの床。片持ち梁に板材を載せてくぎ留めしていた。右は、居室側への雨漏りを招いていなかった片持ち梁を、貫通部で切断した状態。床板を留めるくぎ穴から雨水が浸入していた

サッシのシーリング目地だ。目地が界面剥離を起こしていた〔写真4〕。目地から浸入して通気層を流下した雨水は、現しの片持ち梁にぶつかり、透湿防水シートと片持ち梁の取合い部分に張られた防水テープの隙間などから、梁を伝い居室側に回り込んだ。

1階の居室側への雨漏りを発生させていなかった4本の片持ち梁にも、雨水の染み込みが確認された〔写真5〕。雨水の浸入箇所は、片持ち梁にバルコニーの床板を留めていたくぎ穴だ。この状態が進行していくと、片持ち梁の耐久性を損なう。

〔写真6〕左は、金属製のブラケットで支える既製品のバルコニーを使って改修している様子。ブラケットは胴差しに留め付けている。右は、完成後の状態

片持ち梁を支える柱は、雨水浸入の影響で長い間、湿潤状態に置かれた。木造住宅は高断熱・高気密化が進んだ影響で躯体の柱・梁がいったん湿潤すると、乾燥しにくくなる。この住宅の居室内は真壁なので雨染みを発見しやすかったが、大壁の場合は雨漏りに気付きにくくなる。

予防策●バルコニーの梁は壁を貫通させない

壁を貫通する木造の片持ち梁でバルコニーを支えようとすると、雨漏りを防ぐのは難しい。この住宅では、金属製のブラケットで支える既成品のバルコニーを使って改修した〔写真6〕。既製品であれば、バルコニー製造者の指定する施工方法を順守することで雨漏りや劣化リスクを抑えられる。

木造のバルコニーにするなら、壁を貫通する片持ち梁にしないで、外皮と止水板などで縁を切る外付けタイプにするのがよい。外付けの片持ち梁は強度が低いので、外付けで柱を建てるバルコニーが安全だ。

雨水浸入箇所ワースト20 ▶ ワースト4、12
雨漏りを防ぐ標準仕様37選 ▶ 仕様37

事例16　基礎の不同沈下による構造事故

地盤改良したのに傾く

軟弱地盤上の盛土がおわん状に沈下

盛土　軟弱地盤　良質地盤　地盤補強工法

［建物概要］
築9年1カ月の木造軸組工法2階建て

［被害箇所］
内装に隙間、床の傾き

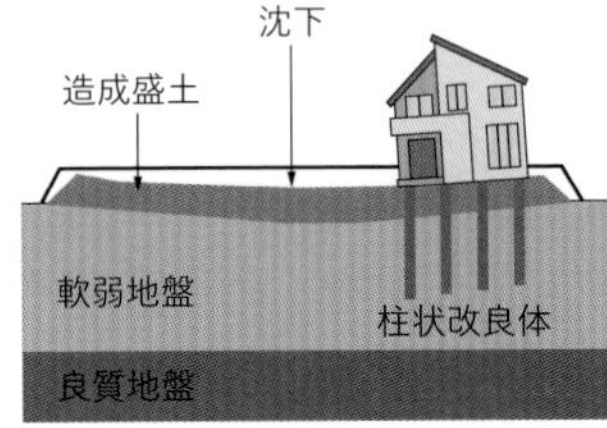

〔図1〕盛土造成地を柱状改良体で補強して建てた総2階建て住宅が、不同沈下した。総2階建てなので、建物荷重に偏りはない

〔写真1〕左は、引き戸の枠が変形し、引き戸と枠の間に15mmの隙間が空いている状態。右は、住宅が不同沈下したことでサッシ隅角部に生じたひび割れとクロスの破断部分を、補修している様子

盛土造成地は不同沈下のリスクが高い。地盤改良で対策をすることが一般的だが、それでも不同沈下が発生する場合がある。

近年開発された盛土の分譲地に建てられた総2階建ての住宅が傾いた〔図1〕。住戸内の引き戸と枠に15mmの隙間ができたり、枠が変形してドアが閉まらない建て付け不良が生じたりした〔写真1〕。壁にひび割れが生じ、クロスの破断も見つかった。1階の床高を各所で計測すると、高低差が最大

〔図2〕不同沈下を生じた住宅の配置図。道路を含む3棟宅地に、約1m盛土して造成した分譲地の端に位置する。住宅の敷地内では、スクリューウエイト貫入試験を、四隅と中央付近の5カ所のポイントで実施していた

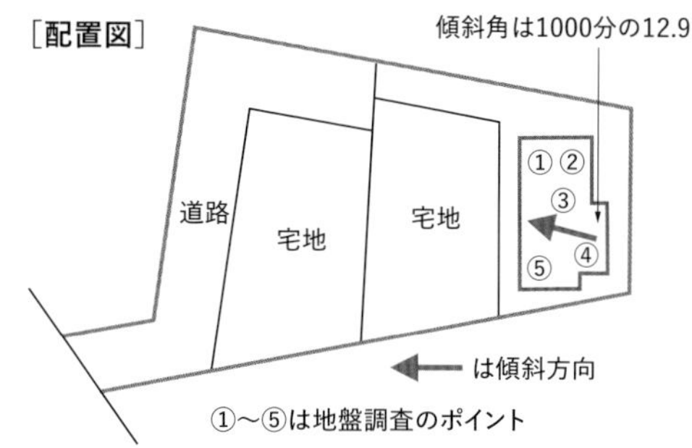

〔写真2〕高さ1.1mの擁壁に盛土した造成地。隣地は湿地性植物が生えていて、地盤に腐植物(腐植土)の堆積が想定される

〔写真3〕分譲地内の路面のアスファルトに亀裂が生じている様子

70mmあり、傾斜角は1000分の12.9に達していた。

住宅は3棟からなる分譲地の端に位置する〔図2〕。約1m盛土していることが分かっており、隣地は湿地性植物が茂っていた〔写真2〕。分譲地内の敷地境界のブロック塀も建物と同じ方向へ傾き、路面のアスファルトに亀裂が生じていた〔写真3〕。

地盤調査会社は、スクリューウエイト貫入試験結果を基に、「沈下が予想される。何らかの地盤補強の検討が必要」と判定。盛土自重による沈下の可能性は指摘していなかった。それを受け、地盤補強工法はセメント系固化材と掘削土を混ぜて柱状改良体をつくる湿式柱状改良工法を採用し、住宅の基礎はべた基礎としていた。

住宅を基礎から持ち上げ水平に戻す沈下修復工事と、内装・建具工事などを含む修補費用は974万円と高額になった。

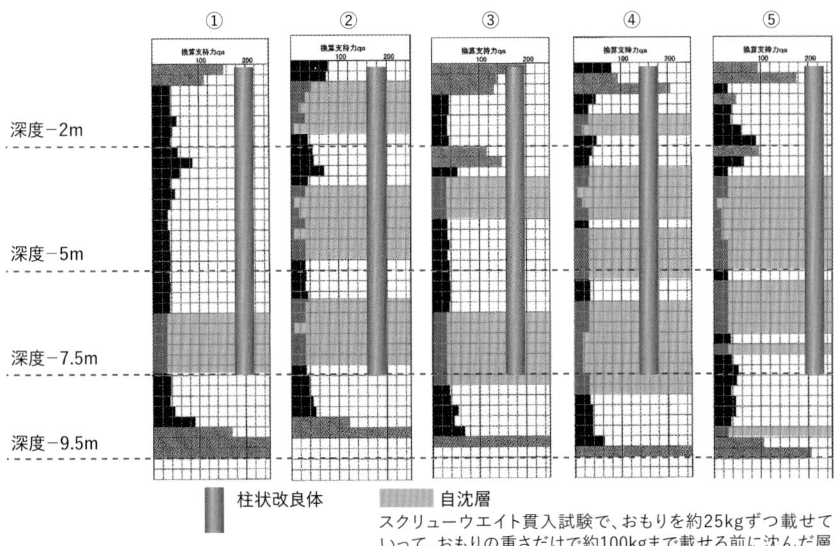

〔図3〕敷地内5カ所でのスクリューウエイト貫入試験の結果。表層の約1mは造成盛土と推定され、深度−0.75〜−8.5mに自沈層が連続、深度−9.5m付近に200kN/㎡以上の硬い地盤がある。図の縦軸は深度で1マス25cm。横軸は地盤の換算支持力qaで1マス20kN/㎡。柱状改良体は深度−7.5m

原因●地盤補強工法の選定と仕様決定のミス

地盤改良したにもかかわらず不同沈下したのは、盛土自重による沈下の可能性に対して、採用した地盤補強工法と仕様が不適切だったことだ。盛土自重による沈下を想定して、適切な地盤補強工法と仕様を選定していれば不同沈下は避けられた。スクリューウエイト貫入試験の結果を示す地盤調査データを見ると、各側点において深さ8.5ｍまで自沈層の存在が示されていた〔図3〕。

深さ7.5mの柱状改良体は、盛土の自重で柱状改良体の周囲の軟弱地盤が沈下して、下方に引き込まれた可能性が高い。分譲地の地盤が中央に向かって、おわん状に沈下していたのは、盛土の重さが中央ほど重く、端の方ほど軽いからだ。

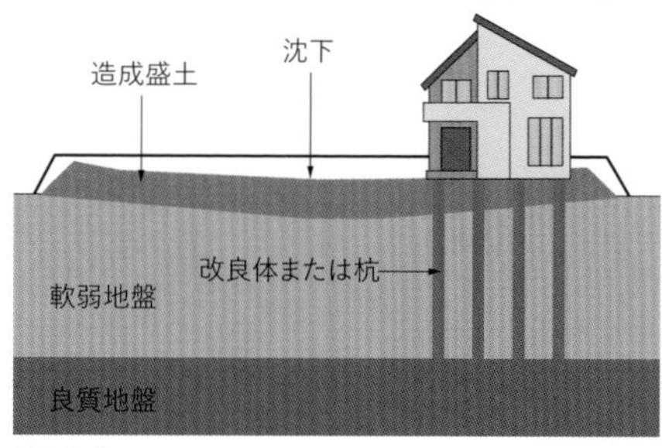

〔図4〕軟弱層が深く続く場合、良質地盤まで達する杭状地盤補強工法が適する

〔写真4〕基礎の下を掘削して鋼管を圧入する鋼管圧入工法で、沈下修復工事を実施している様子。圧入している鋼管の外径は139.8mm。その左右には新築時の柱状改良体が見える

予防策●地盤調査会社に助言を求めて仕様を決定

盛土自重による沈下の可能性のある地盤では、良質地盤まで到達する杭状地盤補強工法を選定するとよい〔図4〕。沈下を修正する修補工事では、地盤の再調査を実施し、深さ9.5m付近に良質地盤があることを確認した上で、住宅を基礎から持ち上げる鋼管圧入工法（アンダーピニング）を採用した〔写真4〕。

地盤調査報告書には、低地の造成地であることは示されていたが、盛土の自重による沈下の可能性には触れられていなかった。湿地性植物が茂った地盤に盛土していたので、腐植物（腐植土）の堆積が想定されたはずだ。盛土造成地は様々なリスクがあるので、地盤調査会社や地盤改良会社によく相談してアドバイスをもらい、地盤補強工法と仕様を念入りに検討して決定する必要がある。

構造事故ワースト3 ▶ ワースト2

第5章
雨漏りを防ぐ標準仕様37選

2276件の保険事故を分析した第2章の「雨水浸入箇所ワースト20」を踏まえ、雨水浸入防止に必要な基準や納まり、施工手引きなどを標準仕様として整理した。木造住宅分野は標準仕様書の整備の遅れが、雨漏りトラブルを招く大きな要因となっている。以下の標準仕様を参考に、設計・施工者は自社の防水仕様書を見直してほしい。

雨水浸入箇所ワースト20

＋

雨漏りを防ぐ標準仕様37選

↓

さあ、自社の防水仕様書を見直そう！

仕様 1

標準防水材料一覧

1.「雨漏りを防ぐ標準仕様37選」で使用する防水材料の品質は以下の通り。

材料名	概要と留意点
改質アスファルトルーフィング	屋根の下ぶきに使用するアスファルトルーフィングは、日本防水材料協会規格の「改質アスファルトルーフィング下葺材 ARK 04^{S}-04」に適合またはこれと同等以上の防水性能を有するものとする
透湿ルーフィング	屋根の下ぶきに使用する透湿ルーフィングは、JIS A 6111（透湿防水シート）の屋根用透湿防水シートに適合またはこれと同等以上の透湿性能、および防水性能を有するものとする。「透湿ルーフィング葺」は、その透湿機能により、下地の湿気を透湿させることができる。そのため、下ぶき材から透湿された湿気が屋根ふき材かん合部の間隙から外部へ排出されるものを選択するか、または屋根ふき材と下ぶき材の間の通気層から外部へ排出できる工法とする
透湿防水シート	通気構法（外壁内に通気層を設け、壁体内通気を可能とする構造）とした外壁に用いる防水紙は、JIS A 6111（透湿防水シート）の外壁用透湿防水シートに適合またはこれと同等以上の透湿性能、および防水性能を有するものとし、通気層の躯体側へ施すものとする
改質アスファルトフェルト	通気構法以外の外壁に用いる防水紙は、日本防水材料協会規格の「改質アスファルトフェルト ARK 14^{W} - 04」に適合またはこれと同等以上の防水性能を有するもの（透湿防水シートを除く）とする
先張り防水シート	サッシ開口部窓台および壁止まり軒部などの屋根と外壁の取合い部に用いる先張り防水シートは、日本防水材料協会規格の「先張り防水シート及び鞍掛けシート JWMA - A01」に適合またはこれと同等以上の防水性能を有するものとする

鞍掛けシート	バルコニー手すり壁およびパラペットなどの笠木下の上端部に用いる鞍掛けシートは、日本防水材料協会規格の「先張り防水シート及び鞍掛けシート JWMA - A01」に適合またはこれと同等以上の防水性能を有するものとする
両面粘着防水テープ	両面粘着防水テープは、JIS A 6112(住宅用両面粘着防水テープ)の性能基準に適合するものとする。防水テープは被着体(防水紙、屋根下ぶきなど)によってそれぞれ適否があるため、施工前に防水テープおよび被着体の各製造者に適否を確認し、被着体との相性が良好なものとする
片面粘着防水テープ	片面粘着防水テープは、JIS A 6112(住宅用両面粘着防水テープ)の性能基準に準ずるものとする。防水テープは被着体(防水紙、屋根下ぶきなど)によってそれぞれ適否があるため、施工前に防水テープおよび被着体の各製造者に適否を確認し、被着体との相性が良好なものとする
伸張性片面粘着防水テープ	伸張性のある伸ばしても縮み戻りの少ない防水テープ。屋根下ぶき、防水紙、先張り防水シート、鞍掛けシートの3面交点などでピンホールの発生する部位や、壁貫通口などの曲線部位に使用する。伸張性のある基材にゴム系粘着材などを塗布したものとして、日本防水材料協会規格の「伸張性片面粘着防水テープ JWMA - A02」がある
シーリング材	シーリング材は、JIS A 5758(建築用シーリング材)に適合するもので、JISの耐久性による区分の8020の品質またはこれと同等以上の耐久性能を有するシーリング材とする。プライマーはシーリング材製造者の指定するものを用い、各製造者の指定する施工方法を順守する。「シーリング材」および「プライマー」は被着体によってそれぞれ適否があるため、施工前にシーリング材製造者に問い合わせ、被着体との接着性について十分確認する

仕様 2

改質アスファルトルーフィング

1. 屋根の下ぶきに使用するアスファルトルーフィングは、日本防水材料協会規格の「改質アスファルトルーフィング下葺材 ARK 04^{S}-04」に適合またはこれと同等以上の防水性能を有するものとする。

2. ステープルの打ち込みは必要最小限にする。瓦桟木や屋根ふき材が施工されると下ぶきは野地板に固定されてしまい、ステープルの役目は不要になる。ステープルをむやみに打ち込むことは、下ぶきを貫通する穴が増えるだけで、防水機能面で好ましくない。

アスファルトルーフィングは、低温時や高温時の作業性、釘穴シーリング性が良好な改質アスファルトルーフィングを推奨する。アスファルトルーフィング940に比べ、止水性、施工性、耐久性に優れている。太陽熱の影響を受けやすい屋根面において、ルーフィング自体の寸法安定性が優れているので複数箇所にくぎを貫通させても水が漏れにくい。ルーフィングを折り曲げて施工する棟部、谷部、壁の取合い部で亀裂が生じにくい。

[改質アスファルトルーフィング下葺材の構成例]

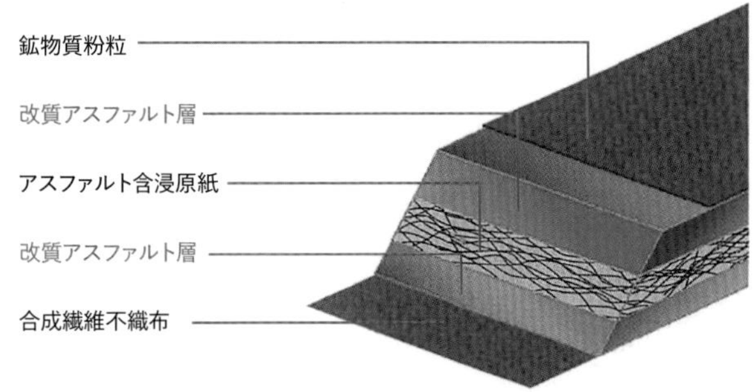

〔図1〕改質アスファルトルーフィング下葺材の構成例を示す。アスファルトに合成ゴムや合成樹脂を混入して防水性能を向上させている。基材を複層にしたもの、粘着層を加えたものなど多くの種類がある（資料：国土技術政策総合研究所資料 第975号 第II章-131を基にJIOが作成）

A:上下(流れ方向)
重ね100mm以上

×印はステープル
留め付け箇所を示す

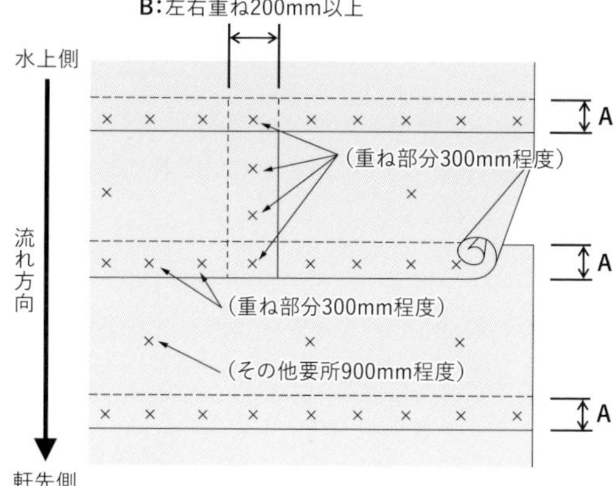

〔図2〕アスファルトルーフィングをステープルで野地板に仮留めする方法の参考例

〔図3〕アスファルトルーフィングを仮留めするステープルは、野地板と平らに打ち込む。ルーフィングが野地板から浮いた状態でステープルを打ち込むと、ルーフィングが損傷することがある

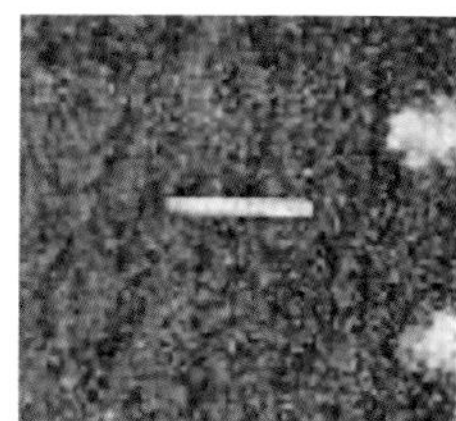

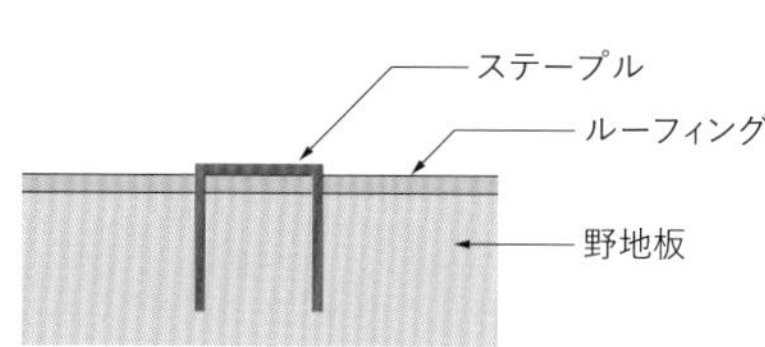

×ルーフィングの損傷

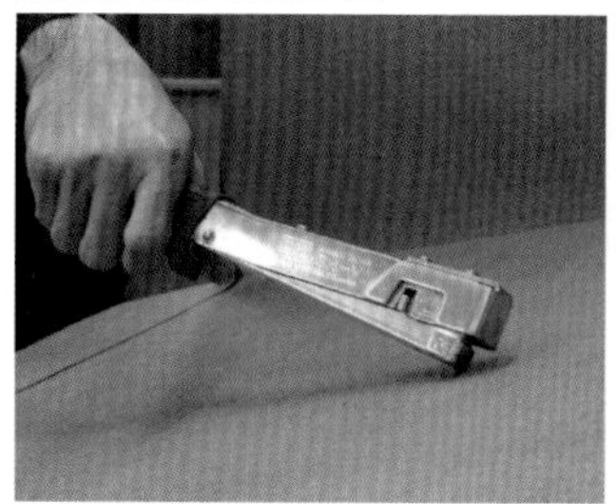

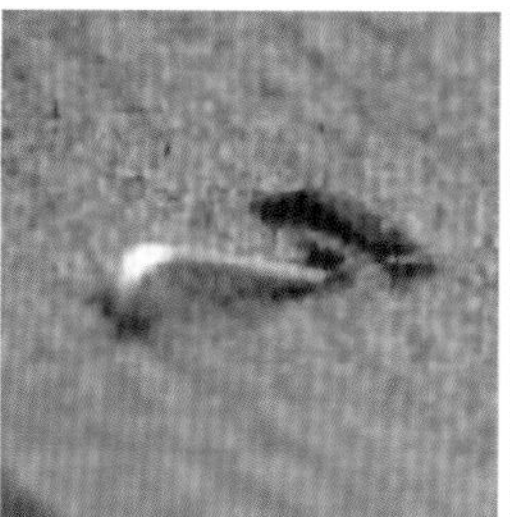

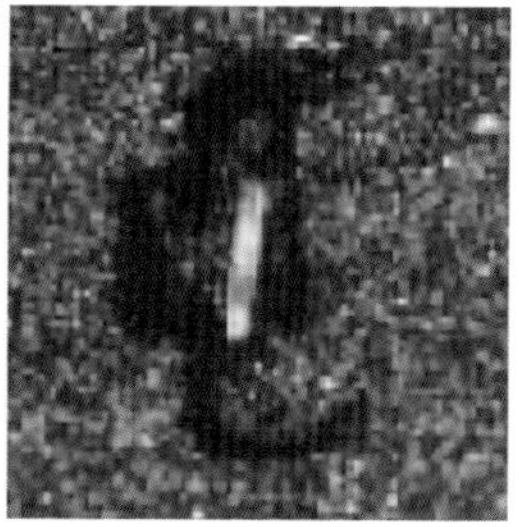

〔写真1〕左は、ハンマー式タッカーを不適切な角度で振り回したり、力を入れすぎたりした場合に、タッカーの頭部がルーフィングに当たっている様子。中央と右は、タッカーが当たったことなどによるルーフィングの損傷。損傷した部分は防水テープを張って補修する

雨水浸入箇所ワースト20 ▶ ワースト13

仕様 3

透湿ルーフィング

1. 屋根の下ぶきに使用する透湿ルーフィングは、JIS A 6111（透湿防水シート）の屋根用透湿防水シートに適合またはこれと同等以上の透湿性能および防水性能を有するものとする。

2. 「透湿ルーフィング葺」は、その透湿機能により、下地の湿気を透湿させることができる。そのため、下ぶき材から透湿された湿気が屋根ふき材かん合部の間隙から外部へ排出されるものを選択するか、または屋根ふき材と下ぶき材の間の通気層から外部へ排出できる工法とする。

3. 湿気がかん合部の間隙から外部へ排出される屋根ふき材を選択する場合の屋根勾配は、ルーフィング製造者の指定するものとする。

4. 透湿ルーフィングはルーフィング製造者の指定するふき方を順守する。ステープルは製造者の指定する位置に打ち込む。ステープルをむやみに打ち込まない。

透湿ルーフィングはアスファルトルーフィングに比べ、くぎ類やステープルによる貫通部のシーリング性が良くない。ルーフィング製造者はステープルの打ち込み箇所をルーフィングの重ね部などに限定している。ステープルは指定箇所以外に打ち込まないようにする。

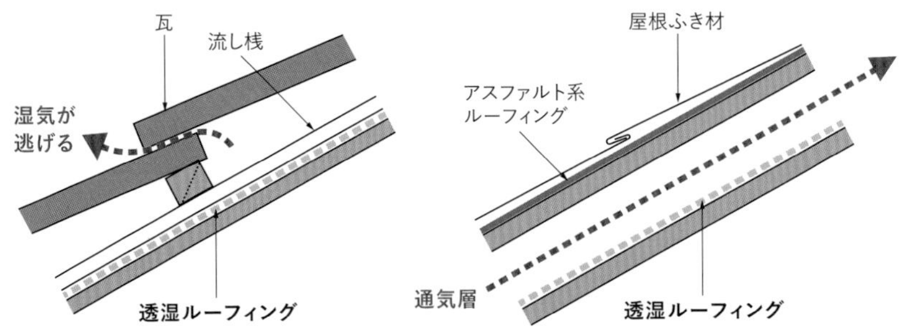

〔図1〕左は、かん合部の間隙から外部へ湿気を排出する屋根ふき材の納まり。右は通気層から外部へ湿気を排出できる工法の納まり（断面図）

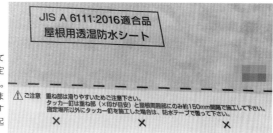

〔写真1〕透湿ルーフィングに印刷されている×印は、ルーフィング製造者が指定するステープルの打ち込み箇所を示す。指定箇所以外にステープルが打ち込まれた場合は防水テープを張って補修するよう、ルーフィング製造者は注意喚起している

✕ 屋根ふき材とルーフィングが密着して湿気が逃げない

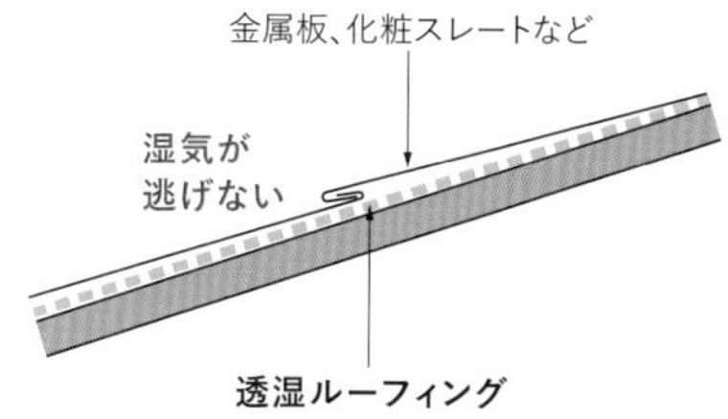

〔図2〕屋根ふき材がルーフィングと密着して湿気が逃げない納まり（断面図）。雨漏りと下地材の劣化を招く

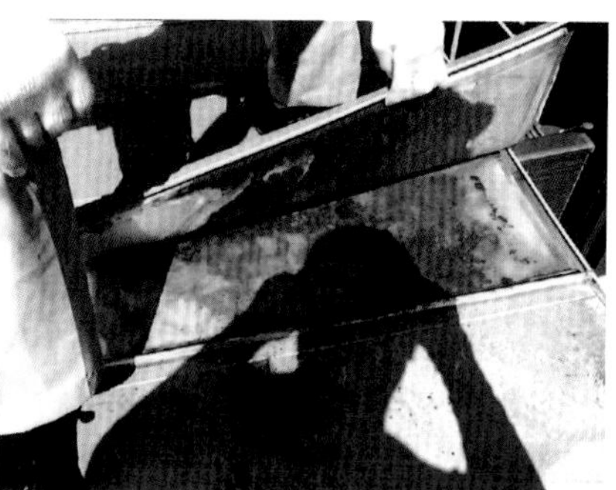

〔写真2〕湿気が逃げない立平ぶきの鋼板を透湿ルーフィングに施工していた雨漏り事例。左は、軒先の野地板が腐朽している様子。右は、軒先の鋼板を剥がした状況。鋼板と野地板の間に湿気が滞留して、軒先の唐草に水が吸い上がる毛細管現象を招いた影響で鋼板の腐食が進み、穴が生じた。築8年7カ月となる木造軸組工法2階建て住宅で、修補費用に229万円を要した

保険事故16事例に学ぶ ▶ 事例8

仕様 4

ルーフィングのふき方<全体>

1. ルーフィング類は、材料の長手方向を屋根の流れ方向に対して垂直になるように広げ、軒先から施工を始めて水上側へふき進める。上下（流れ方向）は100mm以上、左右は200mm以上重ね合わせる。

谷がある場合は、谷にルーフィングを先張りする。続いて、軒先１段目を任意の位置からスタートし、下の図の②→③→④→と一定方向に敷き込む。２段目以降も同じように一定方向にふき進める。

［ルーフィングのふき方］（寄棟屋根の参考例）

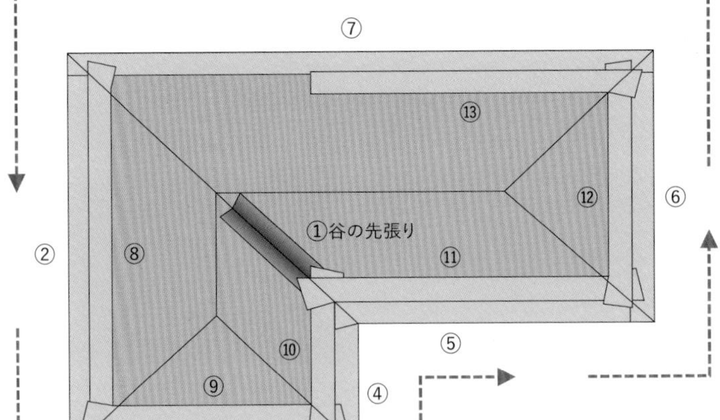

〔図1〕寄棟屋根にルーフィングをふく手順

仕様 5

ルーフィングのふき方<谷>

1. 谷心を中心に幅500～1000mm程度の下ぶき材を先張りする。

2. 谷底より両方向へそれぞれ谷を越えて250mm以上折り返す。

3. 谷底付近にステープルを打たない。

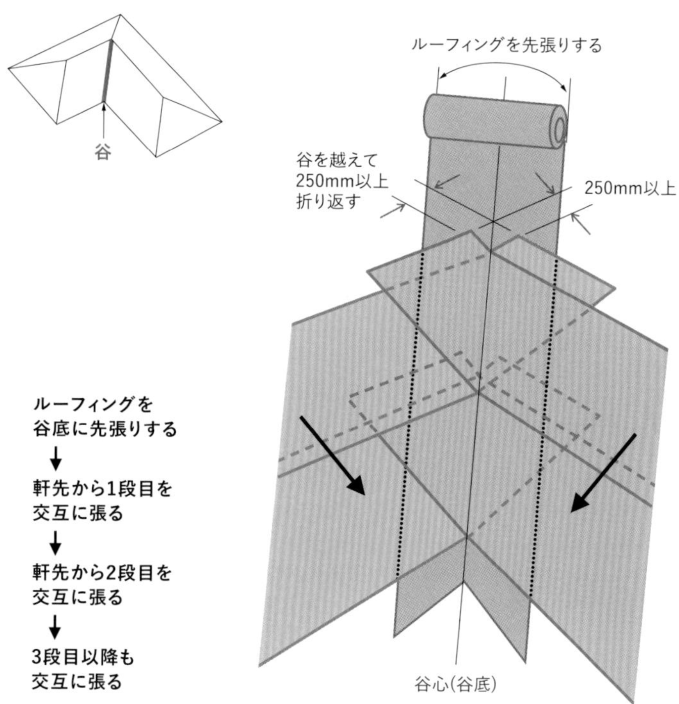
谷
ルーフィングを先張りする
谷を越えて
250mm以上
折り返す
250mm以上
ルーフィングを
谷底に先張りする
↓
軒先から1段目を
交互に張る
↓
軒先から2段目を
交互に張る
↓
3段目以降も
交互に張る
谷心(谷底)

〔図1〕谷にルーフィングをふく手順

仕様 6

ルーフィングのふき方<隅棟>

1. 棟頂部より両方向へそれぞれ隅棟を越えて250mm以上折り返す。

2. 棟頂部を中心に500〜1000mm程度の下ぶき材を増し張りする。

3. 棟頂部付近にステープルを打たない。

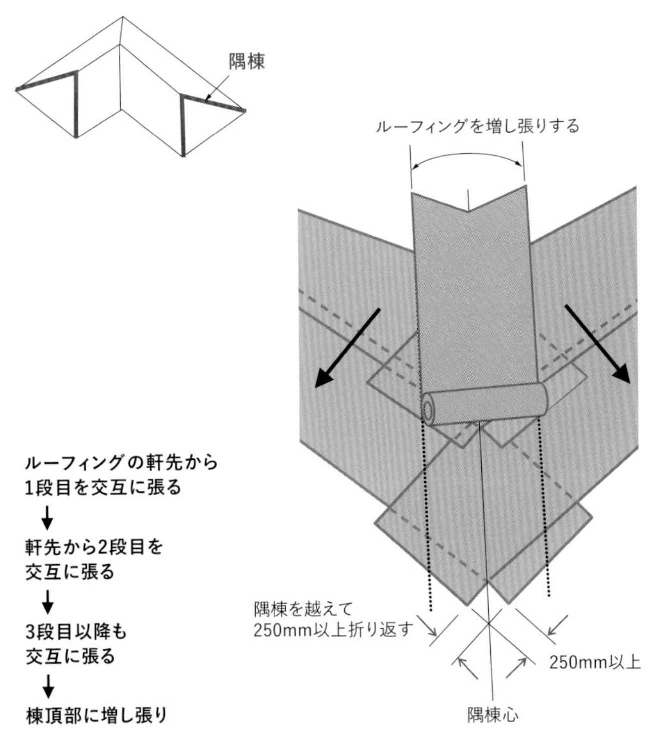

隅棟
ルーフィングを増し張りする
ルーフィングの軒先から
1段目を交互に張る
↓
軒先から2段目を
交互に張る
↓
3段目以降も
交互に張る
↓
棟頂部に増し張り
隅棟を越えて
250mm以上折り返す
250mm以上
隅棟心

〔図1〕隅棟にルーフィングをふく手順

仕様 7

ルーフィングのふき方<陸棟>

1. 陸棟頂部より両方向へそれぞれ陸棟を越えて250mm以上折り返す。

2. 陸棟頂部を中心に500～1000mm程度の下ぶき材を増し張りする。

3. 陸棟頂部付近にはステープルを打たない。

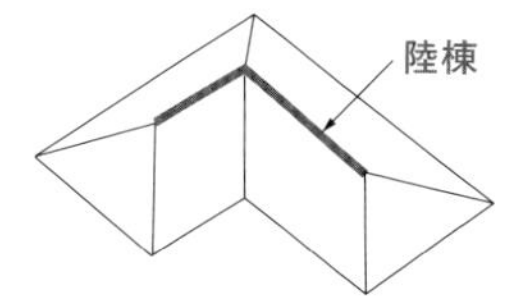

ルーフィングを
増し張りする

**ルーフィングを陸棟頂部の
両方向へそれぞれ陸棟を
越えて250mm以上折り返す
↓
陸棟頂部に増し張り**

250mm
以上

250mm
以上

〔図1〕陸棟にルーフィングをふく手順

仕様 8

ルーフィングのふき方<けらば>

1. 化粧スレートぶき、金属板横ぶき、アスファルトシングルぶきなどの屋根ふき材の端部を、「けらば水切り」に差し込んで納める場合は、のぼり木を取り付ける。その後、けらば全長にわたって1000mm程度の下ぶき材をのぼり木に立ち上げて、増し張りする。

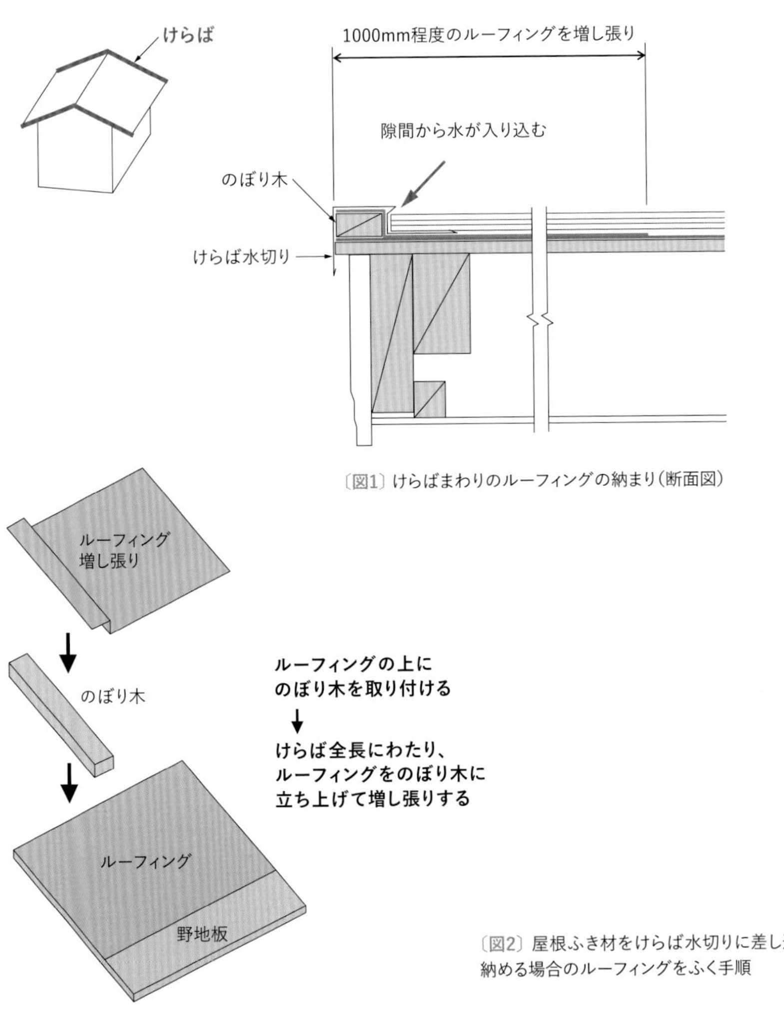

〔図1〕けらばまわりのルーフィングの納まり(断面図)

〔図2〕屋根ふき材をけらば水切りに差し込んで納める場合のルーフィングをふく手順

「けらば水切り」は、化粧スレートぶき、金属板横ぶき、アスファルトシングルぶきなどのけらば部分に用いるもので、屋根ふき材の端部を差し込んで納める形式の板金役物を指す。

屋根ふき材の上を流れる雨水は、けらば水切りと屋根ふき材の隙間からルーフィング側に入り込み、けらば水切りの捨板部分で軒先側に排水する。けらば水切りの捨板部分と屋根ふき材の隙間がほこりで目詰まりすると、雨水が横方向にオーバーフローする。雨水がルーフィングのくぎ穴から裏へ回り込むと、漏水の原因になる。

この雨水浸入を防ぐために、けらば部分のルーフィングは増し張りして、防水性能を強化するのがよい。

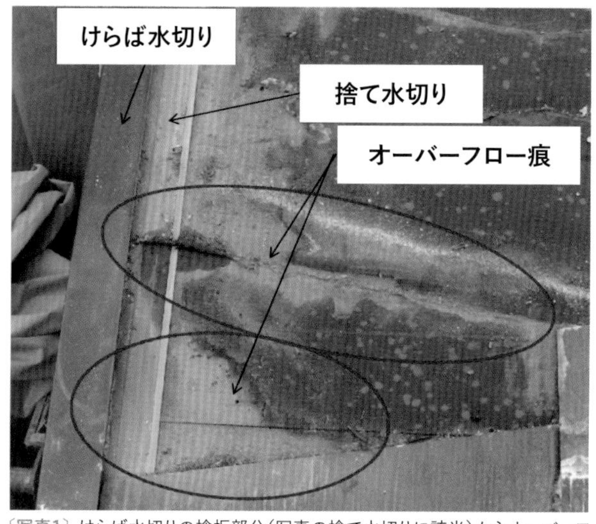

〔写真1〕けらば水切りの捨板部分（写真の捨て水切りに該当）からオーバーフローした雨水とほこりの痕跡（資料：国土技術政策総合研究所資料 第975号 第Ⅳ章-54〜55）

雨水浸入箇所ワースト20 ▶ ワースト9・10・18

仕様
9

ルーフィングのふき方<水上部分の壁際>

1. 屋根面と外壁面の取合い部の下ぶきは、250mm以上かつ雨押え上端より50mm以上張り上げる。

雨押え通気口から吹き込む風を伴う雨水や、毛細管現象による水滴は、透湿防水シートと雨押えの隙間へ押し上げられる。雨滴が雨押えの水返しを飛び越えても躯体へ浸入しないように、下ぶきは雨押え上端から50mm以上立ち上げる。透湿防水シートは雨押えの外装材下端付近まで張り下げ、両面粘着防水テープで雨押えと連続させた方が安全になる。

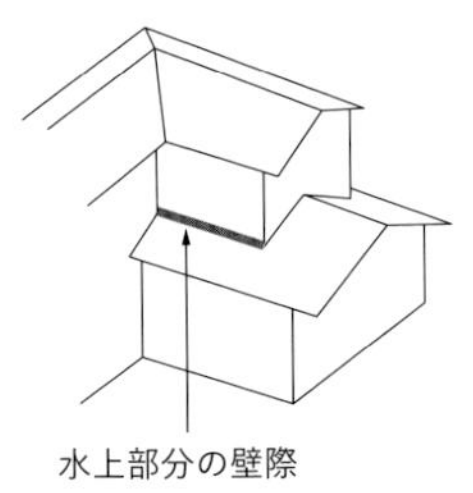

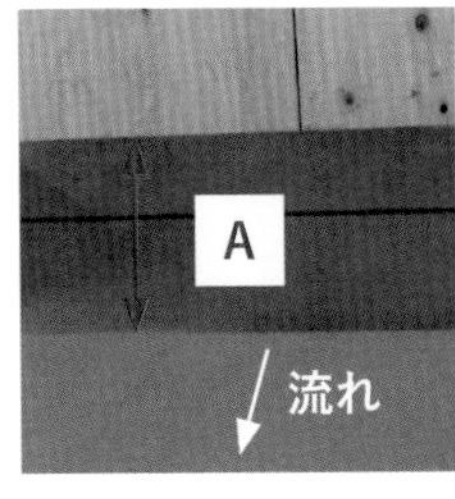

〔写真1〕水上部分の壁際に立ち上げたルーフィング。図中のAを250mm以上かつ雨押え上端より50mm以上とする

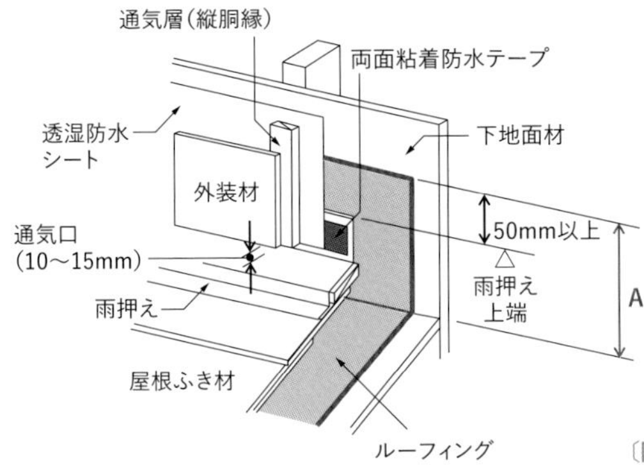

〔図1〕水上部分の壁際の納まり

保険事故16事例に学ぶ ▶ 事例8

仕様 10

ルーフィングのふき方<流れに平行な壁際>

1. 屋根面と外壁面の取合い部の下ぶきは、250mm以上かつ雨押え上端より50mm以上張り上げる。

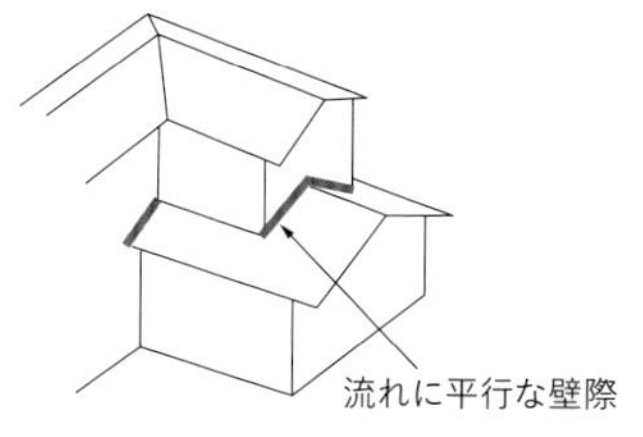

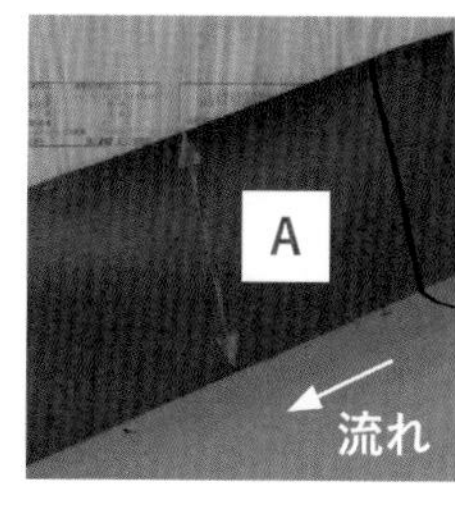

〔写真1〕流れに平行な壁際に立ち上げたルーフィング。図中のAを250mm以上かつ雨押え上端より50mm以上とする

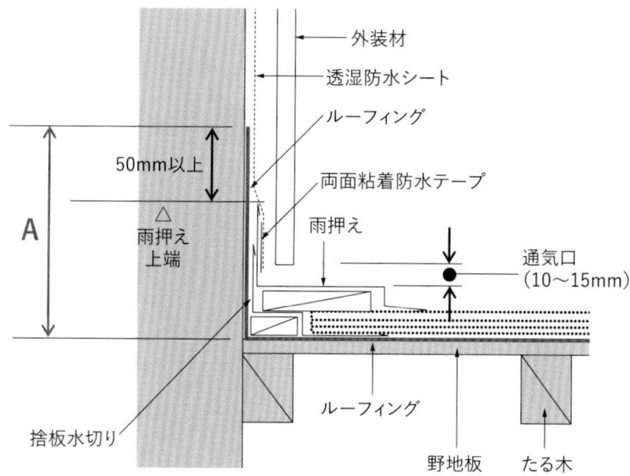

〔図1〕流れに平行な壁際の納まり(断面図)

関連情報
雨水浸入箇所ワースト20 ▶ ワースト7・19
保険事故16事例に学ぶ ▶ 事例8

仕様 11

軒の出のある屋根と外壁の取合い部

＜一般的な軒＞

1. 軒天井の取合い部の透湿防水シートは、小屋裏換気に支障が生じない範囲でたる木に達する位置まで張り上げる。

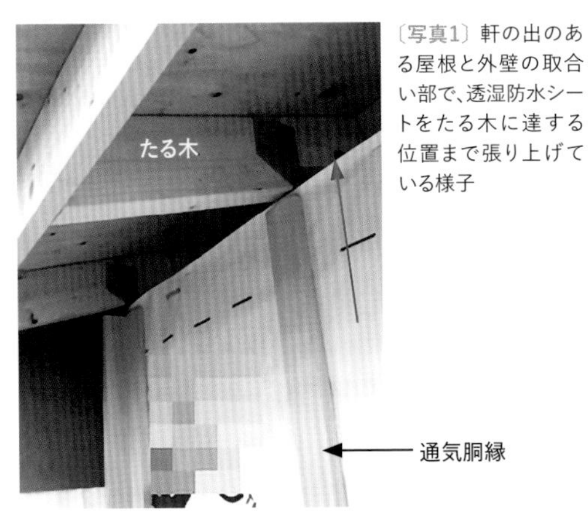

〔写真1〕軒の出のある屋根と外壁の取合い部で、透湿防水シートをたる木に達する位置まで張り上げている様子

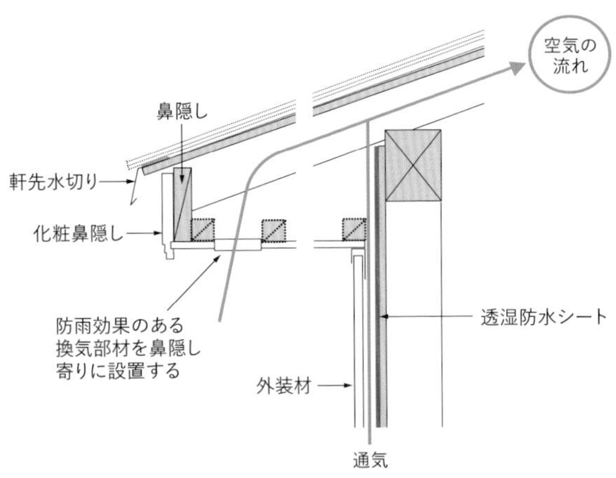

〔図1〕屋根と外壁の取合い部の軒の納まり（断面図）

仕様 12

軒の出のある屋根と外壁の取合い部
<軒天井材を直張りする場合>

1. 軒天井材をたる木に直張りする場合は、先張り防水シートを通気胴縁とたる木に掛かるように通し張りする。

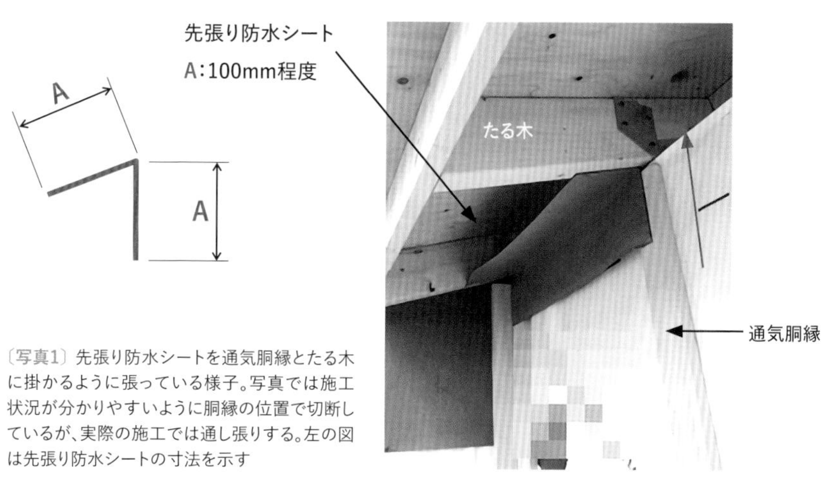

〔写真1〕先張り防水シートを通気胴縁とたる木に掛かるように張っている様子。写真では施工状況が分かりやすいように胴縁の位置で切断しているが、実際の施工では通し張りする。左の図は先張り防水シートの寸法を示す

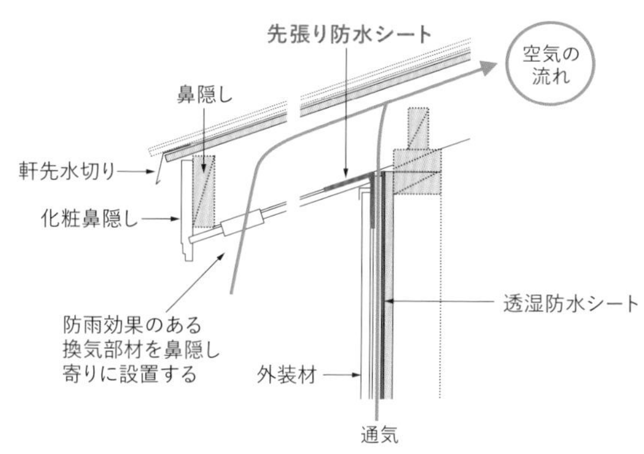

〔図1〕軒天井材を直張りする場合の、屋根と外壁の取合い部の納まり(断面図)

仕様 13

軒の出のある屋根と外壁の取合い部

＜一般的なけらば＞

1. 軒天井の取合い部の透湿防水シートは、小屋裏換気に支障が生じない範囲でたる木に達する位置まで張り上げる。

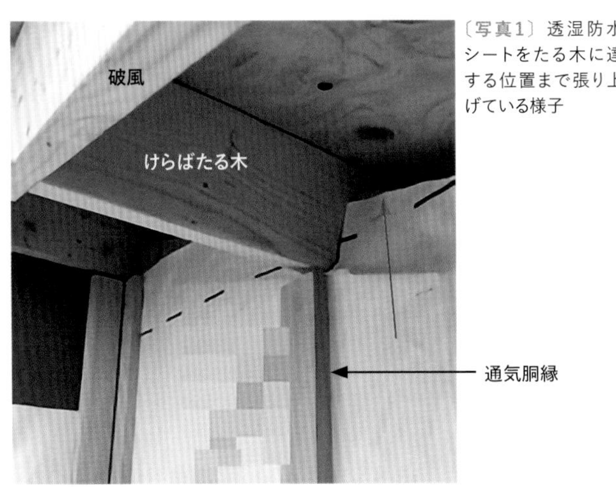

〔写真1〕透湿防水シートをたる木に達する位置まで張り上げている様子

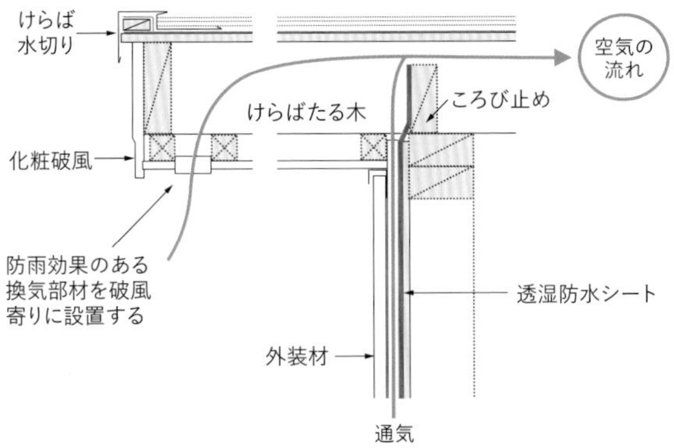

〔図1〕屋根と外壁の取合い部のけらばの納まり（断面図）

仕様
14

軒の出のある屋根と外壁の取合い部
<軒天井材を直張りする場合>

1. 軒天井材をたる木に直張りする場合は、先張り防水シートを通気胴縁とたる木に掛かるように通し張りする。

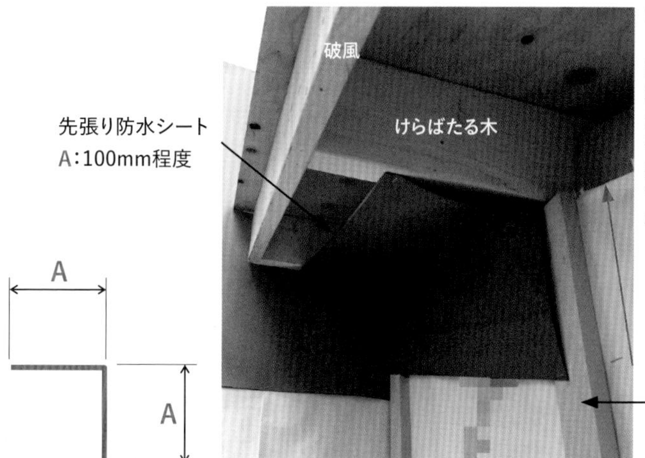

〔写真1〕先張り防水シートを通気胴縁とたる木に掛かるように張っている様子。写真は施工状況が分かりやすいように胴縁の位置で切断しているが、実際の施工では通し張りする。左の図は先張り防水シートの寸法を示す

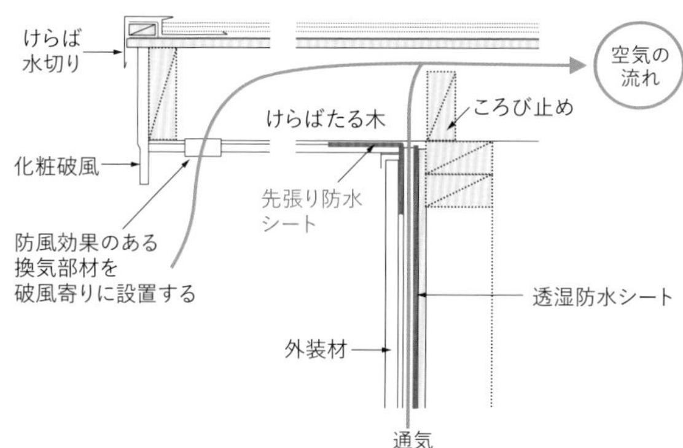

〔図1〕軒天井材を直張りする場合の、屋根と外壁の取合い部の納まり(断面図)

仕様
15

軒の出のある屋根と外壁の取合い部
<片流れ屋根棟部>

1. 軒天井の取合い部の透湿防水シートは、小屋裏換気に支障が生じない範囲でたる木に達する位置まで張り上げる。

2. 屋根の下ぶきは破風の下端まで張り下げ、防雨効果のある棟換気部材を設ける。

3. 軒天井材は野縁に張る。たる木(躯体)には直張りしない。

4. 先張り防水シートを通気胴縁とたる木に掛かるように通し張りする。

通常の雨水が、軒裏に掛かることはほとんどない。しかし、強風時に外壁から軒裏に沿って上向きの雨水が当たる場合は、軒裏と外壁の取合い部からの浸入リスクが高くなる。軒裏と外壁の取合い部は、先張り防水シートを張って防水性能を強化し、たる木の劣化を防ぐ。

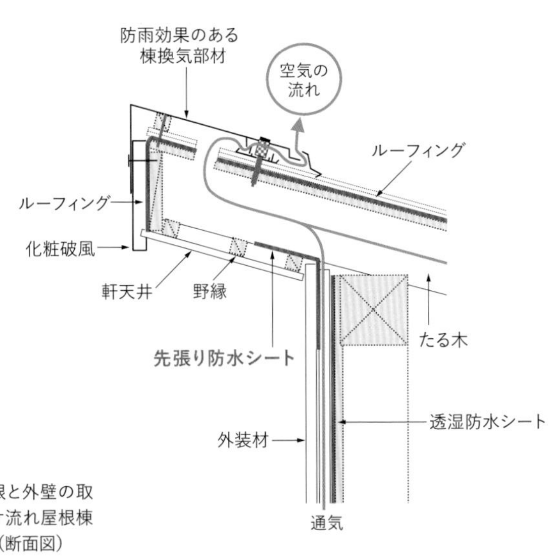

〔図1〕屋根と外壁の取合い部の片流れ屋根棟部の納まり(断面図)

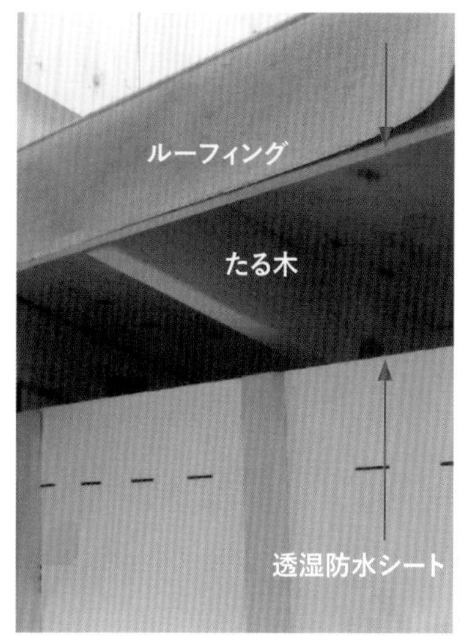

〔写真1〕片流れ屋根棟部のルーフィングを破風の下端まで張り下げている様子。透湿防水シートはたる木に達する位置まで張り上げる

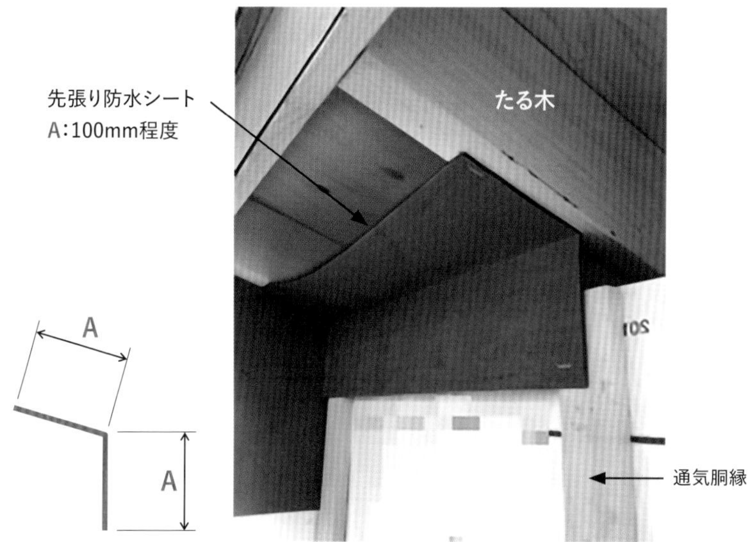

〔写真2〕先張り防水シートを通気胴縁とたる木に掛かるように張っている様子。写真では施工状況が分かりやすいように胴縁の位置で切断しているが、実際の施工では通し張りする。左の図は先張り防水シートの寸法を示す

仕様 16

軒の出のある屋根 <けらばの壁当たり>

1. けらばの壁当たりは、先張り防水シートをあらかじめたる木と壁下地の間に水平垂直に先張りする。

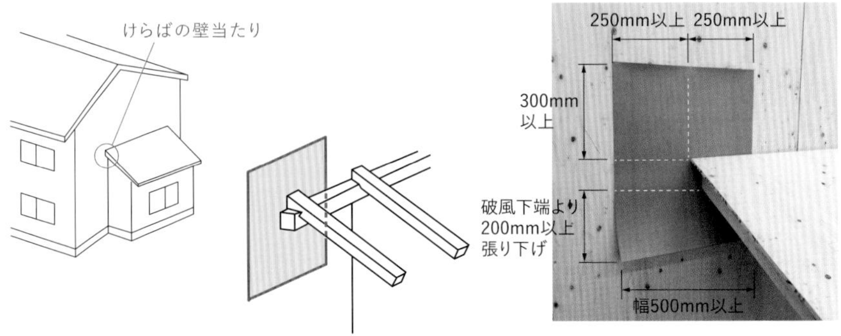

〔図1〕けらばの壁当たりにおける先張り防水シートの施工位置を図と写真で示す

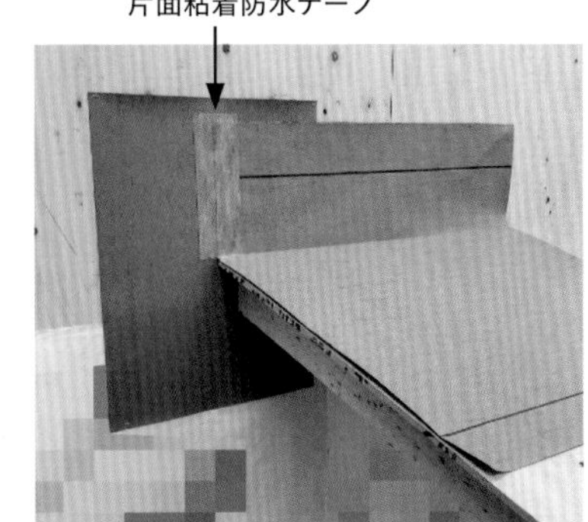

〔写真1〕けらばの壁当たりにおける先張り防水シートの張り方。軒の出が250mm未満の場合は、先張り防水シートをけらば側の壁いっぱいまで張る（写真左）。その後、先張り防水シートとルーフィングの取合い部に片面粘着防水テープを張る（同右）

仕様 17

軒の出のある屋根 <壁止まり棟部>

1. 壁止まり棟部は、先張り防水シートをあらかじめたる木と壁下地の間に片流れ棟側の壁いっぱいまで先張りする。

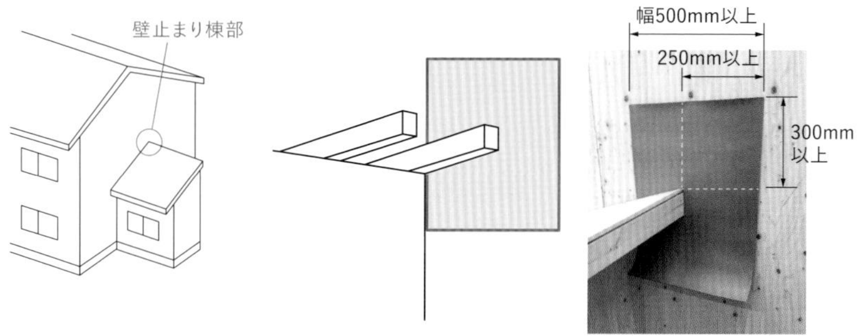

〔図1〕壁止まり棟部における先張り防水シートの施工位置を図と写真で示す

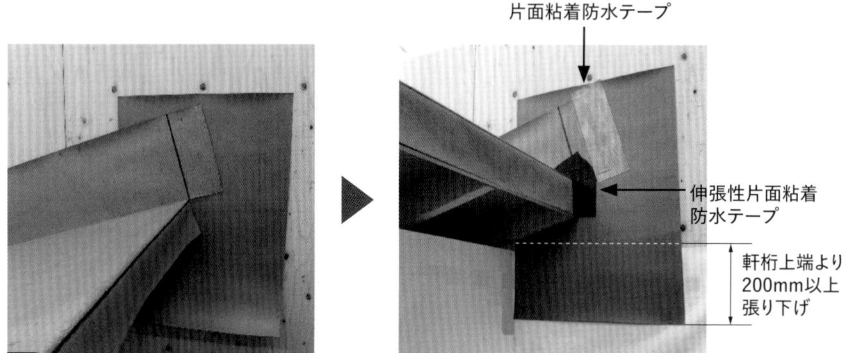

〔写真1〕壁止まり棟部における先張り防水シートの張り方。先張り防水シートを片流れ棟側の壁いっぱいまで張る。その後、ルーフィングを破風の下端まで張り下げる（写真左）。壁止まり棟部の3面交点には伸張性片面粘着防水テープ、下ぶきの取合い部には片面粘着防水テープをそれぞれ張る（同右）

仕様 18 軒の出のある屋根<壁止まり軒部>

1. 壁止まり軒部は、先張り防水シートをあらかじめたる木と壁下地の間に先張りする。

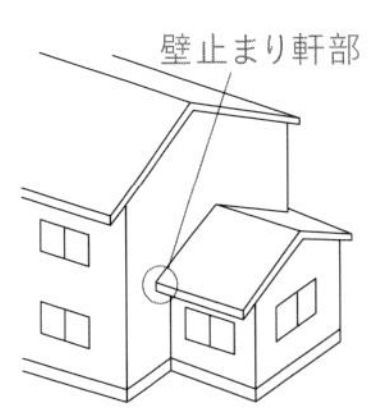

壁止まり軒部

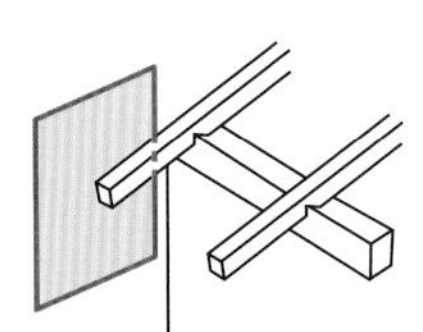

250mm以上
250mm以上
300mm以上
鼻隠し下端より200mm以上張り下げ
鼻隠し

〔図1〕壁止まり軒部における先張り防水シートの施工位置を図と写真で示す

仕様 19 軒の出のある屋根<軒先と外壁が直交する壁止まり軒部>

1. 壁止まり軒部は水の滞留が発生しない「排水溝付き壁止まり役物」を用いる。
2. 壁止まり軒部の雨押え通気口にはシーリングを施工しない。シーリングは外装材下端小口で止める。

〔写真1〕壁止まり軒部に排水溝付き壁止まり役物を取り付けた例

雨押えの通気口にはシーリングを施工しない
シーリングは外装材下端小口で止める
雨押え

〔写真2〕壁止まり軒部の雨押え通気口にシーリングを施工してはならない。シーリングの施工状況を分かりやすく示すため、外壁にはサイディングの代わりに透明板を張っている

✕ 先張り防水シート未施工

〔写真3〕雨押えの先端と壁止まり板金の加工不良によって、通気層内へ雨水が浸入した事例。壁止まり軒部に先張り防水シートを張らなかったため、被害が拡大した。外壁の合板と野地板が腐朽し、室内を汚損した。築7年10カ月となる瓦ぶきの木造軸組工法2階建て住宅で、下屋の全面ふき替えに至った。修補費用は92万円を要した

✕ 雨押え通気口にシーリングを施工

〔写真4〕雨押え通気口にシーリングを施工していた事例。サイディング下端小口と雨押え板金の表面を流れる雨水がシーリングにぶつかり、通気層内へ浸入し、室内を汚損した。築7年7カ月となる鋼板横ぶき屋根の木造軸組工法2階建て住宅で、下屋の全面ふき替えに至った。修補費用104万円を要した

✕ 雨押え加工壁止まり

〔写真5〕雨押え加工壁止まり（写真左）を取り付けた試験体の散水実験時の様子。雨水が役物の立上りを乗り越え、軒樋からあふれ出た。雨水浸入リスクの高い納まり。詳細は80ページ参照

雨水浸入箇所ワースト20 ▶ ワースト7・19
保険事故16事例に学ぶ ▶ 事例8

仕様
20

軒の出のない屋根と外壁の取合い部

1. 軒の出のない屋根と外壁の取合い部は、壁に先張り防水シートを張り、屋根の下ぶきと連続させて二次防水ラインを強化する。先張り防水シートは野地板、鼻隠し、破風で折り返して張る。

軒の出のない屋根と外壁の取合い部で、軒の出のある屋根のように先張り防水シートをたる木と壁下地の間に差し込むと、二次防水層に回り込んだ雨水を躯体側へ呼び込んでしまう。

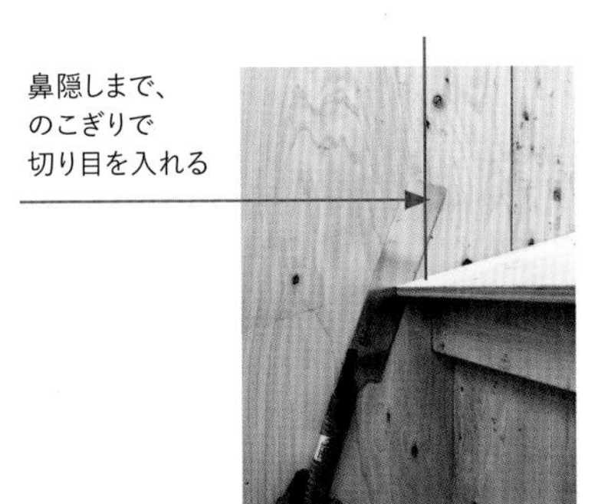
鼻隠しまで、
のこぎりで
切り目を入れる

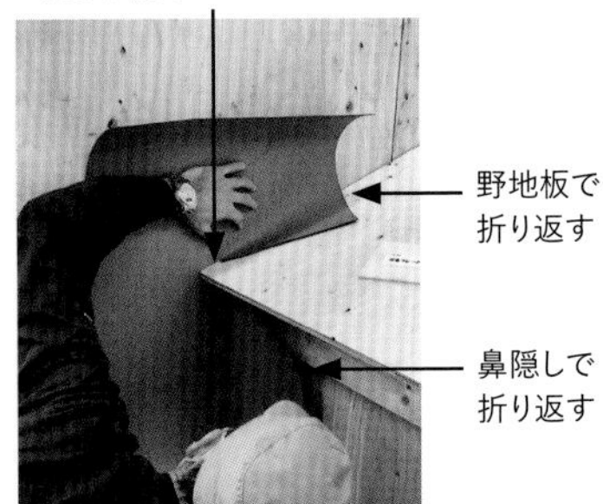
野地板に切り目を入れたところだけ
先張り防水シートを差し込む
野地板で
折り返す
鼻隠しで
折り返す

〔写真1〕軒の出のない屋根と外壁の取合い部に先張り防水シートを施工する方法

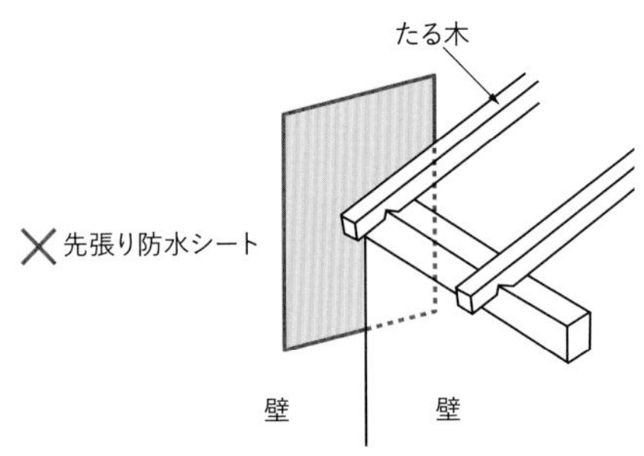
たる木
×先張り防水シート
壁
壁

〔図1〕先張り防水シートをたる木と壁下地材の間に差し込む誤った施工方法

関連情報

雨水浸入箇所ワースト20 ▶ ワースト7・19、9・10・18

仕様
21

軒の出のない屋根

<軒先と外壁が直交する壁止まり軒部>

1. 先張り防水シートは野地板、鼻隠しで折り返して張る。たる木と壁下地の間には差し込まない。

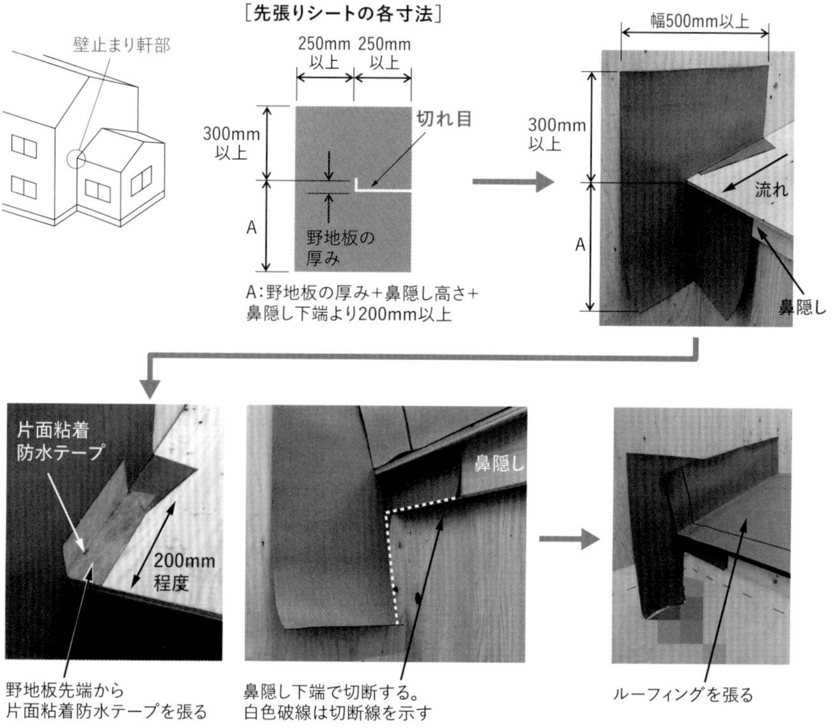

壁止まり軒部

［先張りシートの各寸法］

250mm 以上　250mm 以上

300mm 以上

切れ目

A

野地板の厚み

A：野地板の厚み＋鼻隠し高さ＋鼻隠し下端より200mm以上

幅500mm以上

300mm 以上

流れ

A

鼻隠し

片面粘着防水テープ

200mm 程度

野地板先端から片面粘着防水テープを張る

鼻隠し

鼻隠し下端で切断する。白色破線は切断線を示す

ルーフィングを張る

〔写真1〕軒先と外壁が直交する壁止まり軒部に先張り防水シートを施工する手順

雨水浸入箇所ワースト20 ▶ ワースト7・19、9・10・18

仕様
22

軒の出のない屋根<外壁と同側面の先張り防水シート>

1. 先張り防水シートは野地板、鼻隠しで折り返して張る。たる木と壁下地の間には差し込まない。

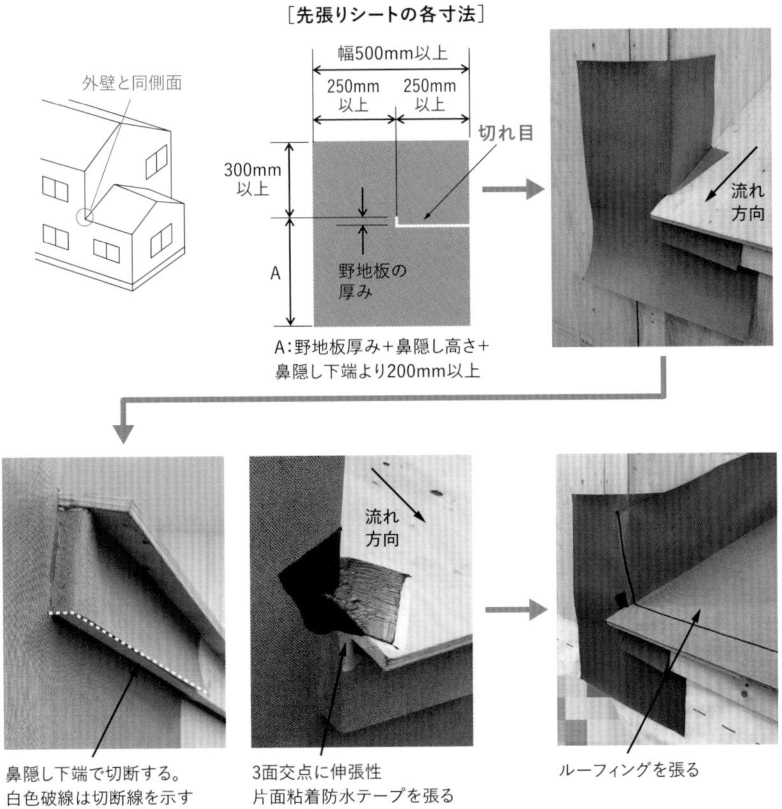

[先張りシートの各寸法]
外壁と同側面
幅500mm以上
250mm
以上
250mm
以上
切れ目
300mm
以上
A
野地板の
厚み
A:野地板厚み+鼻隠し高さ+
鼻隠し下端より200mm以上
流れ
方向
流れ
方向
鼻隠し下端で切断する。
白色破線は切断線を示す
3面交点に伸張性
片面粘着防水テープを張る
ルーフィングを張る

〔写真1〕外壁と同側面に先張り防水シートを施工する手順

関連情報　雨水浸入箇所ワースト20 ▶ ワースト7・19、9・10・18

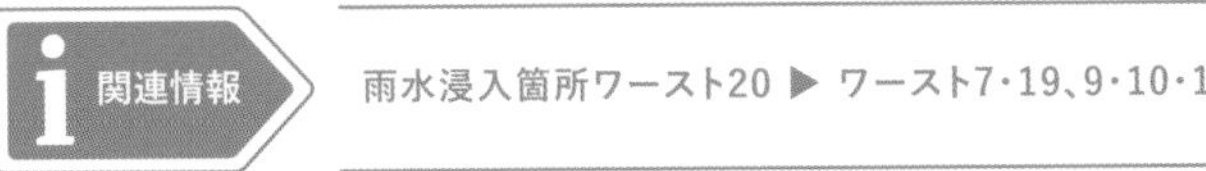

仕様 23

軒の出のない屋根<パラペットの先張り防水シート>

1. 先張り防水シートは野地板、鼻隠しで折り返して張る。たる木と壁下地の間には差し込まない。

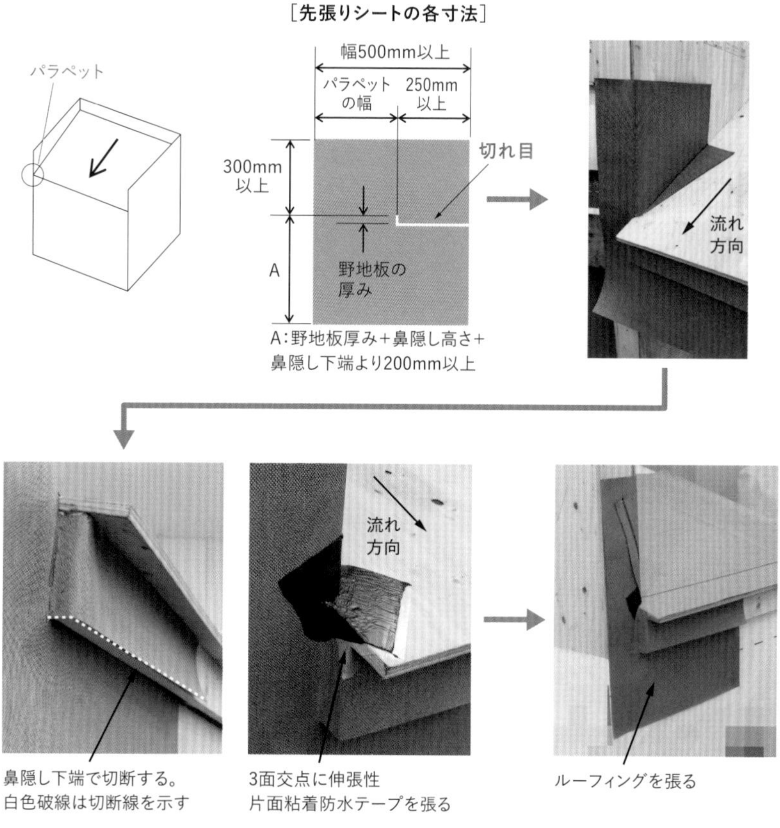

［先張りシートの各寸法］

パラペット

幅500mm以上

パラペットの幅

250mm以上

300mm以上

切れ目

A

野地板の厚み

A：野地板厚み＋鼻隠し高さ＋鼻隠し下端より200mm以上

流れ方向

鼻隠し下端で切断する。白色破線は切断線を示す

流れ方向

3面交点に伸張性片面粘着防水テープを張る

ルーフィングを張る

〔写真1〕パラペットに先張り防水シートを施工する手順

雨水浸入箇所ワースト20 ▶ ワースト7・19、9・10・18
保険事故16事例に学ぶ ▶ 事例8

仕様
24

軒の出のない屋根

<外壁と直交するけらばの壁当たり>

1. 先張り防水シートはけらば側の外壁いっぱいまで張る。

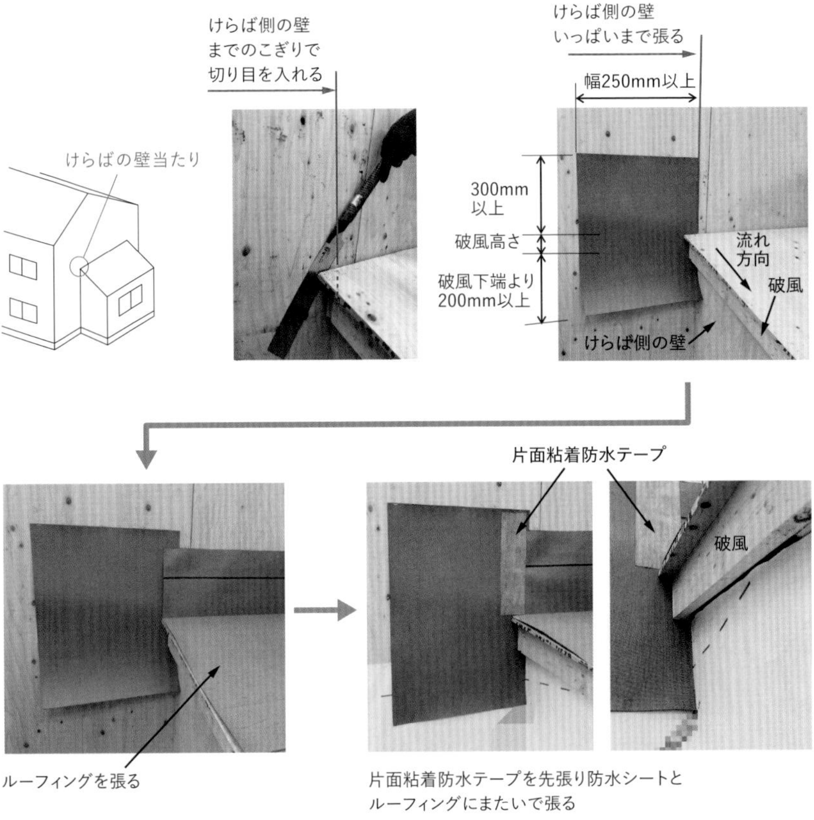

けらばの壁当たり
けらば側の壁
までのこぎりで
切り目を入れる
けらば側の壁
いっぱいまで張る
幅250mm以上
300mm
以上
破風高さ
破風下端より
200mm以上
流れ
方向
破風
けらば側の壁
片面粘着防水テープ
破風
ルーフィングを張る
片面粘着防水テープを先張り防水シートと
ルーフィングにまたいで張る

〔写真1〕外壁と直交するけらばの壁当たりに先張り防水シートを施工する手順

関連情報 雨水浸入箇所ワースト20 ▶ ワースト9・10・18

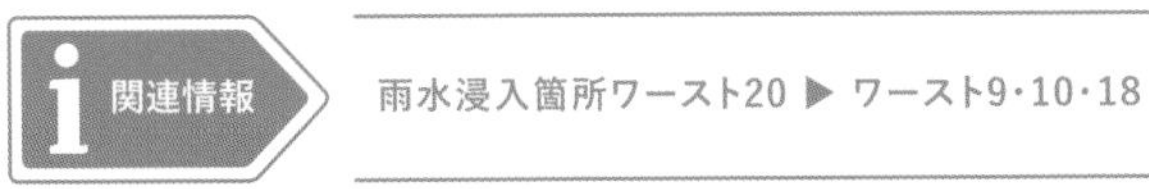

仕様 25

軒の出のない屋根

<外壁と同側面のけらばの壁当たり>

1. 先張り防水シートは破風で折り返して張る。壁と野地板の間には差し込まない。

［先張りシートの各寸法］

けらばの壁当たり
幅500mm以上
250mm 以上
250mm 以上
300mm 以上
切れ目
A
A：野地板厚み＋鼻隠し高さ＋鼻隠し下端より200mm以上
破風で切断する。
白色破線は切断線を示す
ルーフィングを張り、3面交点に伸張性片面粘着防水テープを張る

〔写真1〕外壁と同側面のけらばの壁当たりに先張り防水シートを施工する手順

関連情報 雨水浸入箇所ワースト20 ▶ ワースト9・10・18

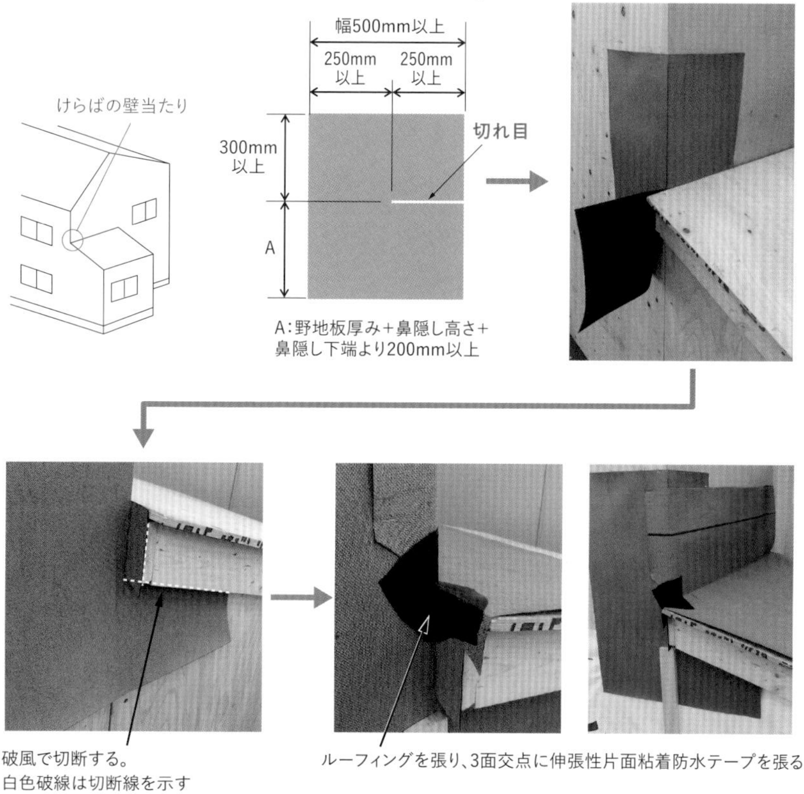

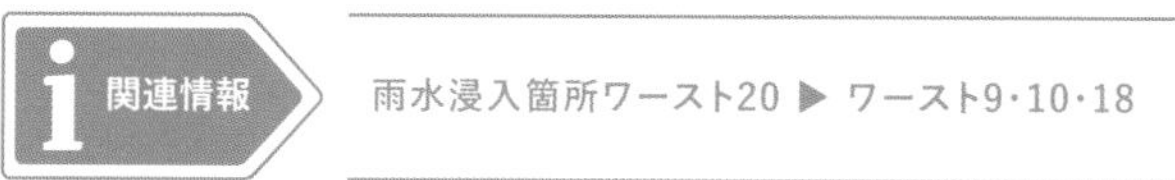

仕様
26

軒の出のない屋根

<外壁と直交する片流れ棟部>

1. 先張り防水シートは片流れ棟側の壁まで張る。

外壁と直交する片流れ棟部

片流れ棟側の
壁までのこぎりで
切り目を入れる

野地板

流れ方向

破風

片流れ棟側の壁

先張り防水シートを
片流れ棟側の
壁まで張る

250mm以上

300mm以上

破風下端より
200mm以上

ルーフィングを張る

3面交点に伸張性片面粘着
防水テープを張る

片面粘着防水テープを
先張り防水シートと
ルーフィングにまたいで張る

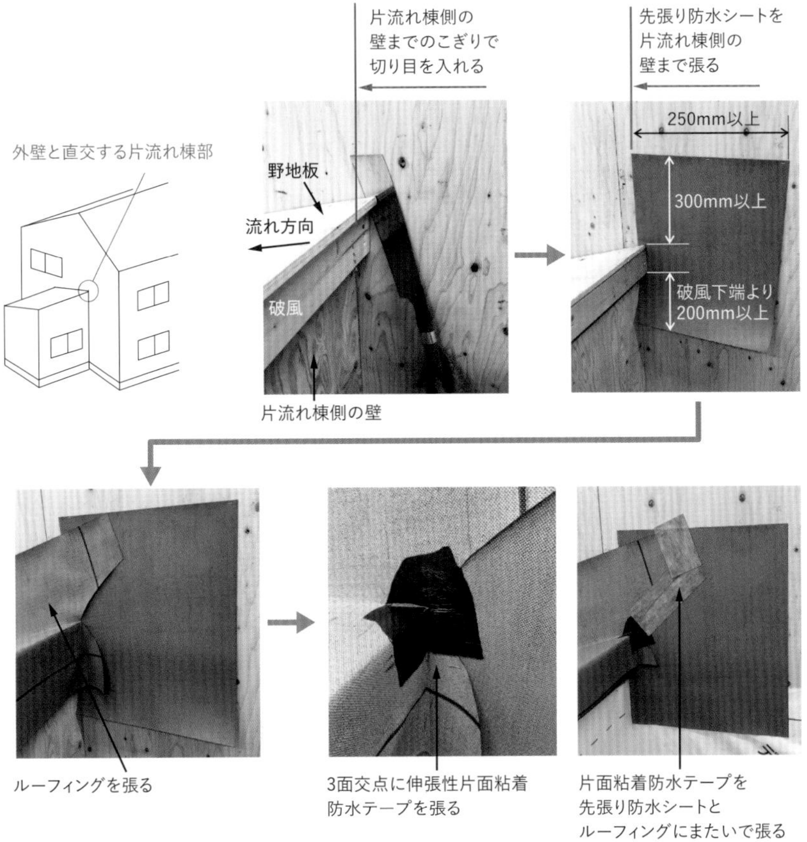

〔写真1〕外壁と直交する片流れ棟部に先張り防水シートを施工する手順

雨水浸入箇所ワースト20 ▶ ワースト9・10・18

仕様 27

軒の出のない屋根

<外壁と同側面の片流れ棟部>

1. 先張り防水シートは壁の出隅まで張る。

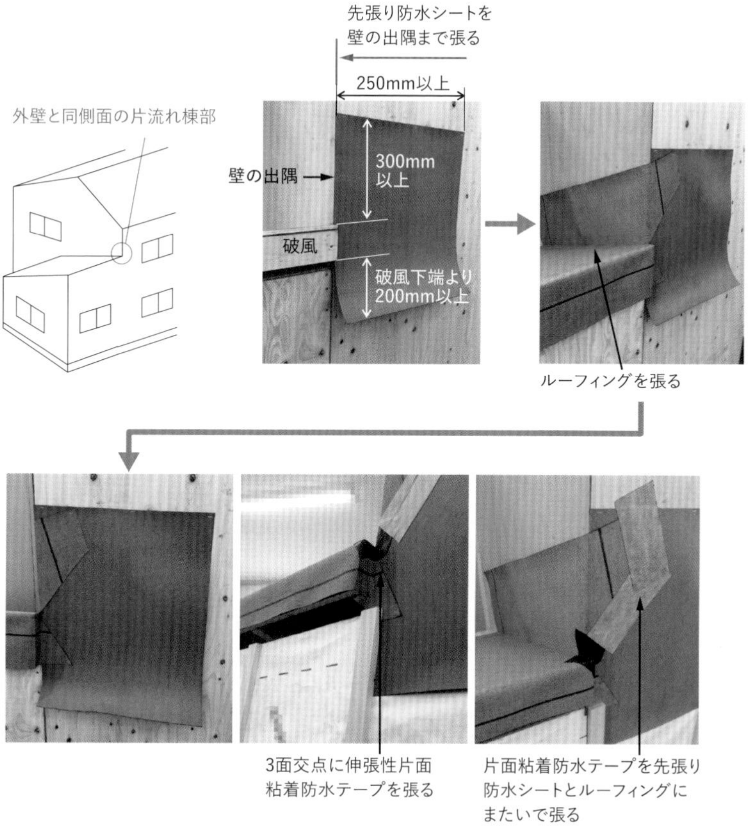

外壁と同側面の片流れ棟部

先張り防水シートを
壁の出隅まで張る

250mm以上

壁の出隅

300mm
以上

破風

破風下端より
200mm以上

ルーフィングを張る

3面交点に伸張性片面
粘着防水テープを張る

片面粘着防水テープを先張り
防水シートとルーフィングに
またいで張る

〔写真1〕外壁と同側面の片流れ棟部に先張り防水シートを施工する手順

雨水浸入箇所ワースト20 ▶ ワースト9・10・18

仕様 28

透湿防水シート

1. 通気構法(外壁内に通気層を設け、壁体内通気を可能とする構造)とした外壁に用いる防水紙は、JIS A 6111(透湿防水シート)の外壁用透湿防水シートに適合またはこれと同等以上の透湿性能および防水性能を有するものとし、通気層の躯体側へ施すものとする。
2. ステープルの打ち込みは必要最小限にする。ステープルをむやみに打ち込むことは、透湿防水シートを貫通する穴が増えるだけで、防水機能面で好ましくない。
3. 透湿防水シートは降雨・降雪時とそれが予想される場合、降雨・降雪後で下地が未乾燥の場合は、施工してはならない。
4. 防腐・防蟻処理された胴縁を使用する場合は、降雨や降雪などで胴縁および透湿防水シートをぬらさないよう、胴縁施工後、速やかに外装材を施工する。

透湿防水シートは湿気を通して水は通さないことが特徴で、ミクロ単位で見れば湿気を通す穴が開いている。その穴から水が入らない仕組みはシートの表面の撥水(はっすい)効果によるもので、ステープルなどの貫通物に対する止水性は良くない。ステープルの打ち込みは必要最小限にする。

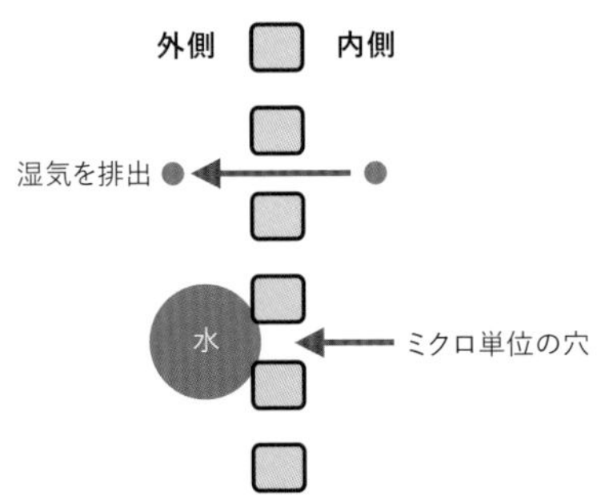

〔図1〕透湿防水シートの断面イメージ

✕ 透湿防水シートの「たるみ、しわ」

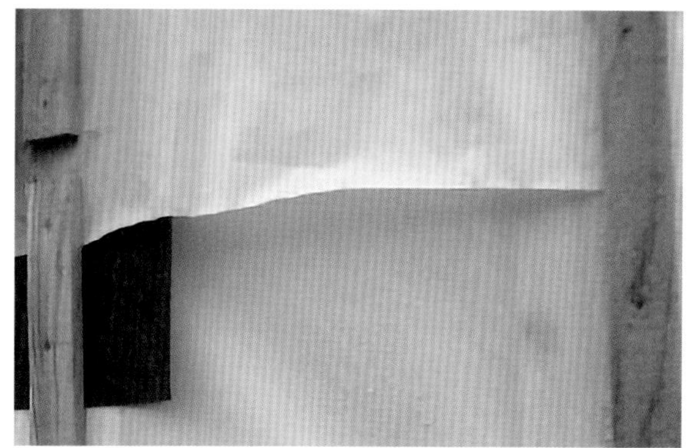

〔写真1〕透湿防水シートにたるみやしわがあると、通気の阻害や雨水の浸入などが生じ、壁内劣化のリスクが高まる

✕ 透湿防水シートにモルタルを塗る

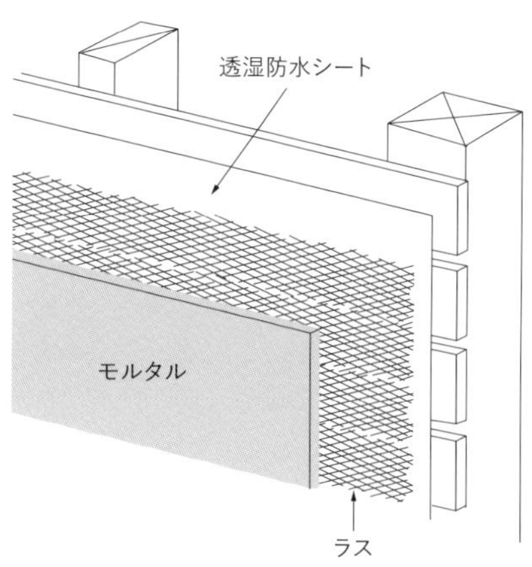

〔図2〕透湿防水シートにモルタルを塗ると、波形ラスを留め付けるステープルの貫通穴が透湿防水シートに多数開く。透湿防水シートは貫通穴の止水性が良くない上、モルタルは透水性の高い材料だ。ステープルの貫通穴から下地材を湿潤させて、壁内劣化と雨水浸入を招く

雨水浸入箇所ワースト20 ▶ ワースト1、3
保険事故16事例に学ぶ ▶ 事例5、6

仕様 29

モルタル外壁

1. モルタル外壁は通気構法（単層下地通気構法、二層下地通気構法）を推奨する。透湿防水シートを通気層の躯体側へ施すものとする。

2. 二層下地通気構法で使用するモルタル下地の防水紙は、日本防水材料協会規格の「改質アスファルトフェルト ARK 14^{W} - 04」に適合またはこれと同等以上の防水性能を有するものとする。

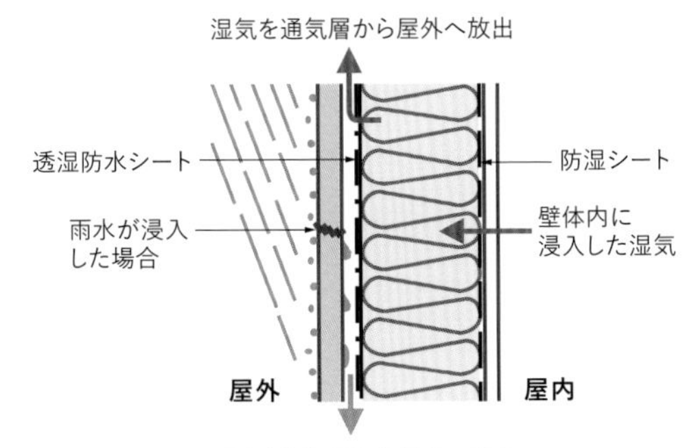

〔図1〕通気構法の仕組み

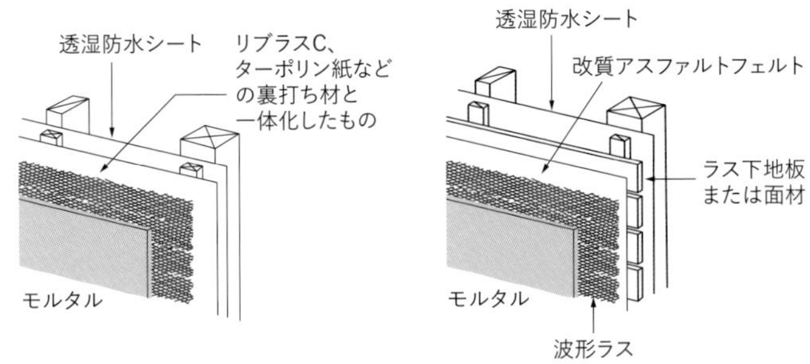

〔図2〕左は単層下地通気構法、右は二層下地通気構法の外皮構成

雨水浸入箇所ワースト20 ▶ ワースト3
保険事故16事例に学ぶ ▶ 事例6

モルタル直張り下地構法の注意点

1. 軒の出を大きく取り、壁面の雨掛りを軽微にする。

2. 仕上塗材は、防水性とひび割れ追従性が高いものとする。

3. 防水紙は、日本防水材料協会規格の「改質アスファルトフェルト ARK 14^{W}- 04」に適合またはこれと同等以上の防水性能を有するものとする。ステープルの打ち込み数は必要最小限とする。

モルタル直張り下地構法は、透湿抵抗の高いアスファルトフェルトと防湿シートに躯体が挟まれる。雨水が躯体に浸入すると逃げ場がないため、躯体の劣化を招きやすくなる。

モルタルがひび割れなどから多量の雨水を吸収し、その後に日射を受けると、多量の水蒸気を発生する。この水蒸気が防水紙の重ね部分やステープルの留め付け部から下地材を湿潤させて、躯体の劣化を招く場合もある。

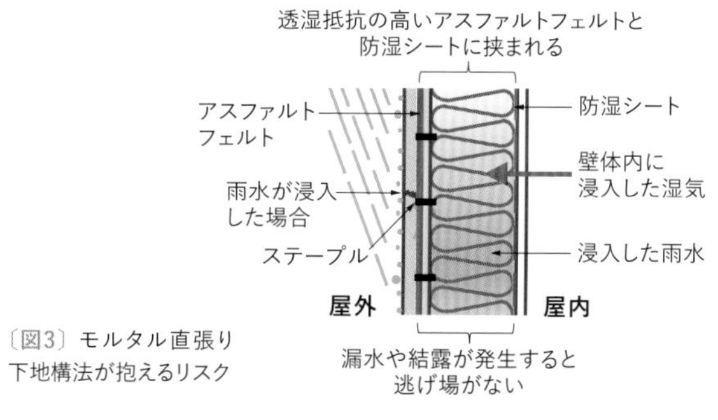

〔図3〕モルタル直張り下地構法が抱えるリスク

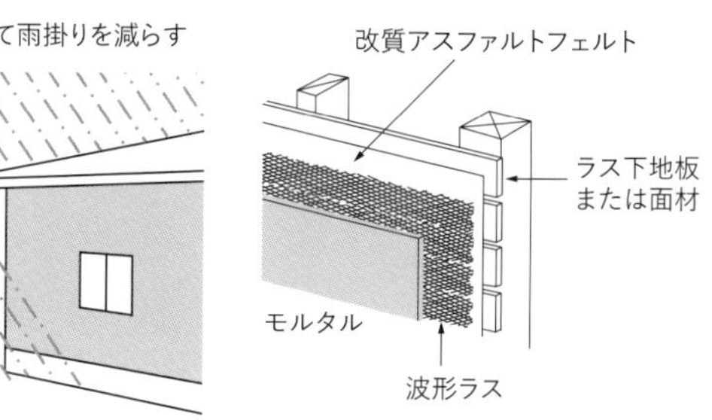

〔図4〕モルタル直張り下地構法には、雨掛りを減らす軒の出と高い防水性を有する改質アスファルトフェルトが欠かせない

仕様 30

サッシまわり

1. サッシまわりの防水テープは両面粘着タイプとし、防水テープの幅は胴縁の幅全体の下敷きとなる75mm以上とする。
2. 両面粘着防水テープは、JIS A 6112(住宅用両面粘着防水テープ)の性能基準に適合するものとする。
3. 防水テープは「圧着具」を用い、丁寧にしっかり圧力を加えて、粘着材を被着体表面に密着させる。

雨水が通気層へ浸入すると、流下してサッシ下枠まで回り込むため、胴縁がぬれる。両面粘着防水テープの幅を75mm以上にすると、胴縁全体が防水テープに載るので、止水性が良くなる。

防水テープの圧着具は、スキージーと呼ばれる専用ヘラを推奨する。圧を指で感じながら圧着できる。

サッシまわりの四方に防水テープを張る仕様と、上枠と縦枠の三方に防水テープ、下枠に先張り防水シートを張る仕様がある。後者の先張り防水シートは、アルミサッシ枠に発生する結露水が窓台に浸入するのを防ぐ目的で用いられる。

〔写真1〕サッシフィンの幅に合わせて両面粘着防水テープの幅を選ぶ。サッシフィン幅が25mmの場合の防水テープ幅は75mm、サッシフィン幅が30mm以上の場合の防水テープ幅は100mm

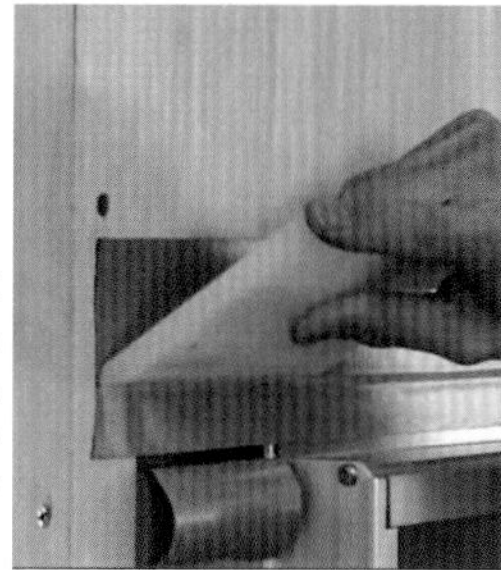

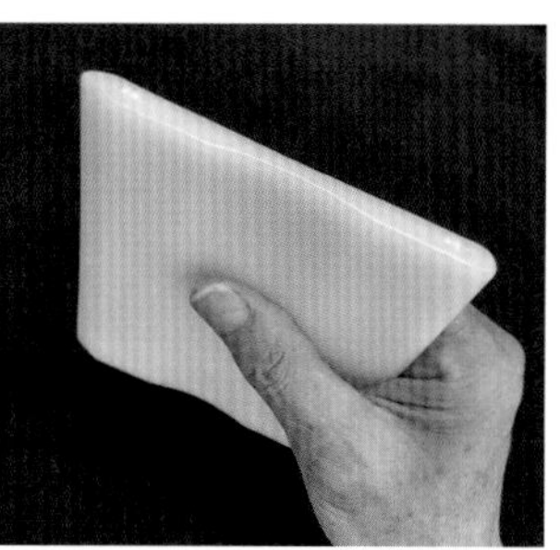

〔写真2〕防水テープの圧着に使用するスキージーと呼ばれる専用ヘラ。とがらせた縁と丸みを持たせた縁を持つ。段差部分はとがらせた縁を活用して圧着する

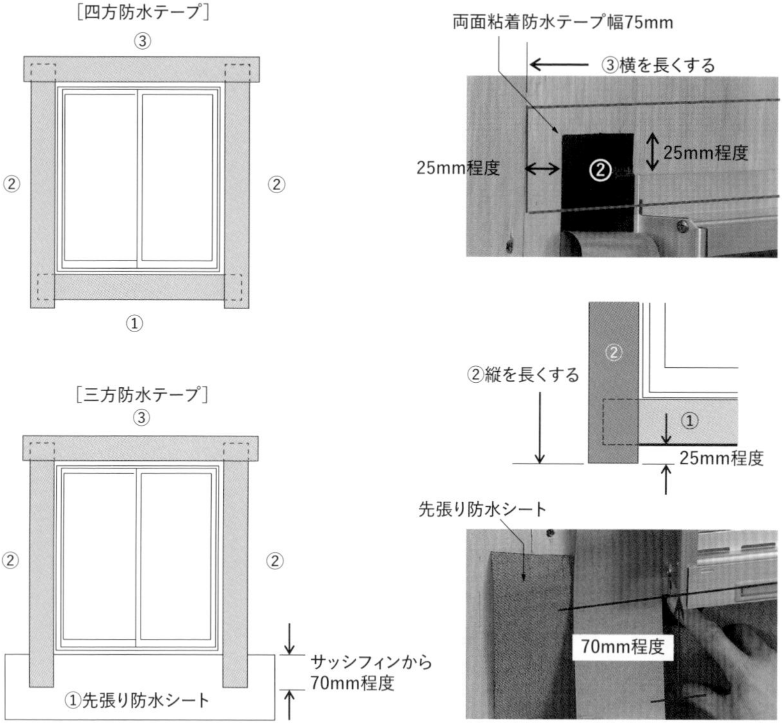

［四方防水テープ］

③

②

②

①

［三方防水テープ］

③

②

②

サッシフィンから
70mm程度

①先張り防水シート

両面粘着防水テープ幅75mm

③横を長くする

25mm程度

25mm程度

②

②

②縦を長くする

①

25mm程度

先張り防水シート

70mm程度

〔図1〕サッシの四方を防水テープで張る方法と三方を張る方法、防水テープの位置関係を示す。三方に防水テープを張る場合の縦枠側の防水テープは、先張りシートの上に重ね、サッシフィンの下端から70mm程度長く伸ばす

雨水浸入箇所ワースト20 ▶ ワースト1、3
保険事故16事例に学ぶ ▶ 事例3

仕様 31

パイプ類の貫通部

1. パイプまわりは、防水テープやパイプ用防水部材の圧着が可能な下地(パイプ受け、下地面材など)を設ける。

2. 伸張性片面粘着防水テープは製造者の指定する施工方法を順守し、防水テープを無理に伸ばし過ぎないよう注意して張る。

3. パイプ用防水部材は製造者の指定する施工方法を順守する。パイプの外径・材質・形状などは、製造者の指定するものとする。パイプ用防水部材は丸穴径に応じて使用できるパイプの外径・材質・形状などが指定されている。

[伸張性片面粘着防水テープ2枚の施工例]

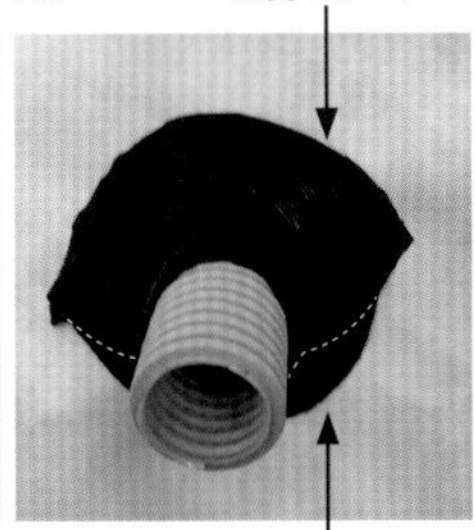

〔写真1〕伸張性片面粘着防水テープをパイプの上側と下側に計2枚用いる施工例。伸張性のある基材にゴム系粘着材などを塗布した日本防水材料協会規格の「伸張性片面粘着防水テープ JWMA - A02」を使用

[粘着層付きパイプ用防水部材の施工例]

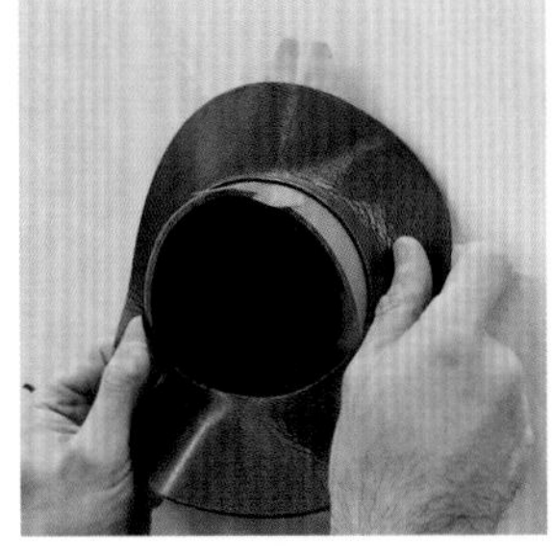

〔写真2〕パイプ用防水部材の施工例。独立気泡系ポリエチレンシートにブチルゴム粘着層を重ねた二重構造となっている

雨水浸入箇所ワースト20 ▶ ワースト14・15
保険事故16事例に学ぶ ▶ 事例4

仕様32 外挿タイプのベントキャップ

1. ベントキャップは水切り性能を有する「外挿タイプ」を推奨する。
2. 貫通パイプは屋外側に下り勾配とし、外装材より30mm程度出す。
3. ベントキャップは製造者の指定する施工方法を順守し、外装材との取合い部にシーリングを施す。

ベントキャップは大きく内挿タイプと外挿タイプの2つに分けられる。内挿タイプのベントキャップは貫通パイプの内側へ挿入するので、水分を含む排気や結露水、吹き込む雨水がパイプの中にたまりやすい。外装材とパイプ周囲のシーリングが不完全な場合に水が通気層内へ回り込み、雨漏りの原因になる。

外挿タイプはパイプ内の水を直接排水する。外装材表面を水が伝って流れることはないので、雨漏りのリスクは少ない。

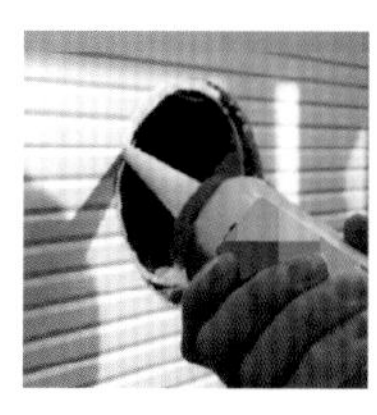

この部分をパイプへ挿入

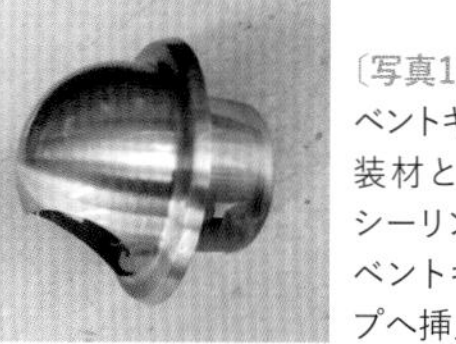

〔写真1〕内挿タイプのベントキャップの例。外装材とパイプ周囲にシーリングを施した後、ベントキャップをパイプへ挿入する

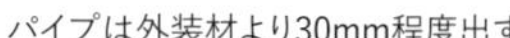

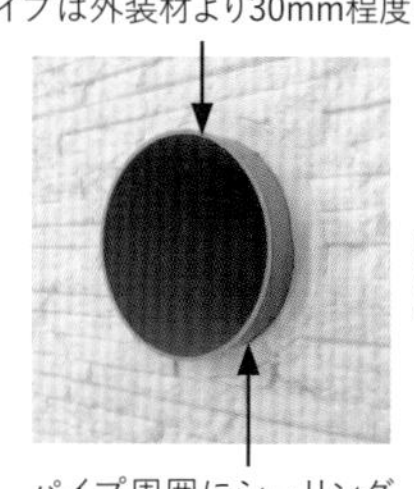

パイプ周囲にシーリングを施工

ベースを固定

外装材への伝い水を防止する水切り

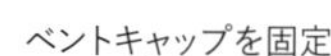

ベントキャップ天面と側面にシーリングを施工

〔写真2〕外挿タイプのベントキャップの施工手順

雨水浸入箇所ワースト20 ▶ ワースト14・15

仕様
33
胴縁の配置

1. 開口部まわりの胴縁は通気を確保するため、サッシフィンを外して留め付ける。

2. 補助胴縁を設ける場合は、製造者の指定する施工方法に基づき、必要最小限に配置する。

3. サッシまわりの縦胴縁や横胴縁と補助胴縁の間は、通気を確保するため、30mm以上の隙間を設ける。

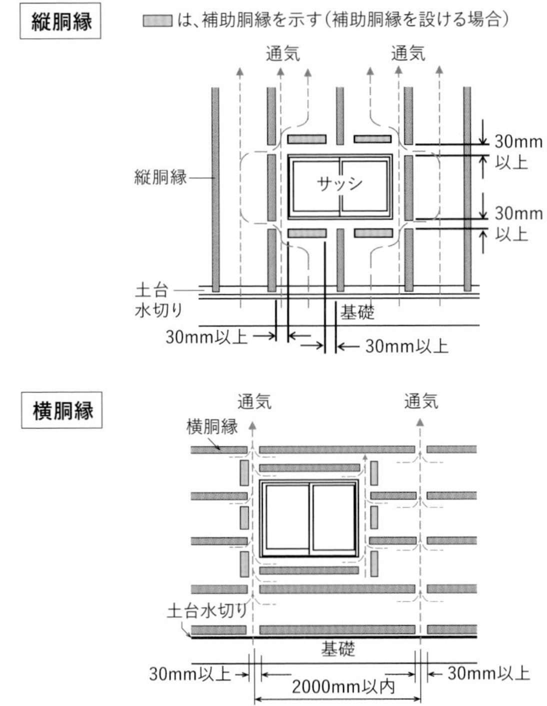

〔図1〕通気層内を空気や湿気が流れるように30mm以上の隙間を設ける胴縁の配置方法。横胴縁では30mm以上の隙間を2000mm以内のピッチで設ける

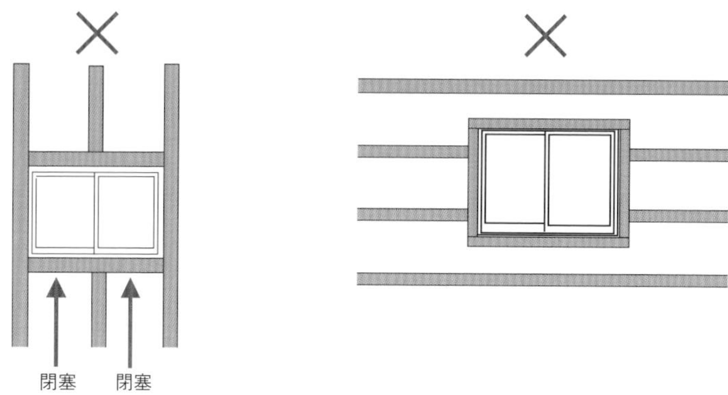

〔図2〕悪い胴縁の配置例。サッシまわりの通気を閉塞している

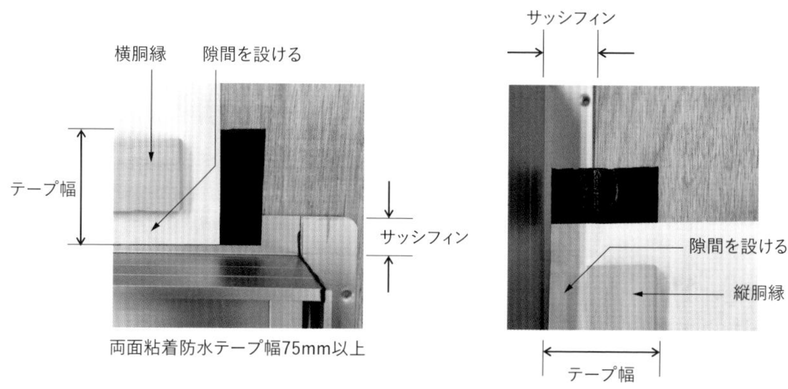

〔写真1〕開口部まわりの胴縁をサッシフィンに重ならないように留め付けた施工例

雨水浸入箇所ワースト20 ▶ ワースト1
保険事故16事例に学ぶ ▶ 事例3

仕様
34

手すり壁・パラペットの通気層

1. 手すり壁・パラペット上端部は、金属製の笠木を設置するなど適切な防水措置を施す。

2. 手すり壁・パラペット上端部の下地は、あらかじめ両面粘着防水テープ（幅100mm以上）を通し張りし、鞍掛けシートを張る。上端部にはステープルを留めない。

3. 金属製の笠木は製造者の指定する施工方法を順守する。

4. 外壁を通気構法とする場合の手すり壁・パラペットは、外壁の通気を妨げない形状とする。

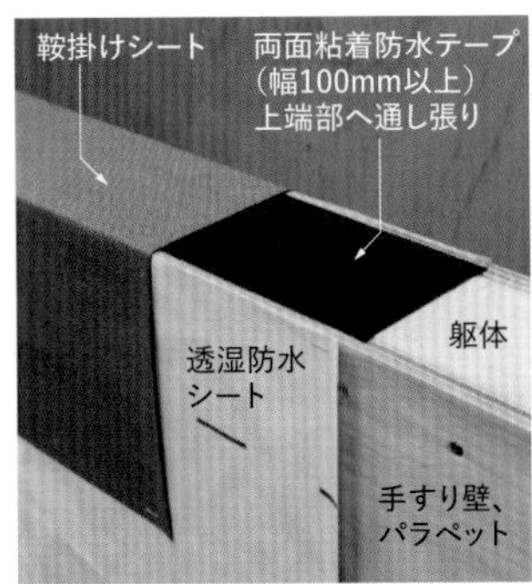

〔写真1〕手すり壁・パラペット上端部の止水性を高めた納まり。水平面の上端部には両面粘着防水テープを通し張りした上で、鞍掛けシートを張る。透湿防水シートは側面だけに張る

✕ 透湿防水シートを上端部に張る

〔写真2〕透湿防水シートを上端部に張る雨水浸入リスクの高い施工方法。透湿防水シートは完全な防水材ではなく、撥水作用を生かして防水するものがほとんどなので、水平面での防水効果と貫通物に対する止水性を期待できない

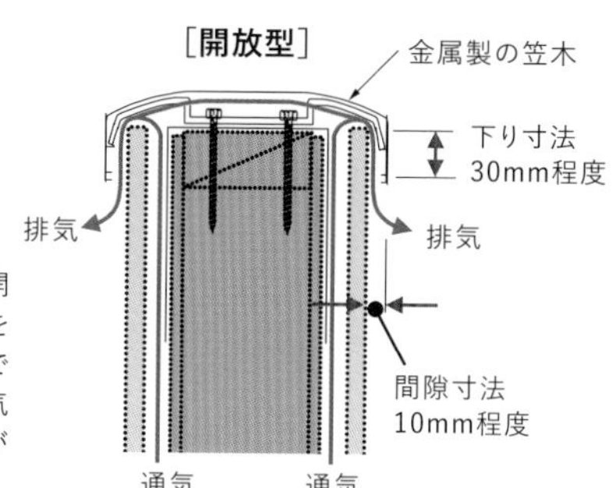

〔図1〕手すり壁・パラペットの開放型の納まり。通気層内の湿気を排湿するため、手すり壁の両側で通気を確保する。強風時に通気層内へ雨水が浸入するリスクがある

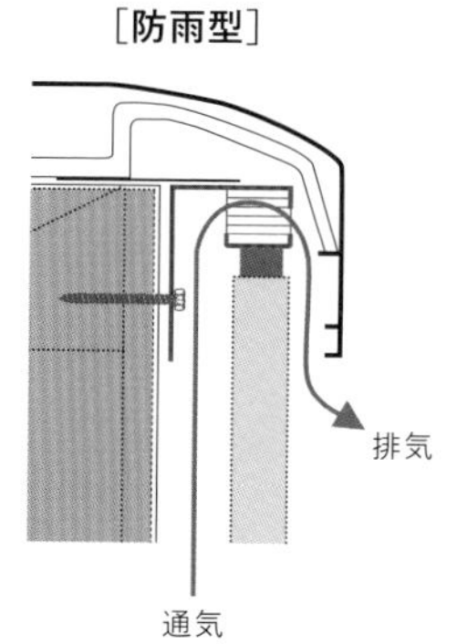

〔図2〕手すり壁・パラペットの防雨型の納まり。防雨効果のある換気部材を笠木下に設置する。通気を取りながら、強風時の雨水浸入を防止できる

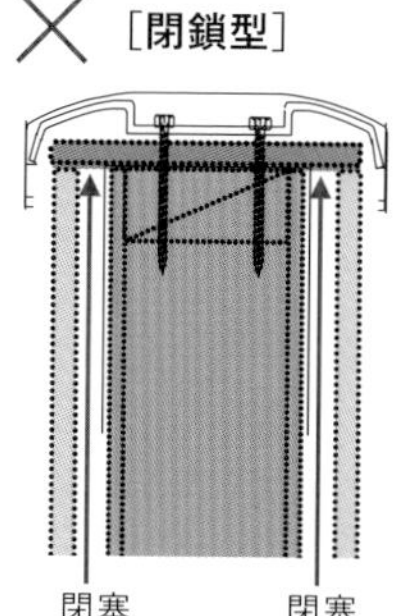

〔図3〕笠木の下で通気層の出口を塞ぐ閉鎖型の悪い納まり。通気層内部の湿気を含んだ暖かい空気が低温部に触れることで結露が生じ、木部の腐朽を招く恐れがある

雨水浸入箇所ワースト20 ▶ ワースト2
保険事故16事例に学ぶ ▶ 事例6、11、12、13

仕様
35

手すり壁・パラペット上端部の3面交点

1. 手すり壁とパラペットの上端部に生じる3面交点の防水措置は、伸張性があって伸ばしても縮み戻りの少ない伸張性片面粘着防水テープを使用する。
2. コーナー部の外側や端部では鞍掛けシートを折り曲げ（八千代折り）、シートに切り込みを入れない。

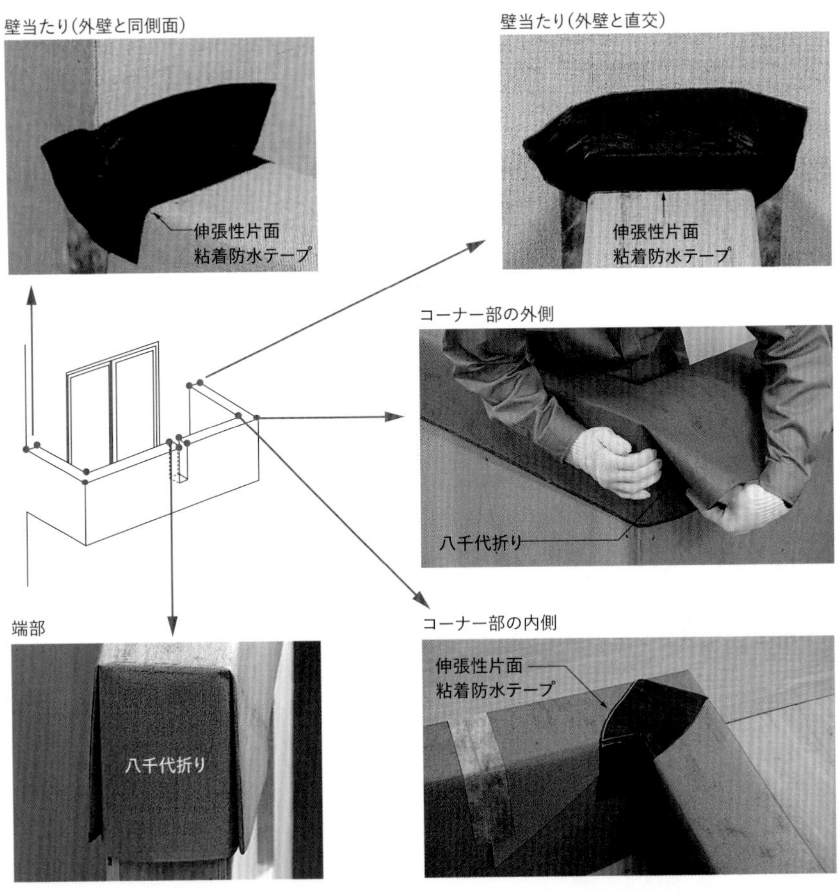

〔写真1〕手すり壁の3面交点に必要な伸張性片面粘着防水テープと鞍掛けシートの施工方法

3面交点に伸張性のない通常の防水テープを伸ばして張ると、元に戻る傾向がある。テープを張った直後は付いていても、時間の経過に伴い剥がれる事例が少なくない。

╳ パラペットの3面交点に伸張性のない片面粘着防水テープを施工

〔写真2〕パラペット屋根の3面交点に張った伸張性のない片面粘着防水テープが剥がれ、ピンホールから躯体に雨水が回り込んだ事例。築7年4カ月の木造軸組工法2階建て住宅で、屋根の全面ふき替えに至った。修補費用は175万円を要した

╳ ルーフバルコニーの3面交点、防水テープの未施工

〔写真3〕ルーフバルコニーの手すり壁の3面交点に防水テープを施工せず、手すり壁上端部に透湿防水シートを張っていた事例。外壁上部の軒の出のない屋根のけらばから通気層に入った雨水が3面交点で躯体側に回り込み、1階の天井と壁を汚損した。築8年9カ月の木造軸組工法2階建て住宅で、サイディングの張り替えに至った。修補費用は278万円を要した

i 関連情報
雨水浸入箇所ワースト20 ▶ ワースト6
保険事故16事例に学ぶ ▶ 事例11

仕様
36

FRP防水先施工、サッシあと付け

1.「防水先施工、サッシあと付け」の工事工程を推奨する。

2. 壁面との取合い部の防水層は、開口部の下端で120mm以上、それ以外の部分で250mm以上立ち上げる。

[防水先施工、サッシあと付け]

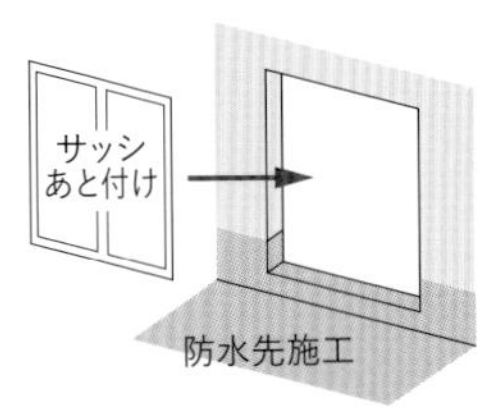

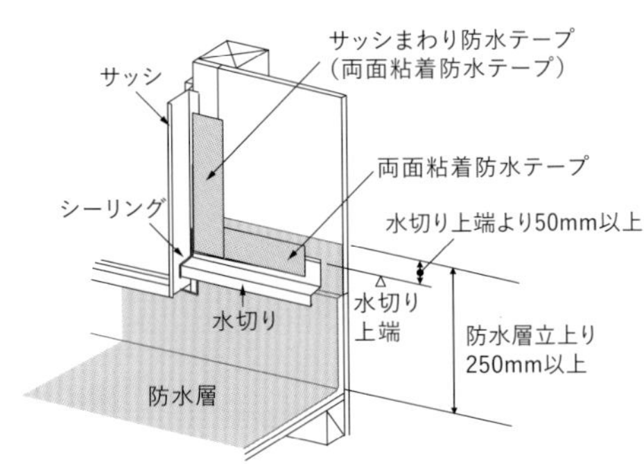

〔図1〕「防水先施工、サッシあと付け」の場合のFRP防水層とサッシの取合い部の納まり

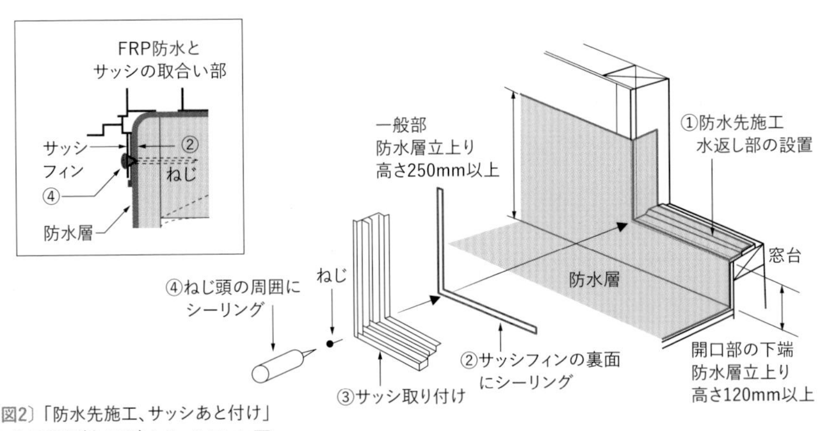

〔図2〕「防水先施工、サッシあと付け」の施工手順(右の図)とサッシフィン下端の納まり(上の図)

サッシを先付けしてからFRP防水をあと施工する場合、サッシ枠が70mm程度出っ張り、床からサッシ枠までの立上り高さが120mm程度しかない狭い空間に、FRP防水の樹脂を塗布することになる。姿勢を低くしないとサッシの下端を目視しての施工ができず塗布むらなどが生じやすくなる。FRP防水層とサッシが不連続になると、雨水の浸入リスクが高まる。

防水先施工、サッシあと付けであれば、サッシ下端の防水施工が無理なく確実に行える。

［サッシ先付け、防水あと施工のリスク］

［腰を落としてもサッシ下端を目視施工できない］

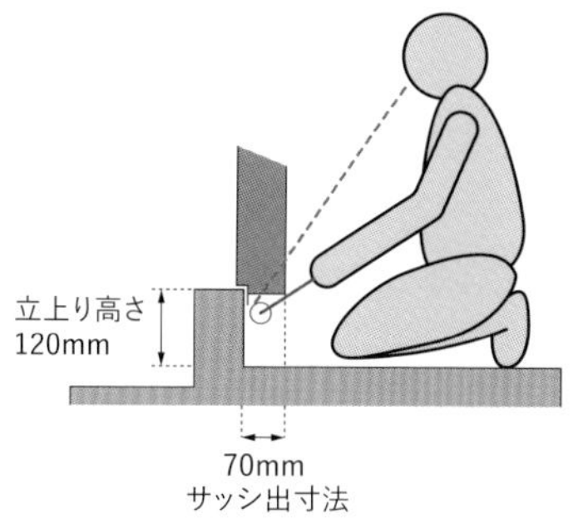

［施工時に姿勢を低くしないと目視施工はできない］

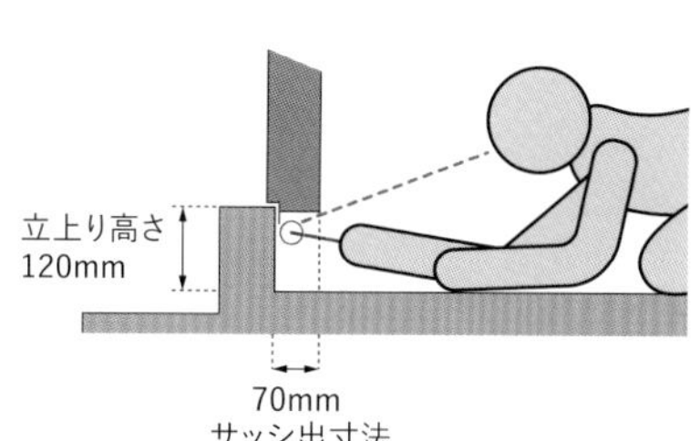

〔図3〕「サッシ先付け、防水あと施工」で、FRP防水を塗布している様子。通常の姿勢ではサッシ下端を目視できないので、目視施工するには無理な姿勢で目線を低くしなければならない

雨水浸入箇所ワースト20 ▶ ワースト5
保険事故16事例に学ぶ ▶ 事例14

仕様 37

シーリング材

1. シーリング材の種類および施工箇所は特記による。特記がなければ、シーリング材の種類は被着体に応じたものとし、表による。

<table>
<tr><th colspan="3" rowspan="2">被着体の組み合わせ</th><th colspan="2">シーリング材の種類</th></tr>
<tr><th>記号</th><th>主成分による区分</th></tr>
<tr><td rowspan="11">金属</td><td colspan="2">金属</td><td rowspan="2">MS—2</td><td rowspan="2">変成シリコーン系</td></tr>
<tr><td colspan="2">コンクリート</td></tr>
<tr><td colspan="2">ガラス</td><td>SR—1</td><td>シリコーン系</td></tr>
<tr><td colspan="2">FRP系塗膜防水層
(防水用ポリエステル樹脂)</td><td>MS—1</td><td>変成シリコーン系</td></tr>
<tr><td colspan="2">石、タイル</td><td>MS—2</td><td>変成シリコーン系</td></tr>
<tr><td rowspan="2">ALC(注)1</td><td>仕上げなし</td><td>MS—2</td><td>変成シリコーン系</td></tr>
<tr><td>仕上げあり</td><td>PU—2</td><td>ポリウレタン系</td></tr>
<tr><td colspan="2">押出成形セメント板</td><td>MS—2</td><td>変成シリコーン系</td></tr>
<tr><td rowspan="2">窯業系サイディング(注)1</td><td>仕上げなし</td><td>MS—1</td><td>変成シリコーン系</td></tr>
<tr><td>仕上げあり</td><td>PU—1</td><td>ポリウレタン系</td></tr>
<tr><td colspan="2">複合金属サイディング</td><td>MS—2</td><td>変成シリコーン系</td></tr>
<tr><td rowspan="4">ポリ塩化ビニル樹脂形材
(樹脂製建具)(注)3</td><td colspan="2">ポリ塩化ビニル樹脂形材
(樹脂製建具)(注)3</td><td rowspan="3">MS—2</td><td rowspan="3">変成シリコーン系</td></tr>
<tr><td colspan="2">コンクリート</td></tr>
<tr><td colspan="2">石、タイル</td></tr>
<tr><td colspan="2">ガラス</td><td>SR—1</td><td>シリコーン系</td></tr>
<tr><td>ガラス</td><td colspan="2">ガラス</td><td>SR—1</td><td>シリコーン系</td></tr>
<tr><td rowspan="2">石</td><td rowspan="2">石</td><td>外壁乾式工法の目地</td><td>MS—2</td><td>変成シリコーン系</td></tr>
<tr><td>上記以外の目地</td><td>PS—2</td><td>ポリサルファイド系</td></tr>
</table>

(注)

1. 「仕上げあり」とは、シーリング材表面に仕上塗材、塗装などを行う場合を示す。なお、仕上げを行わない場合は、特記による
2. 被着体がALCパネルの場合に用いるシーリング材は、JIS A 1439(建築用シーリング材の試験方法)に基づく養生後の引張試験における50%引張応力が養生後0.2N/㎟以下の製品を使用する
3. ポリ塩化ビニル樹脂形材は、JIS A 5558(無可塑ポリ塩化ビニル製建具用形材)による

<table>
<tr><th colspan="3" rowspan="2">被着体の組み合わせ</th><th colspan="2">シーリング材の種類</th></tr>
<tr><th>記号</th><th>主成分による区分</th></tr>
<tr><td rowspan="10">コンクリート</td><td colspan="2">プレキャストコンクリート</td><td>MS—2</td><td>変成シリコーン系</td></tr>
<tr><td rowspan="2">打継ぎ目地
ひび割れ誘発目地
(注)1</td><td>仕上げなし</td><td>PS—2</td><td>ポリサルファイド系</td></tr>
<tr><td>仕上げあり</td><td>PU—2</td><td>ポリウレタン系</td></tr>
<tr><td colspan="2">石、タイル</td><td>PS—2</td><td>ポリサルファイド系</td></tr>
<tr><td rowspan="2">ALC(注)1</td><td>仕上げなし</td><td>MS—2</td><td>変成シリコーン系</td></tr>
<tr><td>仕上げあり</td><td>PU—2</td><td>ポリウレタン系</td></tr>
<tr><td rowspan="2">押出成形セメント板(注)1</td><td>仕上げなし</td><td>MS—2</td><td>変成シリコーン系</td></tr>
<tr><td>仕上げあり</td><td>PU—2</td><td>ポリウレタン系</td></tr>
<tr><td rowspan="2">ALC</td><td rowspan="2">ALC(注)1</td><td>仕上げなし</td><td>MS—2</td><td>変成シリコーン系</td></tr>
<tr><td>仕上げあり</td><td>PU—2</td><td>ポリウレタン系</td></tr>
<tr><td rowspan="2">押出成形
セメント板</td><td rowspan="2">押出成形セメント板(注)1</td><td>仕上げなし</td><td>MS—2</td><td>変成シリコーン系</td></tr>
<tr><td>仕上げあり</td><td>PU—2</td><td>ポリウレタン系</td></tr>
<tr><td rowspan="2">窯業系サイディング</td><td rowspan="2">窯業系サイディング(注)1</td><td>仕上げなし</td><td>MS—1</td><td>変成シリコーン系</td></tr>
<tr><td>仕上げあり</td><td>PU—1</td><td>ポリウレタン系</td></tr>
<tr><td>複合金属サイディング</td><td colspan="2">複合金属サイディング</td><td>MS—2</td><td>変成シリコーン系</td></tr>
<tr><td rowspan="3">水まわり</td><td colspan="2">浴室・浴槽</td><td rowspan="3">SR—1</td><td rowspan="3">シリコーン系(注)4</td></tr>
<tr><td colspan="2">キッチン・キャビネットまわり</td></tr>
<tr><td colspan="2">洗面・化粧台まわり</td></tr>
<tr><td>タイル</td><td colspan="2">タイル(伸縮調整目地)</td><td rowspan="2">PS—2</td><td rowspan="2">ポリサルファイド系</td></tr>
<tr><td colspan="3">アルミニウム製建具などの工場シール(注)5</td></tr>
</table>

(注)
4. 防カビタイプの1成分形シリコーン系とする
5. 現場施工のシーリング材と打継ぎが発生する場合の工場シーリング材を示す
(資料:公共建築木造工事標準仕様書 令和4年版を基にJIOが作成)

キーワード索引

主なキーワードと該当ページを示す。重要なページは太字にした

あ

あいじゃくり —— **54〜57**、120、121、123

圧着 —— **36〜41**、43、44、47、62、63、83、101、**125**、**128**、**218**、**219**、220

雨押え —— **77〜81**、144、145、**146〜149**、194、195、204、205

雨仕舞 —— 17

現し —— 64、65、172〜174

一次防水 —— **53**、**60**、65、69、100

打継ぎ —— 20、104、105、231

FRP防水 —— **86**、**87**、**88〜90**、92、93、**159〜161**、167、**169〜171**、**228**、**229**

横架材 —— 12、20、21、**112〜115**

屋上 —— 90、158〜160

か

改質アスファルトフェルト —— **182**、216、217

改質アスファルトルーフィング —— 42、**68**、74、96、149、**182**、**184**

開放型 —— 165、225

界面剥離 —— **54〜56**、60、120、132、133、135、169、174

笠木 —— 18、19、27、64、**94〜96**、**100**、**101**、120、121、139〜141、**158〜161**、**162〜165**、168、**224**、**225**

片流れ棟・片流れ屋根棟 —— 24、**70〜75**、102、**155〜157**、200、201、203、212、213

片面粘着防水テープ —— 36〜38、61〜63、101、**127〜129**、**183**、**220**、**226**、**227**

片持ち梁 —— 64、65、**172〜175**

金具留め —— 56、57、59、**122〜124**

壁当たり —— 18、**100**、**101**、159、**202**、**210**、**211**、226

壁止まり —— 18、**76〜81**、**146〜148**、182、**203**、**204**、**205**、**207**

瓦 —— **67〜69**、184

換気口 —— 18、19、**60**、**61**

換気部材 —— 70、**73〜75**、157、160、161、**165**、**200**、**225**

貫通口 —— 18、19、**60〜63**、183

貫通部 —— 18、**48**、59、**64**、**65**、68、131、138、141、168、**172〜174**、186、**220**

基礎梁・基礎スラブ —— 20、21、**104〜107**

くぎ穴・釘穴 —— 35〜37、42、43、49、**67〜69**、95、96、127〜129、162、164、174、184、193

鞍掛けシート —— **96～99**、**100**、**101**、141、161、168、**182**、**183**、**224**、**226**
結露 —— 31、**162～165**、217、218、221、225
下屋 —— 76、77、**112～114**
けらば —— 18、**24**、**26**、**70～74**、138、139、**192**、**193**、**198**、**202**、**210**、**211**
けらば水切り —— **74**、139、**192**、**193**
構造計算 —— 2、10、12、114
構造ブロック —— 115
勾配屋根 —— 17、18、19、**67**、**68**、84、142、145
小屋裏換気 —— 73、74、157、196、198、200

さ

サイディング —— 31、**32**、45、**53～57**、**58**、**59**、79、81、**118～121**、**122～124**、126、127、**130～133**、134、135、159～161、163、164、169、170、**230**、**231**
先張り —— 95～97、99、188、189
先張り防水シート —— 41、96、101、**182**、**183**、**197**、**199～213**、218、219
サッシ —— 18、19、**30～45**、**88～91**、118、119、**126～129**、134～136、158、162、**218**、**219**、**222**、**223**、**228**、**229**
サッシフィン —— **30～41**、**89～91**、**127～129**、218、219、222、223、228
3面交点 —— **100**、**101**、183、**226**、227
仕上塗材 —— **51**、**52**、140、141、217
シート防水 —— **24～27**、92
シーリング —— **26**、**27**、51、**53～57**、58、59、**60**、**61**、65、**78**、**79**、**81**、82、83、**89～91**、100、**118～121**、126、127、**130～133**、134、135、139～141、**150～153**、159、165、169、170、174、**183**、**204**、**205**、221、228、**230**、**231**
止水材 —— 68、69
止水ライン —— 71、72、75、83、93、156、157
下ぶき・下ぶき材 —— 182、183、184、186、189、190、191、192、194、195、200、206
支柱 —— 166、168
地盤改良 —— 108～111、176～179
地盤調査 —— 109～111、177～179
住宅の品質確保の促進等に関する法律・品確法 —— 10～12、14、23
仕様書 —— 16、21、22、93、181
伸張性片面粘着防水テープ —— 62、63、101、183、220、226
ステープル —— 27、42、**48～50**、96、140、**184**、**185**、**186**、**187**、189、190、191、**214**、**215**、217、224
隅棟 —— 190
背板 —— 46、47
接合部 —— 53、54、56、57、59、67～69、118～121、143

た
太陽光発電パネル —— 150
立上り —— 79、80、82、83、90、92、93、104〜107、145、146、147、169〜171、205、229
立平ぶき —— 67〜69、142、148、149、155、187
谷・谷板 —— 142〜144、188、189
単層下地通気構法 —— 141、216
柱状改良 —— 109、110、176〜179
通気構法 —— 25、31、45、48、50、53、58、65、78、79、93、94、135、141、158、159、162、182、214、**216**、224
通気層 —— 25、26、**30〜33**、48〜50、64、65、79〜81、120、121、163、165、182、186、**222**、**223**、**224**、**225**
出隅・出隅役物 —— 18、**58**、**59**、131、145、146、148、163、213
手すり壁 —— **94〜98**、100、101、122、127、**162〜165**、166〜168、183、**224**、**225**、**226**、**227**
透湿防水シート —— 31、34〜38、42〜45、**48〜50**、58、60〜63、71〜75、92、93、**94〜99**、125、126〜129、**134〜137**、148、149、155〜157、160、161、163、164、167、168、170、171、**182**、194、**196**、**198**、**200**、**214**、**215**、216
透湿ルーフィング —— 148、149、182、186、187
胴縁 —— **31〜37**、**42〜45**、**48〜50**、58、**118〜121**、**122**、**126〜129**、131、197、199、200、**214**、**218**、**222**、**223**
塔屋 —— 154、155
特定住宅瑕疵担保責任の履行の確保等に関する法律・履行法 —— 10、12
な
流し桟 —— 69、186
流れに平行な壁際 —— 18、76、142、195
軟弱地盤 —— 108〜111、176〜179
二次防水 —— 43、48、53、60、61、65、100、101、134、161、206
二層下地通気構法 —— 216
ねじ穴 —— 39、**42〜45**、75、90、**95〜99**、**150〜153**、160、**168**
根太 —— 87、119
軒ゼロ・軒の出のない —— 18、19、24、**70〜75**、76、77、**84**、102、130、138、154、155、**206〜213**
軒先 —— 18、24、26、**70〜74**、**76〜79**、84、139、148、155、156、187、188、193
のぼり木 —— 74、192
は
排水溝付き壁止まり役物 —— 79〜81、204
配線・配管 —— 18、19、59、60、131
パイプ用防水部材 —— 62、63、220
端あき寸法 —— 58、59
鼻隠し —— 70〜74、84、206、207、208、209

破風――――71～72、74、75、102、138～140、155～157、200、201、206、211
ひび割れ――20、21、23、**24～27**、**48～52**、59、90、**104～107**、138～140、176、217、231
平部――――18、48、49、53、67、68、86、87
ピンホール――**100**、**101**、183、227
不同沈下――20、21、108～111、176～179
プライマー――**54**、**55**、59、60、100、133、183
フラット35対応木造住宅工事仕様書――36、42、129
閉鎖・閉塞――26、31～33、120、163、164、223、225
ベントキャップ――221
防雨効果のある換気部材――73～75、157、160、161、165、200、225
膨潤――――136

ま

窓シャッター――46、47
水上部分の壁際――194
水切り――――26、33、48、70～74、78、81、82、83、92、93、121、138～141、157、171、192、193、221
目地――――18、**26**、**27**、51、**53～57**、58、59、60、100、**118～121**、126、127、**130～133**、140、158～160、169、170、174、**230**、**231**
目地ジョイナー――54～57、119、120、131～133
毛細管現象――68、187、194
盛土――――108、109、176～179
モルタル――24～27、**48～52**、64、106、**138～141**、167、168、215、**216**、**217**
モルタル直張り――64、139、140、**217**

や

床梁――――21、113～115

ら

ラス――――25、27、48～51、140、141、215、216、217
両面粘着防水テープ――**36**、**37**、39～45、93、95～99、128、129、141、149、161、168、171、**183**、194、**218**、**224**
ルーフィング――42、**67～69**、**71～75**、82、83、148、149、151～153、156、157、**182**、**184**、**185**、**186**、**188～195**
ルーフバルコニー――17、18、90、**112～114**、154、162、163、166、167、169～171、227
陸棟――――191
陸屋根――17、18、19、27、86、90、94、118、158、161

会社紹介

株式会社 日本住宅保証検査機構

（にほんじゅうたくほしょうけんさきこう、愛称はJIO）

“人々の暮らしを支える良きパートナー”として
事業者様の「良い家づくり」を強力にサポートします

【会社概要】

設立：1999年7月

本社所在地：〒101-0041　東京都千代田区神田須田町2-6

業務内容：「特定住宅瑕疵担保責任の履行の確保等に関する法律」に基づく保険法人業務、「住宅の品質確保の促進等に関する法律」をはじめとするその他関連法規に基づく各種住宅審査・評価業務他

指定など：国土交通大臣指定住宅瑕疵担保責任保険法人
国土交通大臣登録住宅性能評価機関（登録番号 国土交通大臣 第7号）
住宅金融支援機構適合証明業務協定機関
住宅性能評価・表示協会 BELS評価機関
一級建築士事務所（東京都知事登録）

従業員数：490人、うち建築士242人（2023年3月末時点）

URL：https://www.jio-kensa.co.jp/

業務内容一覧

瑕疵保険				
JIOわが家の保険 （新築住宅）	延長かし保証 保険	既存住宅 かし保険 （中古住宅）	リフォーム かし保険 （住宅リフォーム）	大規模修繕 かし保険 （マンション共用部）

住宅審査				
住宅性能評価	長期使用 構造等確認	フラット35 適合証明	BELS評価	低炭素建築物の 技術的審査

その他のサービス				
施工状況確認検査、 引き渡し後の点検	JIOつなぎサポート パック、 完成サポート	住宅履歴情報 サービス	瑕疵の調査・研究	事業者支援 サービス

その他、住宅審査業務として性能向上計画認定に係る技術的審査適合証や住宅税制に係る証明書の交付などを手掛ける

著者紹介

日本住宅保証検査機構 住宅品質研究室

2009年10月、住宅瑕疵担保履行法19条4項に規定する業務として、前身の住宅瑕疵研究室がスタート。雨漏りなど事故の原因究明と予防策の研究を進め、検査品質・施工品質の向上と事故抑制に貢献してきた。20年4月に組織の名称を住宅品質研究室に変更。防水に関する研究に加えて、断熱と構造などの施工品質を確保する施工方法を研究・普及し、住宅品質の向上に寄与することをミッションとしている。

木村 雄太（きむら ゆうた）

住宅品質研究室　上席研究員

一級建築士。木造住宅の設計・施工管理、オフィスと商業ビルの内装・設備設計、工事監理を経て、2005年入社。木造住宅で多発する雨漏りの実態を目の当たりにして住宅瑕疵に関する調査研究を始め、調査実績は3000件を超える。雨水浸入の原因が分からない納まりは実大模型を使った実証実験で究明。雨漏りを防ぐ標準施工手順書を作成して情報発信を行う。著書に「防水施工マニュアル（住宅用防水施工技術）2021」（技報堂出版）。

齋藤 なつみ（さいとう なつみ）

住宅品質研究室　室長

二級建築士。2007年新卒入社。住宅瑕疵保証および住宅瑕疵保険の検査員、住宅性能評価やフラット35適合証明などの住宅審査・評価業務を行う住宅性能評価員を歴任し、22年4月から現職。本書では「室長サイトウ」としてコラム「理解を深める小話」を担当。

図解　木造住宅トラブルワースト20＋3

「雨漏り事故」「構造事故」の事例から学ぶ原因と対策

2024年4月30日　初版第1刷発行
2024年8月23日　初版第2刷発行

著者　日本住宅保証検査機構（JIO）住宅品質研究室
編集　日経アーキテクチュア（荒川尚美）
発行者　浅野祐一
発行　株式会社日経BP
発売　株式会社日経BPマーケティング
〒105-8308　東京都港区虎ノ門4-3-12

装丁・デザイン　三部智也（Four Rooms）
印刷・製本　TOPPANクロレ株式会社

ⒸJIO Corporation 2024
Printed in Japan
ISBN978-4-296-20482-3

【ご注意】
本書の無断複写・複製（コピー等）は、著作権法上の除外を除き、禁じられています。購入者以外の第三者による電子データ化および電子書籍化は、私的使用を含め一切認められておりません。
本書籍に関するお問い合わせ、ご連絡は下記にて承ります。
https://nkbp.jp/booksQA